马克思主义理论研究与教育文库
思想政治教育研究系列

文库总主编　徐　蓉　　系列主编　刘　顺

全国课程思政建设实施报告

（2020—2023年）

孙小金　著

復旦大學出版社

序言

课程思政的前世今生

课程思政虽然是21世纪以来的新词汇,但是通过课程来传递意识形态这样一种教育方式,在我们的教材和教学活动中早已存在。

在20世纪50年代,新中国成立后第一套小学教材中的第一篇课文说:"毛主席,像太阳,他比太阳更光亮。小兄弟,小姐妹,大家一齐来歌唱:太阳太阳永远光亮,我们跟你永远向上。"50年代后期的课本选材多从政治角度考虑。人教版小学课本一年级第一课是这样的:"爷爷六岁去放羊,爸爸六岁去逃荒。今年我也六岁了,公社送我上学堂。"其中的政治意味传达得很清晰。

20世纪六七十年代,可以说从小学教材到高校教材,都使用了课程思政的理论方法。八十年代彻底否定"突出政治"的思想。受这种思想的影响,社会各界逐渐形成对政治的排斥。所以,早期在教材和学校里普及的课程思政也逐渐被冷落。

排斥课程思政的另一个原因,是兴盛于20世纪80年代的去意识形态化思潮。该思潮认为意识形态是虚假的,强调从"中立"的角度来审视社会中的各项难题,企图超越意识形态,因而具有很大的迷惑性和危害性,对中国的青年人特别是高校大学生有着巨大的影响。与之相呼应,20世纪90年代以来,我国理论界和社会上出现了一股"淡化意识形态"的思潮,对我国思想政治工作提出了严峻挑战。

在这些思潮的影响下,价值中立作为一种方法论的原则,也成为界定学科的性质、对象的依据,长期流行于社会科学特别是社会学和教育社会学领域,这就引发了全社会对思想政治教育的抵触情绪。这样的结果,就是教材中意识形态内容消退,以及课堂上意识形态内容隐身。此后一个阶段,就出现了一个新情况,就是课堂上批评原有意识形态成为一个屡见不鲜的现象。

课程思政是如何逐渐被唤醒,重新回到现实中的呢？以上海为代表的教学新探索,启动了以课程思政为突破口的教学改革,课程思政以新的形式逐渐被唤醒和形成。

早在1994年8月颁布的《中共中央关于进一步加强和改进学校德育工作的若干意见》正式提出"学校德育"和"学科德育"。该文件明确指出"按照不同学科特点,促进各类学科与课程同德育的有机结合。借鉴国外包括发达国家在这方面的经验和做法,在教育改革中积极探索,总结经验,并及时加以规范,形成稳定的机制。高校应积极开设人文、社会科学类选修课程,与马克思主义理论课和思想品德课统筹规划,分工合作。各门课程的建设应体现社会主义办学方向和全面发展的办学指导思想,教学大纲和教学评估标准要有正确的思想导向"。

1995年,《中国普通高等学校德育大纲》提出:"要发挥各科教学中的德育功能,结合学校相关内容和各个环节,有机地对学生实施德育。"

2000年12月,中共中央在《关于适应新形势进一步加强和改进中小学德育工作的意见》中重申:"德育教育要寓于各科教学之中,贯穿于教育教学的各个环节。"这份文件表明了将思想政治教育和课堂教学结合的重要性,这是提出与实施课程思政的基础。

2004年8月26日,中共中央印发《关于进一步加强和改进大学生思想政治教育的意见》,即16号文件。16号文件强调:高等学校各门课程都具有育人功能,所有教师都负有育人职责。"要深入发掘各类课程的思想政治教育资源,在传授专业知识过程中加强思想政治教育,使学生在学习科学文化知识过程中,自觉加强思想道德修养,提高政治觉悟。"16号文件的下发,使"学科德育"理念形成了系统论述。"学科德育"认为德育天然蕴含在学科当中,也可以说德育是各个学科的应有属性,具有一定的内隐性,是一种隐性教育,要通过学科教学潜移默化地实现对学生的道德教育。

2005年,中共中央印发《关于进一步加强和改进高等学校思想政治理论课的意见》,从各方面对思想政治理论课进行规划,强调以育人为本、德育为先,对高校的德育工作进行指导,"德育为先"将德育工作定位在首要位置,同时也对德育工作提出了要求,"育人为本"是高校教育始终要坚持的,也是最基本的要求;"德育为先"则是学校工作中必须遵守的基本原则。

从2005年开始,上海首先实施了以"学科德育"为中心的课程改革,启动并实施"两纲教育",即《上海市中小学生生命教育指导纲要》和《上海市学生民族精神教育指导纲要》,明确提出在课程改革中,要将学科德育作为核心理念,并组织力量编制学科德育实施的意见,有序推进课程改革,将德育的核心内容进行分解,分摊到每一门具体课程,与各学科教学实现融合,发挥所有课程的育人功能。上海通过三个阶段的课程改革,逐步形成了"课程思政"的理念。

2014年起,上海首次提出了"课程思政"的概念。上海出台《上海高校课程思政教育教学体系建设专项计划》,全面推广"课程思政"建设。2014年上海大学首次推出的"大国方略"课程、2015年的"创业中国"课程,都是突破高校传统思政课范畴的全新思政课。此后,复旦大学的"治国理政"、上海交通大学的"读懂中国"、同济大学的"中国道路"、华东政法大学的"法治中国"、上海应用技术大学的"智造中国"、上海对外经贸大学的"人文中国"、上海第二工业大学的"工匠中国"、上海政法学院的"大国安全"、上海海事大学的"走向深蓝"、华东理工大学的"绿色中国"等一批"中国系列"课程应运而生,代表着上海实施高校课程思政改革的全新探索:上海开始探索在高校构建思想政治理论课、综合素养课程、专业教育课程三位一体的高校思想政治教育课程体系,实现从"思政课程"到"课程思政"的创造性转化。所谓的"课程思政",并不是在思政课外再增开一门思政课,而是突出综合素养课程和专业课程教学的育人导向,促使知识传授与价值观教育同频共振。强化政治方向和思想引领,突出综合素养课程的育人价值。

2016年11月19日,上海市社会科学界第十四届学术年会在华东政法大学举行了思想政治教育学科专题研讨会:"从思政课程到'课程思政'——高校思想政治理论教育课程体系创新",此次专题研讨会上来自各校的思想政治教育专家学者围绕着高校思想政治教育改革这一重大问题,提出了"课程思政"的教育理念和设计。

2016年12月7日,习近平总书记在全国高校思想政治工作会议的讲话中要求,"办好中国特色社会主义大学,要坚持立德树人,把培育和践行社会主义核心价值观融入教书育人全过程"。"各门课都要守好一段渠、种好责任田,使各类课程与思想政治理论课同向同行,形成协同效应",习近平总书记的讲话强调了各类课程要同思想政治理论课同向同行,高校各类学科任课教师与思政课教师一同发挥育人功效,这是对"课程思政"教学理念的认可。

2017年6月,教育部在上海召开全国高校"课程思政"现场推进会。

2017年9月24日,中共中央办公厅、国务院办公厅印发《关于深化教育体制机制改革的意见》强调:"健全全员育人、全过程育人、全方位育人的体制机制,充分发掘各门课程中的德育内涵,加强德育课程、思政课程。"

2017年12月4日,教育部党组发布了切实构建"十大"育人体系的《高校思想政治工作质量提升工程实施纲要》,正式使用了"课程思政"这一概念,并进一步提出:"深入推动习近平新时代中国特色社会主义思想进教材、进课堂、进头脑","大力推动以'课程思政'为目标的课堂教学改革,优化课程设置"。该文件清晰地提出"课程思政"教学理念,并针对"课程思政"的概念进行专业化的描述,即:梳理各门专业课程所蕴含的思想政治教育元素和所承载的思想政治教育功能,融入课堂教学各环节,实现思想政治与知识体系的有机统一。这一描述,说明教育行政部门对"课程思政"这一概念的初步认识基本形成。

2018年9月,习近平总书记在全国教育大会上系统回答了"培养什么人、怎样培养人、为谁培养人"这一根本问题,高校必须坚持立德树人的根本任务,构建德智体美劳全面培养的教育体系,打造过硬教师队伍。

在2018年10月,教育部印发《关于加快建设高水平本科教育全面提高人才培养能力的意见》中提出了"新时代高教40条",其中对高校要把思想政治教育贯穿高水平本科教育全过程作了进一步重申,提出高校要围绕全面提高人才培养能力这个核心点,加快形成高水平人才培养体系,提升思政工作质量,强化课程思政和专业思政。

2019年10月31日,教育部召开"教育奋进看落实"系列通气会,会议下发了《全面推进高校课程思政建设》的文件。文件强调:一是明确课程思政内容体系;二是构建课程思政课程体系;三是创新课程思政工作方法;四是建设课程思政工作机制。

2020年6月,教育部印发《高等学校课程思政建设指导纲要》,旨在全面推进高校课程思政建设,发挥好每门课程的育人作用,提高高校人才培养质量。《纲要》明确课程思政建设目标要求和重点内容。《纲要》对推进高校课程思政建设进行了整体设计。一是强调要科学设计课程思政教学体系。二是结合学科专业特点分类推进课程思政建设。三是将课程思政融入课堂教学建设全过程。四是提升教师课程思政建设的意识和能力。五是建立健全课程思政建设质量评价体系和激励机制。

2020年之前,可以视为课程思政的思想普及阶段,2020年起,课程思政进入实践落实阶段。

2021年6月10日,教育部在江西省井冈山大学召开课程思政建设工作推进会。会议系统总结《高等学校课程思政建设指导纲要》实施一年来的进展,全面推进课程思政高质量建设。会议公布699门课程思政示范课程、699个课程思政教学名师和团队、30个课程思政教学研究示范中心,启动建设系列课程思政资源库[①]。

2023年7月,课程思政进入改革创新阶段。上海市深化高校课程思政改革,率先提出整体推进高校课程思政创新发展,以高等教育综合改革先行先试战略为契机,不断加强系统规划、完善教学体系,持续深化课程思政改革创新。

---

① 《教育部课程思政建设工作推进会召开》,2021年6月10日,http://www.moe.gov.cn/jyb_xwfb/gzdt_gzdt/moe_1485/202106/t20210610_537324.html。

至此,课程思政经历了重新唤醒、全面普及和创新发展三个阶段。课程思政改变了我们各级教学的面貌,也对各类学生的思想产生了长远的影响。经过多年努力,课程思政在全国各地的各类学校中逐渐展开,所有教师、所有课程都逐渐承担好育人责任,使各类课程与思政课程同向同行,形成协同效应,构建全员全程全方位育人大格局。

目 录

第一章　近年来课程思政建设实施报告 ······················ 1
　　第一节　课程思政的推行路径 ······························· 1
　　第二节　课程思政所取得的有形成果 ······················· 6
　　第三节　课程思政实施的积极成效分析 ···················· 27
　　第四节　课程思政进程中存在的问题 ······················ 34
　　第五节　课程思政问题的原因分析 ························· 52
　　第六节　课程思政发展的建议 ······························· 56

第二章　高校领导层的课程思政认知报告 ·················· 67
　　第一节　对课程思政指导思想的认知 ······················ 67
　　第二节　对课程思政实施方案的认知 ······················ 69
　　第三节　对课程思政教育规律的认知 ······················ 72
　　第四节　对课程思政教师队伍的认知 ······················ 73
　　第五节　对课程思政课堂建设的认知 ······················ 78

第三章　高校教师课程思政认知报告 ······················· 83
　　第一节　教师对课程思政的认知 ···························· 83
　　第二节　对教师自我定位的认知 ···························· 85
　　第三节　对课程思政教学设计的认知 ······················ 86
　　第四节　对课程思政课堂教学的认知 ······················ 89

第四章　高校课程思政实施方法报告 …………………………… 92
第一节　课程思政的规划管理方法 ………………………… 92
第二节　课程思政师资培育方法 …………………………… 95
第三节　课程思政生态环境建设的方法 …………………… 98
第四节　开发课程思政资源的方法 ………………………… 104
第五节　课程思政的课堂教学方法 ………………………… 111
第六节　课程思政支撑维护的方法 ………………………… 114

第五章　高职院校课程思政实施报告 ………………………… 119
第一节　高职院校课程思政落实的基本情况 ……………… 119
第二节　高职院校课程思政实施方法 ……………………… 123
第三节　高职院校课程思政存在的问题 …………………… 128
第四节　高职院校落实课程思政的策略 …………………… 138

第六章　中小学课程思政实施报告 …………………………… 141
第一节　中小学课程思政的落实情况 ……………………… 142
第二节　中小学课程思政的落实方法 ……………………… 145
第三节　中小学课程思政建设存在的问题 ………………… 148
第四节　中小学课程思政的完善策略 ……………………… 154

附录 ……………………………………………………………… 156
附录一　关于进一步加强和改进学校德育工作的若干意见 …… 156
附录二　关于加强和改进新形势下高校思想政治工作的意见
　　　　　………………………………………………………… 165
附录三　高校思想政治工作质量提升工程实施纲要 ………… 179
附录四　关于加快构建高校思想政治工作体系的意见 ……… 190
附录五　高等学校课程思政建设指导纲要 …………………… 198
附录六　全面推进"大思政课"建设的工作方案 …………… 206
附录七　中小学德育工作指南 ………………………………… 216

附录八 关于适应新形势进一步加强和改进中小学德育工作的
意见 ··· 227
附录九 关于进一步加强新时代中小学思政课建设的意见 ······ 236

第一章

近年来课程思政建设实施报告

课程思政建设是一项自上而下逐渐推行的系统工程,是各地教育行政部门和各级各类学校共同推动的教育改革大计。落实课程思政,需要各级各类高校的高度重视,加强顶层设计,全面规划,循序渐进,以点带面,不断提高教学效果。

第一节 课程思政的推行路径

一、课程思政的顶层部署

教育部在全国推广课程思政,课程思政在各高校落地生根。各省区市推进课程思政工作,都是由各省区市的教育厅(教委或教工委)牵头顶层设计、统筹部署,高校落实。这个过程的开启形式,就是课程思政行动指南和依据的各级各类文件部署。这些文件包括教育行政部门的文件,也包括各级高校内部的文件。

根据文件检索情况,各省级教育行政部门和各高校基本都发布了相关文件。在此仅作为举例,列举其中一部分。

1. 教育部课程思政文件部署

这些文件包括教育部印发的《高等学校课程思政建设指导纲要》、教育部等八部门印发的《关于加快构建高校思想政治工作体系的意见》、教育部印发的《新时代学校思想政治理论课改革创新实施方案》。

2. 省级课程思政文件部署

（1）省级教育行政部门的课程思政实施意见类文件，如：四川省教育厅《关于全面推进高校"课程思政"建设 落实立德树人根本任务的实施意见》、广东省教育厅《关于强化课程思政建设一流课程的意见》、宁夏回族自治区《关于深入推进全区高等学校课程思政建设的实施意见》、广西壮族自治区教育厅《全面推进广西高等学校课程思政建设的实施意见》、上海市教委《关于深入推进上海高校课程思政建设的实施意见》、江苏省教育厅《关于深入推进全省高等学校课程思政建设的实施意见》、中共河南省委高校工委和河南省教育厅《关于推进本科高校课程思政建设的指导意见》等。

（2）省级教育行政部门的课程思政实施方案类文件，如：《山西省高校课程思政教育教学改革试点工作方案》《浙江省教育厅高校课程思政建设实施方案》《重庆市教委全面推进高等学校课程思政建设工作方案》《黑龙江教育厅全面推进高等学校课程思政建设工作方案》《吉林省教育厅全面推进高等学校课程思政建设工作方案》《甘肃省教育厅深入推进高校课程思政建设工作方案》《河北省教育厅全面推进高等学校课程思政建设工作方案》《陕西省教育厅全面推进高等学校课程思政建设工作方案》《贵州大学推进研究生课程思政建设工作方案》等。

（3）省级课程思政示范指标文件，如：《甘肃省课程思政示范高校建设指标》《江苏省课程思政示范高校建设指标（试行）》《江苏省课程思政示范专业建设指标（试行）》《江苏省课程思政示范课程建设指标（试行）》《辽宁科技大学课程思政示范课程建设指标（试行）》《黑龙江省高校课程思政示范课程和教学团队培育项目评审指标》《吉林省课程思政示范课指标体系》等。

3. 校级文件部署

高校发布的课程思政文件，是依照省级文件来设计和发布的，所以这些文件类型与省级文件基本一致。主要文件类型有以下两种。

（1）校级课程思政实施方案、工作方案、行动方案类文件，如《北京大学深化推进课程思政建设实施方案》《复旦大学课程思政体系建设实施方案》《上海交通大学深入推进课程思政建设的实施方案》《山东大学课程思政建设实施方案》《中南大学课程思政工作实施方案》《国防科技大学研究生课程思政建设实施方案》《四川大学深化课程思政建设实施方案》《武汉大学课程思政育人建设工作方案》《中山大学课程思政建设行动方案》《杭州职业技术学院课程思政建设实施方案(2021—2025年)》等。

(2) 实施意见、建设规划类文件,如《上海海洋大学课程思政建设规划(2020—2022年)》《上海第二工业大学关于进一步推进课程思政教育教学改革的实施意见》《华南师范大学关于全面推进课程思政建设的实施意见》《福建师范大学课程思政实施意见》《兰州大学关于课程思政建设的指导意见》《西南大学课程思政建设实施意见》《华南师范大学关于全面推进课程思政建设的实施意见》等。

二、课程思政的推行模式

《高等学校课程思政建设指导纲要》的第九条,要求加强课程思政建设组织实施和条件保障,教育部要选树一批课程思政建设先行校、一批课程思政教学名师和团队,推出一批课程思政示范课程,建设一批课程思政教学研究示范中心,设立一批课程思政建设研究项目,推动建设国家、省级、高校多层次示范体系,大力推广课程思政建设先进经验和做法,全面形成广泛开展课程思政建设的良好氛围,全面提高人才培养质量。

在这一要求和模式之下,教育部、各地教育主管部门、各高校都是按照同一模式推进各地的课程思政建设,建立了国家、省级、高校三级课程思政示范体系。

(1) 建立了全国性的示范体系,具体包括:国家级课程思政示范高校、国家级课程思政教学名师、国家级课程思政示范教学团队、国家级课程思政示范课程、国家级课程思政建设研究项目。

(2) 建立了省级示范体系,具体包括:省级课程思政示范高校、省级课程思政教学名师、省级课程思政示范教学团队、省级课程思政示范专业、省级课程思政示范课程、省级课程思政建设研究项目、省级课程思政教学研究示范中心。

（3）建立了高校级示范体系，具体包括：校级课程思政示范高校、校级课程思政教学名师、校级课程思政示范教学团队、校级课程思政示范专业、校级课程思政示范课程、校级课程思政建设研究项目、校级课程思政教学研究示范中心。

三、课程思政的实施方法

根据《高等学校课程思政建设指导纲要》的要求以及课程思政在各高校的实际开展情况，我们可以概括出高校落实课程思政普遍的做法。在模式和基本方法上，各高校之间区别不大，用相似的方法完成相似的任务。在实施方法的层面上，可以概括出以下几点。

1. 统筹规划、制度先行

构建"党委领导、党政共管、教务牵头、院系落实"的工作机制，加强组织领导，统筹推进课程思政建设工作。成立由校党政主要负责人为组长、分管校领导为副组长，相关部处负责人为成员的课程思政教学改革建设领导小组。建立教务部门和教师工作部牵头负责，院（系）具体负责，人事处、宣传处等相关部门直接参与的领导体制和工作机制。

其中，党委肩负主体责任、发挥领导核心作用，学院党组织是具体的组织者、推动者，教师党支部是课程思政建设的坚强战斗堡垒，充分调动各级党组织的积极性和战斗力，形成教书育人的新机制和新局面。

2. 加强推进和专门指导

召开了全校课程思政建设研讨会，面向全校领导班子和教师、管理人员动员部署。建立全校课程思政建设专家咨询委员会，广纳相关领域专家、学者、名师组建专家库。

学校召开"课程思政"推进会，全面开启课程思政建设工作；推进"课程思政"工作研讨会，深入学习上级部门关于课程思政的相关文件要求，研讨本单位、各专业、各门课程开展课程思政的思路和举措；召开"课程思政"现场交流会、"课程思政"推进汇报会、"课程思政"深化推进会；举办全校"课程思政"教学设计大赛;开展"课程思政"建设教师研讨班;举行课程思政公开课,全体任课教师进行观摩学习,并反思总结。

学校定期开展院系"一对一"课程思政专题辅导会,引导教师深挖育人元素,重构教学设计,做到不离专业讲思政,渗透思政讲专业,有效提升教师课程思政建设的意识与能力。

3. 加强队伍建设,提升育人成效

首先,教师加强教学培训。指导教师根据学科特点找准切入点,将价值引领转化为课程大纲,将思政元素融入教育教学,将思政育人贯穿人才培养全过程。组织一线教师的专题培训,广泛开展课程思政教学观摩、教学竞赛等,推广先进做法和经验。成立课程思政教学研究示范中心,实施课程思政金课名师打造计划,邀请院士、著名专家学者领衔课程思政示范团队。

其次,做好课程建设。教学计划、教学大纲、教学评价、资源配置等教育教学全过程明确课程思政要求,将课程思政内涵融入课堂教学,落实到课程目标设计、教学大纲修订、教材编审选用、教案课件制作等方面;学校的二级学院全部参与并制定各学院的实施细则,根据专业修订人才培养方案和课程教学大纲,编写专业大类的课程思政教学指南,为课程思政改革与建设树立范式。

4. 完善保障措施

(1) 组织保障:党委书记、校长及其他班子成员亲自抓,党委会、校长办公会定期研究课程思政建设。

(2) 时间保障:为了保证各个专业的骨干教师在教学内容、教学方式、考核方式改革上投入充裕的精力,学校教务和人事部门制定专门办法,给予教学工作量的补贴和减免,为课程思政建设创造了良好的工作环境。

(3) 经费保障:学校通过建设经费、年度课程建设专项经费等渠道为本项目的完成提供了充足的经费支撑。加大课程思政建设专项经费投入,确保课程建设、教学改革等持续高效开展,把课程思政建设成效作为重要内容,纳入高校和教师绩效考评、教育质量监测评估、教学表彰奖励,完善示范项目选树标准。

5. 构建校际联动机制，提升课程思政体系建设水平

建设校内示范课程，推进课程思政建设立项，推出课程思政示范高校、课程、名师、团队、研究中心等示范项目，并给予专项经费支持。示范课程带动，强化典型树立，固化建设成果。实施"领航计划"，建设领航学院和一批领航团队、领航课程，打造课程思政特色品牌，形成"一校一特色"格局。

第二节 课程思政所取得的有形成果

一、各级各类专项课题

2020年前后，课程思政建设的普及阶段。这些有形成果，主要表现为各级各类专项课题和立项。这是因为落实课程思政的基本思路，是通过项目带动课程思政的示范和普及。所以，现实中见到的课程思政，都是在项目推动下完成的。由于课程思政在国家层面，省级和高校层面的实施，都有各自的项目，这里无法一一列举，所以仅展示数据和少数例证。

二、国家层面上项目和示范课程

教育部面向普通本科教育，评选一批课程思政示范课程、教学名师和团队。经过2020年的努力，在2021年6月，教育部课程思政建设工作推进会公布699门课程思政示范课程、699个课程思政教学名师和团队、30个课程思政教学研究示范中心，启动建设系列课程思政资源库。这些是经过各级教育主管部门评选的结果，实际上，2022年、2023年在高校层面上的课程思政课程、团队和研究示范中心几乎遍布每个高校，数量也非常庞大。

三、省级各类项目和示范课程

在各省级教育主管部门的组织协调下，按照教育部要求，建立了本地

区的省级项目和示范课。在省级层面,这些项目和示范课的普及率达到百分之百,区别只是项目的规模大小问题。下面举例说明这一情况。

示例1:贵州省教育厅全面推进普通本科高校课程思政建设的实施办法,计划5年内建成以下目标:建设课程思政示范性高校3~5所;建设课程思政示范专业30个左右;建设课程思政示范课程100门左右;培育课程思政示范师资团队20个左右;立项省级课程思政教改项目80~100个。

示例2:四川省教育厅认定2020年普通高等学校省级"课程思政"示范项目522个,其中:示范专业50个(本科34个、高职专科16个),示范课程392门(本科248个、高职专科144个),示范教学团队80个(本科59个、高职专科21个)。

示例3:甘肃省教育厅到2025年,用五年的时间,树10所左右课程思政示范高校,遴选100名左右课程思政教学名师,建设100个左右课程思政示范教学团队,打造100个课程思政示范专业,推出300门左右课程思政示范课程,设立300项左右课程思政建设研究项目,成立10个左右课程思政教学研究示范中心,推动建设国家、省级、高校三级课程思政示范体系。

示例4:河北省培育课程思政研究体系:每年设立省级项目200项,每年选树省级课程思政教学研究示范中心约20个,设立一批省级课程思政建设研究项目,形成一批课程思政教学改革典型案例和特色做法,培育一批可复制可推广的课。

示例5:河南省教育厅确定2020年面向全省本科高校立项,建设200门课程思政样板课程、30个课程思政教学团队、10个课程思政教学研究示范中心、8所课程思政建设示范高校。

四、校级项目类

课程思政建设的校项目,是对教育部和省级教育主管部门有关课程思政要求的实践执行,所以项目的类型上基本一致。各高校都设立了校级项目,区别只是校级项目的规模以及项目与本校的相关性问题。所以这里无法列举所有高校的项目,只随机列举某些学校的项目,予以说明。

(1) 课程思政教育教学改革专项建设项目:

2017年度上海电机学院"课程思政"教育教学改革建设项目、2019年度合肥工业大学"课程思政"教学改革示范课程项目、2020年晓庄学院"课程思政"教学改革示范项目、2020年度上海理工大学课程思政建设项目、2020年度华东师范大学课程思政教育教学改革研究课题、2022年度合肥工业大学"课程思政"教学改革示范课程项目。

(2) 课程思政示范课。2020年度东北大学在课程维度,指导20余个学院开展课程思政建设,共建设校级示范课程100门、校级培育课程60门、院级示范课程200余门在专业维度,建设校级示范专业10个、校级培育专业5个。

(3) 课程思政案例资料库:2020年上海高校青年教师课程思政教学设计探索案例集、2020年北京工业大学最美课程思政案例、2020年上海理工大学课程思政教学案例精选集。

(4) 课程思政教案。课程思政教案也是项目的一个类型。网上可以搜到很多大学的课程思政教案,有的是打包文件,包含全校实施课程思政的课程,有的是择优推荐,所以在网上可以轻易搜到课程思政教案的文本资料。这里以温州医科大学基础医学院为例,教师的课程思政教案具体到授课章节(这里仅列举章节名称):

上海马拉松现场突发心脏骤停,是这样救活的!

胰岛素的发现——医药界的奇迹

《生物化学与分子生物学》第十九章"细胞信号转导的分子机制"教学中的思政设计

《医学寄生虫学》第四篇"医学节肢动物"教学中的思政设计

《医学微生物学》"逆转录病毒"章节中的课程思政——基因编辑:天使还是魔鬼

当儿科医生遇到自己孩子发烧——《病理生理学》第八章"发热"教学中的思政设计

鲜血改变的法规——《生理学》第 3 章"红细胞血型"教学中的思政设计

亲子鉴定,揭开"血缘"秘密——《法医物证学实验》第十四章 PCR-STR 分型技术之单基因座银染检测分析的思政设计

五、课程思政的理论研究

自从课程思政在全国逐渐铺开,从 2017 年就开始有相关研究成果面世。针对近年来的课程思政建设情况,我们通过梳理发现一系列涉及"课程思政"研究的成果,由此可以看到课程思政思想和理论逐渐普及和接受的过程。

1. 在学术论文方面

(1) 有关课程思政的论文大量发表,特别是近两年来研究论文激增。

在中国知网数据库中,以"课程思政"为关键词搜索,从学术论文的发文时间来看,2017 年发表 28 篇,2018 年发表 274 篇,2019 年发表 1 565 篇,2020 年发表 4 530 篇,2021 年发表 9 186 篇,2022 年发表 10 490 篇,2023 年发表 10 492 篇(见图 1-1)。

在中国知网上,以课程思政为主题进行检索,发现相关论文数量,呈现出逐年递增的趋势,这也从侧面证实了高校课程思政的研究热度逐年升高。

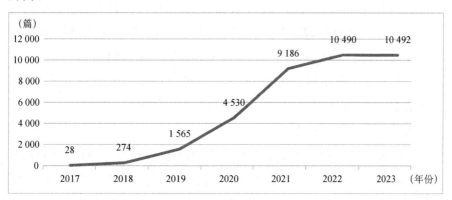

图 1-1　2017—2023 年课程思政论文发表数量

（2）从论文主题看，论文集中在课程思政的实际操作方面，占比87%。根据知网来看，课程思政论文总数按31 361篇计算，教学实践主题占比如下：

思政建设（12 163篇）39%、思政教学（5 058篇）16%、教学改革（3 877篇）12%、教学设计（1 778篇）6%、思政元素（1 405篇）4%、教学实践（1 008篇）3%、实施路径（912篇）3%、教学模式（779篇）2%、实践路径（730篇）2%。虽然这个计算方式有重复，但是可以看到所发表论文的趋势和重点。

（3）已发表论文总体层次偏低，高质量论文较少。从所有论文统计来看，其中来源于CSSCI期刊和中文核心期刊的论文，数量仍然较低。

从万方数据来看，2016—2024年总共发表58 328篇课程思政论文（与知网统计文章数量有差别），其中北大核心期刊论文2 442篇，占全部论文的4%。从知网来看，2016—2024年共发表38 366篇论文，其中CSSCI期刊论文946篇，占全部论文的2.5%，核心期刊和CSSCI期刊的论文共2 330篇，占全部论文的6%。

这说明：①当前课程思政的研究层次低，仍需教育管理部门和一线教师不断的努力，夯实"课程思政"研究的根基。②"课程思政"论文绝大多数发表在普通期刊中，权威性和代表性尚欠缺，这也说明"课程思政"建设仍有继续深入研究的潜力。

核心期刊发文较多的学者，知网可以统计出是以下这些学者：高德毅、陆道坤、邱伟光、王学俭、何红娟、李国娟、余江涛、石书臣、文秋芳、邱仁富、赵富学、吴月齐、赵继伟、高锡文、张大良、胡洪彬、韩宪洲、刘承功、刘建军、肖香龙、刘淑慧、许祥云、黄国文、成桂英、王秀阁。

（4）从近年来课程思政论文发表情况可以看出，课程思政论文大多来自非著名院校，非著名刊物，非著名学者较多的情况。

2. 课程思政硕士论文量

总体来看，以课程思政为研究对象的硕士论文，在知网能查到总共1 067篇，其中2018年1篇、2019年13篇、2020年49篇、2021年156篇、2022年421篇、2023年425篇。2021—2023年博士论文共6篇（见图1-2）。

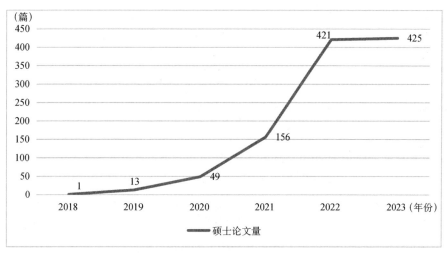

图 1-2　硕士论文量

2022 年、2023 年硕士论文数量激增,这些论文主题集中在理论研究和教学实践两个方面,但来自名校的课程思政硕博论文较少。

六、出版课程思政的学术专著

由于"课程思政"这一研究领域是近年才逐渐热门起来,目前已经出版的学术专著数量逐年增加,在 2021 年以后著作数量激增,2020—2023 年一共出版课程思政主题的著作 431 部。

近年来课程思政著作出版情况如下:2018 年出版著作 1 部、2019 年出版著作 8 部、2020 年出版著作 48 部、2021 年出版著作 110 部、2022 年出版著作 149 部、2023 年出版著作 115 部(见图 1-3)。

这些专著可以分为以下五类:课程思政新教材、课程思政的课程设计指南、课程思政理论研究类、课程思政案例类、课程思政经验汇编。

(1) 这些著作围绕课程思政实际工作,涵盖了课程思政新教材、课程思政的课程设计指南、课程思政理论研究类、课程思政案例类、课程思政经验汇编。这些专著,成为开展课程思政教学的有力参考。

(2) 现有著作,相对于全国各级各类高校的课程思政需求来说,数量

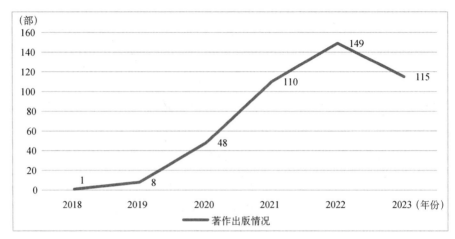

图 1-3 著作出版情况

和种类还远远不足。

现将 2020—2023 年出版的课程思政的相关图书，分类列举如表 1-1 所示。

表 1-1　2020—2023 年课程思政相关图书

类别	书名	出版时间(年)
课程思政新教材	德技并修:课程思政进专业进课程进教材	2020
	高等数学:课程思政改革版	2019
	新时代大学生就业指导:课程思政版	2020
	基础会计学课程思政系列	2020
	大学语文(课程思政版)	2020
	医学类专业课程思政教学实录	2020
	旅游接待业(课程思政版)	2022
	中国饮食文化(课程思政版)	2023
	现代旅游发展导论(课程思政版)	2022
	新时代实用英语第 1 册(课程思政版)	2021
	新时代大学生职业生涯规划(课程思政版)	2021

续表

类别	书名	出版时间(年)
课程思政的课程设计指南	财经类课程思政案例教学设计与运用	2020
	课程思政:我们这样设计·理工类	2020
	课程思政:我们这样设计·人文社科类	2020
	积极心理学教学设计:课程思政之幸福教育	2020
	图形创意设计:艺术设计课程思政化探索与实践	2020
	为梦想插上翅膀:大学体育课程思政教程	2020
	食品科学与工程类课程思政案例指南	2023
	工程管理专业课程思政教学指南	2023
	物联网工程专业课程思政教学指南	2023
	音乐学专业课程思政教学指南	2023
	园林技术-风景园林中本贯通专业课程思政教学指南	2023
	通识教育课程思政教学指南	2023
	叙事医学课程思政指南	2023
	金融学科课程思政教学指南	2022
	新文科背景下专业课程思政教学指南	2022
	劳动与社会保障专业课程思政指南	2022
	中药学专业课程思政教学指南	2022
	新工科背景下专业课程思政教学指南	2022
	课程思政指南:以浙江水利水电学院为例	2021
	交通运输类专业课程思政教学指南	2021
	纺织类专业课程思政教学指南	2021
	生态环境专业课程思政教学指南	2021
	武术与民族传统体育专业课程思政教学指南	2021
	大学英语课程思政教学指南	2021
	食品科学与工程类课程思政案例指南	2023
	管理学类课程思政案例教学设计与导引	2023
	高校课程思政教学设计案例精选:化学化工类	2023

续表

类别	书名	出版时间(年)
课程思政的课程设计指南	课程思政:我们这样设计案例·计算机类	2023
	中药学类课程思政案例教学设计与实践	2022
	高校外语学科课程思政教学设计案例选编	2022
	中药学类课程思政案例教学设计与实践	2022
	首都经济贸易大学课程思政优秀教学设计案例:经管文法类	2021
课程思政案例类	财务管理课程思政案例集	2023
	食品科学与工程类课程思政案例指南	2023
	管理学类课程思政案例教学设计与导引	2023
	博弈论课程思政案例精选	2023
	课程思政教学设计案例选编	2023
	基础医学优秀课程思政案例指导	2023
	会计学专业课程思政案例	2023
	高校课程思政教学设计案例精选·化学化工类	2023
	外科学课程思政案例精选	2023
	生物科学类专业课程思政案例集	2023
	生物及人文医学优秀课程思政案例指导	2023
	中职高端装备类专业课程思政教学设计案例集	2023
	中医内科学课程思政案例集	2023
	交通运输专业运营管理类课程思政教学案例	2023
	交通运输专业创新实践类课程思政教学案例	2023
	护理学类专业课程思政案例精选	2023
	化学教学论实验课程思政教学案例	2023
	经济学研究生课程思政案例选编	2023
	护理学专业课程思政教学研究与案例精选	2023
	高职医学类专业课程思政案例	2023
	思政课程与课程思政教学案例选编	2023
	土木工程专业课程思政优秀案例:桥梁红色基因	2023
	医学整合课程思政案例集	2023

续表

类别	书名	出版时间(年)
课程思政案例类	职业院校思政活动课程建设案例集·健康篇	2023
	交通运输专业运营管理类课程思政教学案例	2023
	交通运输专业创新实践类课程思政教学案例	2023
	全国交通运输职业院校课程思政优秀案例集	2023
	浙江工商大学课程思政教学优秀案例汇编·视频类	2023
	浙江工商大学课程思政教学优秀案例汇编·文本类	2023
	公共管理实践教学课程思政案例精选	2023
	法学专业课程思政教学案例研究	2023
	经济学课程思政案例精选	2023
	新闻传播学课程思政教学案例	2023
	公共管理课程思政案例集	2023
	应用心理学专业课程思政教学案例	2023
	课程思政:我们这样设计案例·计算机类	2023
	课程思政"三金"优秀教学设计案例	2023
	公共管理专业课程思政案例集	2023
	航空理论课程思政教学案例选编	2023
	新闻传播学院课程思政案例教程	2023
	医学生物化学课程思政案例集锦	2023
	课程思政系统性探索与实践	2023
	财务会计:理论·实务·课程思政案例	2023
	立德树人 润物无声:课程思政教学案例集	2023
	财政学课程思政案例集	2023
	农林高校专业课程融入思政教育的探索实践	2023
	环境学课程思政案例集	2023
	儿科学课程思政案例集	2023
	管理会计课程思政案例集	2023
	课程思政优秀案例集	2022

续表

类别	书名	出版时间(年)
课程思政案例类	理论经济学课程思政教学案例集萃	2022
	电气工程及其自动化专业课程思政案例集	2022
	面向卓越人才培养的课程思政教学案例	2022
	应用经济学课程思政教学案例集萃	2022
	华南理工大学课程思政优秀教学案例集	2022
	生物医学工程类专业"课程思政"案例	2022
	土建类专业课程思政建设优秀案例	2022
	中药学类专业课程思政教学设计与案例	2022
	经济学通识课课程思政教学方法与案例	2022
	环境专业课程思政教学设计案例	2022
	计算机大类专业课程思政案例集	2022
	新时代外语教育课程思政案例教程	2022
	中南财经政法大学课程思政优秀案例选编	2022
	高校课程思政教学典型案例	2022
	培根铸魂 启智润心：课程思政优秀教学案例集	2022
	旅游管理类专业课程思政教学案例	2022
	理思行健：高校课程思政教学优秀案例·理工农医类	2022
	档案学专业课程思政教学案例集	2022
	西安交通大学课程思政教学案例	2022
	机械类专业课程思政案例集	2022
	电工电子系列课程思政教学案例	2022
	大学英语课程思政教学案例集锦	2022
	课程思政教学设计案例选编	2022
	新时期课程思政建设与经典案例分析	2022
	经济学基础课程思政教学案例集	2022
	国际经济与贸易课程思政案例集	2022
	人文地理学课程思政教学案例	2022

续表

类别	书名	出版时间(年)
课程思政案例类	微观经济学课程思政案例集	2022
	会计学课程思政案例集	2022
	课程思政优秀教学案例选编·人文篇	2022
	中南财经政法大学课程思政优秀案例选编	2022
	高职院校课程思政建设优秀教学设计案例集	2022
	微观经济学课程思政教学设计与案例	2022
	医学专业课程思政优秀案例集·基础医学分册	2022
	财政学课程思政中的案例教学	2022
	植物保护专业课程思政案例库	2022
	运动生理学课程思政案例	2022
	创业学课程思政中的案例教学	2022
	课程思政优秀教学案例选编·理工篇	2022
	线性代数课程思政教学案例集	2022
	新闻传播学课程思政案例	2022
	法学课程思政教育教学案例·民商法卷	2022
	海洋科学与工程类课程思政案例	2022
	金融类课程思政教学探索与实践·专业核心课卷	2022
	文思泽本：高校课程思政教学优秀案例·人文社科类	2022
	政治经济学课程思政案例集	2021
	外语课程思政教学设计案例与论文集	2021
	化学化工类课程思政精选案例	2021
	税法课程思政案例与习题	2021
	课程思政教学设计案例选编·三	2021
	自动化专业课程思政教学案例	2021
	电气工程及其自动化专业课程思政教学案例	2021
	金融学类专业课程思政教学案例集	2021
	课程思政教学案例汇编	2021

续表

类别	书名	出版时间(年)
课程思政案例类	档案学专业课程思政教学案例集	2021
	课程思政案例建设和启示	2021
	世界经济史课程思政案例集	2021
	中国经济史课程思政案例集	2021
	货币金融学课程思政案例集	2021
	计量经济学课程思政案例集	2021
	临床医学专业课程思政教学案例集	2021
	高职院校智能制造类专业课程思政案例精析及教学实施	2021
	专业为基 思政铸魂:电气信息类课程思政案例集	2021
	课程思政"三金"优秀教学设计案例·第二辑	2021
	都市型农林高校课程改革研究与实践:思政课程和课程思政优秀案例	2021
	动物医学和动物科学专业课程思政案例库	2021
	外语专业课程思政案例汇编	2021
	统计学课程思政案例集	2021
	宏观经济学课程思政案例集	2021
	融合、感悟、认同:课程思政优秀案例集	2021
	电子信息工程专业课程思政教学案例	2021
	管理学类课程思政案例选编	2021
	课程思政案例选编	2021
	课程思政教学设计案例选编	2021
	课程思政教学设计案例选编	2021
	首都经济贸易大学课程思政优秀教学设计案例:经管文法类	2021
	人工智能专业课程思政教学案例·上下	2021
	管理学课程思政案例集	2021
	高校课程思政优秀教学案例选编	2021

续表

类别	书名	出版时间(年)
课程思政案例类	课程思政理念与实践:安徽财经大学课程思政优秀案例选编	2021
	课程思政案例教学方法与实践:以"国际投资学"为例	2021
	新时代城建类专业课程思政理论建设与实践案例	2021
	课程思政视阈下案例教学德育价值探析:公共关系学案例示范	2021
	化学化工类课程思政精选案例	2021
	专业为基 思政铸魂:电气信息类课程思政案例集	2021
	管理学类课程思政案例选编	2021
	课程思政"三金"优秀教学设计案例	2020
	课程思政案例选编	2020
	课程思政教学案例集	2020
	课程思政经典案例选编	2020
	上海高校青年教师课程思政教学设计探索案例集	2020
	医学类专业课程思政教学案例集	2020
	北京科技大学"课程思政"案例选编	2020
	法学学科课程思政教学范例	2021
	大气科学类专业"课程思政"教学案例	2020
	水产类专业课程思政案例集	2020
课程思政理论研究类	高校心理健康教育"课程思政"建设研究	2023
	高校课程思政育人体系的整体性与协同性研究	2023
	"大思政"背景下高校课程思政建设研究	2023
	经管类专业核心课程的课程思政建设研究	2023
	课程思政融入中学地理教学协同机制研究	2023
	马克思主义中国化经典著作融入高校思政课教学研究	2023
	历史学专业课程思政的实施路径与策略研究	2023
	基于课程思政的西方经济学教学研究	2023
	电子商务专业思政和课程思政教学研究与实践探索	2023

续表

类别	书名	出版时间(年)
课程思政理论研究类	高校"课程思政"实践研究	2023
	法学专业课程思政教学案例研究	2023
	课程思政教学研究·第2辑第2卷	2023
	高教视界:课程思政与高校思想政治教育的整合与互动研究	2023
	"三全育人"背景下课程思政教学理念与实施路径研究	2023
	高校历史学专业课程思政研究与实践	2023
	新时代思政课程建设研究	2023
	思政课程与课程思政协同育人研究	2023
	中国戏曲课程思政研究	2023
	课程思政融入高校英语教学的理论与实践研究	2023
	高校课程思政建设的机制创新研究	2023
	财经应用高校课程思政教育研究	2023
	经济学课程思政中生态文明思想融入路径研究	2022
	课程思政教育教学体系改革与创新:基于农林院校学科特点的研究	2022
	课程思政与高校体育课堂教学的融合研究	2022
	课程思政研究与改革实践	2022
	新时代学校课程思政建设研究	2022
	高校外语课程思政理念与实践研究	2022
	为学校赋能:高校思政专业课程设置研究	2022
	大学英语课程思政教学实践与反思研究	2022
	新时代背景下高校课程思政与思政课程育人体系建设研究	2022
	课程思政育人实效性研究	2022
	设计专业课程思政教学研究与实践	2022
	经济与管理教学创新研究:课程思政教学改革专辑	2022
	课程思政教学研究与实践	2022

续表

类别	书名	出版时间(年)
课程思政理论研究类	多重视域下课程思政研究	2022
	中国新闻传播研究	2022
	法学课程群课程思政研究	2022
	课程思政视域下教学策略研究	2022
	大学生职业生涯课程思政教改研究	2022
	新时代"课程思政"教育与日语教学研究	2022
	高校课程思政与思政课程协同育人问题研究	2022
	课程思政视角下高校体育教学模式研究	2022
	基于四维度的"课程思政"教学设计与实践研究	2021
	润物细无声:大学课程思政研究文集	2021
	新时代艺术院校思政课程教学改革与创新研究	2021
	思政课程与课程思政融合的教学研究	2021
	应用语言学视角下的课程思政研究	2021
	课程思政建设背景下思想政治理论课实践教学研究	2020
	课程思政实践研究	2020
	课程思政视域中的思想政治理论课"三合一"实践教学模式研究	2020
	课程思政与立德树人	2020
	新时代高校经管类课程思政理论与实践研究	2020
	新时代高校课程思政教学创新研究	2020
	成人高校课程思政的实践研究	2020
	高校课程思政和思政课程同向同行问题研究	2020
	高职土建类专业的课程思政体系构建与路径研究	2020
	课程思政:从理念到实践	2020
	生物学科课程思政教学指南	2020
	立德树人 润物无声:植物保护专业课程思政探索与实践	2020

续表

类别	书名	出版时间(年)
课程思政教学实践经验汇编类	"课中课"融汇,德智技贯通	2020
	大学英语课程思政教学指南	2021
	课程思政 立德树人:统计学类专业思政育人的探索与实践	2023
	高职院校财经商贸类专业课程思政教学实践	2023
	电子商务专业思政和课程思政教学研究与实践探索	2023
	医学整合课程思政案例集:重庆医科大学的探索与实践	2023
	高校"课程思政"实践研究	2023
	网络空间安全课程思政教学探索与实践	2023
	新商科课程思政教学探索与实践·教学篇	2023
	高校历史学专业课程思政研究与实践	2023
	财会类专业课程思政创新与实践	2023
	课程思政:理念、设计与实践	2023
	党建引领课程思政建设:探索与实践	2023
	课程思政融入高校英语教学的理论与实践研究	2023
	同向同行:课程思政实践与探索	2023
	社会工作专业课程思政教学设计与实践	2023
	立德树人 教书育人:高校课程思政创新实践	2023
	培根固本 铸魂育人:四川大学课程思政探索与实践	2022
	个性化学习与课程思政的理论协同和实践创新	2022
	课程思政研究与改革实践	2022
	高校外语课程思政理念与实践研究	2022
	中药学类课程思政案例教学设计与实践	2022
	大学英语课程思政教学实践与反思研究	2022
	新工科视域下课程思政建设的理论与实践探索	2022
	高校课程思政理论与实践探索	2022
	课程思政 铸魂育人:金融类专业思政育人的探索与实践	2022

续表

类别	书名	出版时间(年)
课程思政教学实践经验汇编类	设计专业课程思政教学研究与实践	2022
	课程思政:电子信息类专业课程设计与实践	2022
	金融类课程思政教学探索与实践·专业核心课卷	2022
	课程思政教育理念引领下的高校体育教学改革与实践探索研究	2022
	高职酒店管理与数字化运营专业课程思政探索与实践	2022
	课程思政建设背景下理工院校大学英语课程体系的构建与实践	2022
	课程思政的教育理论与实践	2022
	水产养殖专业课程思政的探索与实践	2022
	课程思政理论与实践	2022
	基于四维度的"课程思政"教学设计与实践研究	2021
	法学专业课程思政建设成果集:理论·方法·实践	2021
	中医基础理论课程思政教学设计与实践	2021
	课程思政:设计与实践	2021
	课程思政探索与实践	2021
	"三全育人"理念下高校课程思政改革实践	2021
	食品质量与安全专业"课程思政"育人探索与实践	2021
	高校课程思政:共识、设计与实践	2021
	课程思政案例教学方法与实践:以"国际投资学"为例	2021
	立德树人 润物无声:植物保护专业课程思政探索与实践	2021
中职院校的课程思政专著	中职高端装备类专业课程思政教学设计案例集	2023
	高职院校财经商贸类专业课程思政教学实践	2023
	高职医学类专业课程思政案例	2023
	高职酒店管理与数字化运营专业课程思政探索与实践	2022
	高职院校专业课实施"课程思政"的方法路径及成效评价体系研究	2022

续表

类别	书名	出版时间（年）
中职院校的课程思政专著	高职院校课程思政建设优秀教学设计案例集	2022
	高职院校智能制造类专业课程思政案例精析及教学实施	2021
	高职土建类专业的课程思政体系构建与路径研究	2020
	新时代中职语文课程思政解析	2020
	产教融合视域下高职院校"课程思政"理论与实践研究	2020
	新时代高职课程思政理论与实践	2019
	新时代高职院校工科专业课程思政教育探索	2019

七、成立课程思政研究中心

成立课程思政教学研究中心，是发展课程思政路径中的一个环节，也是教育主管部门的要求。通过媒体报道，我们看到，很多学校都成立了课程思政教学研究中心。搜索学校名字和课程思政研究中心，可以搜索到学校层面的研究中心，如华南农业大学课程思政研究中心；也有二级学院的研究中心，如上海财经大学外国语学院课程思政教学研究中心、北京化工大学课程思政教学研究中心、华东政法大学成立课程思政研究中心、新华网与云南师范大学签约共建课程思政教学研究中心等。

在全国层面上，全国高校成立了多少个课程思政研究中心，尚无数据。经过百度搜索引擎逐一核查，从全国高校这个层面，以985高校为例，基本都成立了课程思政研究中心。这些研究中心的特点是：(1)研究中心的组织级别高，高校主要领导担任负责人；(2)学校教务和二级学院都参与到研究中心当中；(3)这些研究中心不是专人专岗设置，研究中心协调能力有限，现有人员难以全力投入。

八、建立课程思政专题网站

通过网站，可以更快地发布和了解信息资源，可以高效地实现资料交换和教学协调,尽快树立课程思政的形象。所以,建立课程思政网站,成为很多学校的选择,也是课程思政中心的有形表达。

通过网络检索,我们可以知道,不是每个学校都建立了专题网站,而是一部分学校。检索"课程思政网站",发现这些网站的活跃程度、登录次数、栏目设置,也不尽相同。

浏览这些网站,可以得出以下结论。

(1)课程思政网站栏目设置完备,大多数栏目大同小异。

(2)课程思政网站资料以文件为主,但内容更新很慢,缺少实用、灵活的资料。

(3)课程思政网站登录量少,服务功能没有得到充分发挥,无论校内校外人员都登录较少。

举例说明2020年建立的课程思政专题网站的基本情况。

(1)齐鲁工业大学(山东省科学院)课程思政网站。

山东省高等学校课程思政研究中心依托学校(科学院)课程思政研究院成立,主要负责对山东省高等学校课程思政理论、体制机制、模式、内容、方法、创新等进行深入调查研究,引导高校课程思政实践,研究不同类别课程德育体系、方案、实现路径及规律;组织开展全省课程思政研究和学术交流活动等。主要栏目包括:动态、文件、教学实践、学术研究。

(2)安徽师范大学课程思政教学研究中心网站。

安徽师范大学课程思政教学研究中心依托安徽省课程思政先行高校成立,成立于2020年11月,为校级教研机构,挂靠在教务处。中心主要负责对学校课程思政理论、体制机制、模式、内容、方法、创新等进行深入调查研究,引导课程思政实践,研究不同类别课程德育体系、方案、实现路径及规律;组织开展课程思政研究和学术交流活动等。

中心依托全国重点马克思主义学院、教育部高校辅导员培训和研修基地和教育部高校思想政治工作队伍培训研修中心,中心力争建成立足高师联盟、服务安徽全省、辐射长三角的具有鲜明特色和重要影响的区域性课程思政教学研究中心。

(3)湖南人文科技学院课程思政网,主要栏目包括:课题思政动态、课程思政文件、课程思政研究、课程思政案例、成果。

（4）辽宁科技大学课程思政网站，主要栏目包括：思考、立项、案例、成果。

（5）南京铁道职业技术学院课程思政网站，主要栏目包括：专题首页、重要讲话、上级文件、理论研究、领导示范、课程思政、育人实践、媒体聚焦。

（6）苏州科技大学课程思政网站，主要栏目包括：上级精神、组织机构、工作动态、精选案例、学生评价、督导评价、媒体关注、他山之石。

（7）运城学院课程思政网站，主要栏目包括：教学成果奖申报、管理政策、新闻公告、精品展示、校级培育课程、课程思政课程、经验交流。

（8）绍兴文理学院党委课程思政网站，主要栏目包括：工作动态、通知公告、示范课程、资源库、教学案例、课堂学习随感。

（9）安徽商贸职业技术学院课程思政网站，主要栏目包括：工作动态、政策文件、理论研究、特色活动、课程资源。

（10）山东水利职业学院课程思政网站，主要栏目包括：政策文件、培养方案、课程标准、课程说课、授课教案、教学课件、思政案例、成果展示、教学评价。

（11）同济大学课程思政教学研究中心，主要栏目包括：新闻动态、通知公告、政策文件、教学名师、课程沙龙、示范课程。

（12）湖北文理学院课程思政专题网站，主要栏目包括：课程思政文件、课程思政动态、课程思政研究、课程思政案例、课程思政经验。

二级学院建立的课程思政网站有西安科技大学计算机科学与技术学院课程思政网站、河南工业大学新闻与传播学院课程思政建设专题网站、成都信息工程大学计算机基础类课程思政教学团队网站。

总体来看，由于浏览量低，这些网站应有作用没有有效发挥出来。从这个角度看，课程思政也是形式上在开展，没有自然融入大多数教师的教学当中去。

第三节　课程思政实施的积极成效分析

一、课程思政的总体响应热度

在教育部网站上,通过分析 2017—2023 年标题含有"课程思政"的信息发布数量,可以看到课程思政的热度变化。这个变化趋势说明,课程思政的高层热点关注期已经过去,或者说政策部署、主持推广阶段已经过去(见图 1-4)。

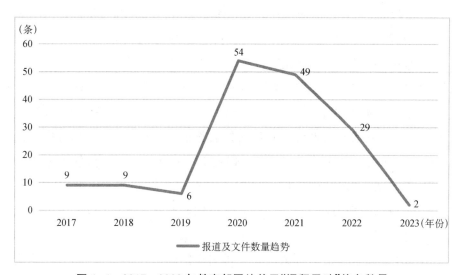

图 1-4　2017—2023 年教育部网站关于"课程思政"信息数量

二、课程思政的校际响应热度

1. 课程思政的全国高校的普及情况

截至 2023 年底,全国普通高等学校 2 820 所,包括本科院校 1 275 所、高职(专科)院校 1 545 所。我们统计发表了 2 篇以上课程思政论文的高校共有 2 314 所,其中包括有 1 165 所本科院校和 1 149 所高职(专科)院校,都发表了课程思政论文。可以推断出结论,课程思政在全国高校普及情况良好。

2. 课程思政在不同高校的普及情况存在差异

根据课程思政论文发表情况看,各高校课程思政实施的热度不一,各高校论文发表情况与高校属性、排名等没有关联。以上结论的判断依据是,课程思政发文最多的高校,理应是课程思政实施情况较好的高校。因此,我们从课程思政论文发表情况来判断高校课程思政的落实情况。

根据知网统计来看,2016—2023年来关于课程思政发文排名靠前的高校依次是(括号内是论文数量,下同):咸阳职业技术学院(155)、上海理工大学(145)、北京联合大学(134)、佳木斯大学(123)、中南大学(121)、东北大学(120)、陕西国防工业职业技术学院(111)、吉林大学(109)、江苏农牧科技职业学院(105)、石河子大学(104)、郑州大学(96)、河南中医药大学(95)、扬州大学(93)、哈尔滨工业大学(91)、东北林业大学(89)、河南农业大学(89)、杨凌职业技术学院(87)、南京审计大学(86)、福建农林大学(85)、上海健康医学院(85)、贵州大学(83)、西南大学(81)、临沂大学(80)。

2020年发表有关课程思政论文排名靠前的高校依次是(括号内是论文数量):湖南工艺美术职业学院(49)、上海理工大学(39)、佳木斯大学(36)、北京联合大学(28)、东北大学(28)、东北林业大学(18)、西北农林科技大学(17)、上海海洋大学(17)、苏州健雄职业技术学院(17)、上海工程技术大学(16)。

2021年发表有关课程思政论文排名靠前的高校依次是(括号内是论文数量):咸阳职业技术学院(100)、陕西国防工业职业技术学院(80)、北京联合大学(36)、江苏农牧科技职业学院(34)、吉林大学(34)、上海电力大学(33)、郑州大学(33)、石河子大学(33)、上海理工大学(32)、陕西工业职业技术学院(31)、福建农林大学(30)、东北大学(27)、西南大学(26)、佳木斯大学(26)、上海健康医学院(25)、杨凌职业技术学院(25)、牡丹江师范学院(25)、中南大学(24)、乌鲁木齐职业大学(24)、黑龙江职业学院(23)、黄河交通学院(22)、江苏建筑职业技术学院(22)、甘肃农业大学(22)、河南农业大学(22)、临沂大学(22)、扬州大学(22)。

2022年发表有关课程思政论文排名靠前的高校依次是(括号内是论文数量)：中南大学(43)、杨凌职业技术学院(41)、南京审计大学(36)、石河子大学(35)、贵州大学(33)、江苏农牧科技职业学院(33)、黑龙江职业学院(31)、吉林大学(31)、陕西国防工业职业技术学院(30)、佳木斯大学(30)、扬州大学(29)、陕西工业职业技术学院(29)、临沂大学(28)、咸阳职业技术学院(28)、桂林理工大学(28)、北京航空航天大学(26)、东北大学(25)、河南农业大学(25)、东南大学(24)、河南中医药大学(24)、北京联合大学(24)、哈尔滨工业大学(24)、河南工业大学(24)、宁夏大学(23)、上海理工大学(23)。

2023年发表有关课程思政论文排名靠前的高校依次是(括号内是论文数量)：中南大学(40)、河南农业大学(36)、哈尔滨工业大学(36)、上海理工大学(34)、吉林大学(34)、贵州大学(33)、东北大学(33)、河南中医药大学(30)、扬州大学(30)、陆军工程大学(29)、江苏农牧科技职业学院(28)、哈尔滨工程大学(27)、辽宁中医药大学(27)、北京工业大学(27)、临沂大学(27)、广东海洋大学(27)、佳木斯大学(27)、新疆大学(26)、南京邮电大学(26)、南京工业大学(25)、国防科学技术大学(25)、西南大学(24)、武汉理工大学(24)、陕西能源职业技术学院(24)、中山大学(24)、郑州大学(23)。

3. 课程思政论文发表情况的分析

(1) 从论文发表情况看,各高校在不同年度对课程思政的热度不一。

(2) 普通高校论文发表量的排名超过985高校。根据2016—2023年来知网关于课程思政发文统计,发文的前五名是：咸阳职业技术学院(155)、上海理工大学(145)、北京联合大学(134)、佳木斯大学(123)、中南大学(121)。有关课程思政的新闻报道中,大多数是与少数名校相关。而从论文发表情况来看,论文发表数量与是否名校无关,排名趋前的大多是普通高校。985高校发文数量并不名列前茅,拥有双一流称号的大学,并没有出现在最前面。

(3) 在985高校这个小群体内部,各高校发文量差别巨大,根据万方数据,发文量最多的是吉林大学(254),是最少的中国科学技术大学

(16)的16倍。

根据万方数据统计,985学校发文量排名是(括号内是论文数量):吉林大学(254)、东北大学(206)、中南大学(201)、哈尔滨工业大学(144)、北京师范大学(116)、兰州大学(114)、山东大学(114)、大连理工大学(109)、西安交通大学(109)、北京航空航天大学(105)、同济大学(105)、武汉大学(102)、西北农林科技大学(102)、东南大学(94)、中山大学(92)、华东师范大学(87)、上海交通大学(85)、湖南大学(83)、四川大学(82)、复旦大学(81)、西北工业大学(80)、浙江大学(78)、电子科技大学(78)、清华大学(76)、华中科技大学(75)、天津大学(75)、重庆大学(70)、中国人民大学(64)、南京大学(62)、北京大学(61)、北京理工大学(58)、厦门大学(55)、中国农业大学(54)、南开大学(54)、华南理工大学(47)、上海外国语大学(41)、中央民族大学(37)、中国海洋大学(29)、中国科学技术大学(16)。

(4)职业院校在课程思政建设中表现突出。近年来论文发表量名列前茅的职业院校有(括号内是论文数量):陕西铁路工程职业技术学院(197)、陕西国防工业职业技术学院(171)、江苏农牧科技职业学院(166)、湖南工艺美术职业学院(163)、咸阳职业技术学院(157)、长沙民政职业技术学院(132)、杨凌职业技术学院(126)、无锡城市职业技术学院(122)、湖南环境生物职业技术学院(115)、黑龙江职业学院(64)。

三、课程思政校内响应热度

从论文发表情况看,发文较多的学者多为院系领导,大多数普通教师对待课程思政没有表现出积极意愿。这些发表论文较多的作者,绝大多数是党政负责人,这说明课程思政仍然处于领导带头发动的阶段。

根据知网,发表课程思政论文居前的学者(括号内是论文数量)有:赵富学(26)、滕跃民(27)、董翠香(9)、刘艳艳(9)、董必荣(8)、周立斌(8)、韩宪洲(8)、郭莉萍(8)、罗建成(8)、黄泳(7)、杨洋(7)、陈聪(6)、李艳(6)、郑春雨(6)、徐信(6)、冯松宝(6)、李留安(5)、袁东超(5)、王小引(5)、熊新(5)、谢晶(5)、蓝蔚青(5)、孙晓红(5)、奎晓燕(5)、朱郑州(5)、陈正权(5)、王丽霞(5)、董海涛(5)、覃春华(5)、刘雪雪(5)、杨亚飞(5)、姜伟伟(5)、高喜玲(5)、王海军(5)、贡益明(5)、付永(5)、陆艳艳(5)、刘东亮(5)、杨志鹏(5)、贾敏(5)。

他们的个人简介如表1-2所示。

表1-2 发表课程思政论文的学者简介

姓名	职务
赵富学	武汉体育学院东湖学者及特聘教授
滕跃民	上海理工大学出版印刷学院副院长,上海出版印刷高等专科学校常务副校长
谢 晶	上海海洋大学科技处处长,博士生导师
黄 泳	博士生导师,教授
董翠香	华东师范大学体育与健康学院体育系主任
董必荣	南京审计大学校长
郭莉萍	北京大学医学人文学院院长、医学语言文化系主任
李留安	天津农学院动物科学与动物医学学院院长
奎晓燕	中南大学计算机学院副院长,中南大学邓迪国际学院副院长(兼)
朱郑州	工信部ITSS应用示范区评估专家组组长,中国青年项目管理者俱乐部秘书长
罗建成	南阳理工学院生物与化学工程学院院长
冯松宝	宿州学院第三批学术技术带头人后备人选
刘艳艳	菏泽医学专科学校科研处副处长
覃春华	河池学院党委书记
孟上九	黑龙江科技大学校长
陈正权	现任云南师范大学副校长
郑春雨	马克思主义学院党总支书记
陈 聪	江苏航空职业技术学院航空工程学院党政办公室主任
董海涛	山西医科大学马克思主义学院书记
徐 信	江苏航空职业技术学院航空电子系教研室副主任

续表

姓名	职务
王丽霞	苏州经贸职业技术学院思政部副主任
王海军	湖南高速铁路职业技术学院就业科科长
周立斌	东北大学副教授
蓝蔚青	上海海洋大学院实验室管理中心副主任
高喜玲	江苏建筑职业技术学院教师
刘洪丽	天津城建大学材料学院院长
韩宪洲	北京联合大学党委书记
张立铭	佳木斯大学计算机硬件技术教师
符燕津	湖南工艺美术职业学院教务处副处长

另外,通过梳理已经出版的课程思政的专著,可以得出两个结论。①从这些著作的作者来看,存在领导率先著书现象。现有著作的作者,大多是学校各级领导,普通教师很少。说明当前课程思政还在传播阶段,仍然在传播的源头阶段,仍然需要深化。②课程思政的先行者、推动者,是高校各级领导,说明课程思政还没有在广大教师群体中落地生根。只有大量教师参与,才能保证课程思政开花结果。

四、课程思政的教学成效

1. 大部分学生认为课程思政教学效果很好

从王明慧(2020)的研究来看,大学生对课程思政教育理念的认知不断加深。38.76%的教师认为大学生对课程思政非常欢迎,将课程思政与专业课结合效果较好;79.67%的大学生认为通过课程思政建设,个人的学习积极性不断增强,对于社会的认知和事件的分析都有所改进,班级的凝聚力和团队合力也同步提升①。

---

① 王明慧:《高校课程思政建设的现状及对策研究》,曲阜师范大学硕士论文,2020年。

刘诗含(2021)的调查表明,12%的教师表示学生"非常接受"课程思政;69.3%的教师认为学生能够"接受"课程思政;17%的教师认为学生对是否开展课程思政表示"无所谓"①。

在杨大陆(2021)调查一所学校"课程思政"实施情况时,26.83%的调研对象认为高校"课程思政"建设工作开展得非常好,39.02%的认为"课程思政"工作已经趋于规范,但是还需要进一步完善,34.15%的调研对象认为学校对于这项工作刚开始进行,需要继续探索实践②。

在杨大陆(2021)另一项针对学生的调查中,80%的学生认为,课程思政课堂教学效果很好,给予学生正确的思想和价值观的引导;15%的学生认为效果一般,在课堂上讲就听,不讲就不听;仅有2.5%的学生认为没有效果;剩下2.5%的学生对效果如何不清楚,不发表意见。③

2. 大学生专业认同和思想认知得到深化

调查表明,大部分大学生对于在专业课程中引入思政内容的态度是积极的,对其重要性有较高的认知。52.41%的大学生受访者认为在专业课程教学中引入思政内容是"非常重要的";38.16%的大学生受访者认为"比较重要";4%的大学生表示"完全没必要"或"无所谓"④。

大学生受访者在回答"通过课程思政的学习,自身思想认识方面有何转变"时,71.26%的大学生表示"深化了对本专业的认知,增强了对专业的认同感",56.55%的大学生认为"更加坚定对党和国家的信心,责任感和使命感增强"。大学生通过接受课程思政的教学后,专业认同和思想认知得到了深化。⑤ 在回答"实施课程思政教学后,学生的变化状况"时,83.33%的教师表示"学生政治思想更加坚定,责任感和使命感增强",75%的教师表示"学生专业认同得到增强,学习质量得到提高"⑥。

从整体上看,学生对学校思想政治教育工作评价很高,91.6%的学生

---

① 刘诗含:《黑龙江高校课程思政建设实效性研究》,东北农业大学硕士论文,2021年。
② 杨大陆:《高校课程思政建设研究》,安徽工业大学硕士论文,2021年。
③ 同上。
④ 廖琼:《高校课程思政育人实效性研究》,江西理工大学硕士论文,2021年。
⑤ 同上。
⑥ 同上。

认为当前学校开展的思想政治理论课能够真正起到思想引领、价值塑造的作用。调查显示学生对课程思政建设的支持度非常高,86.6%的学生认为有必要除思想政治理论课之外的课程中融入思想政治元素,将思想政治教育贯穿全课程体系,93.3%的学生愿意接受通识课或专业课教师在课堂上讲授我国发展历史、家国情怀、社会关爱、人格修养、职业道德等思想政治内容[①]。

从上述不同调查都可以看到,课程思政已经在很大程度上被高校学生接受。

第四节　课程思政进程中存在的问题

一、课程思政主体责任不清楚

1. 组织互动少,教师之间协同不足

当前高校对推进"课程思政"教育改革的意识还不够到位,具体体现在主体责任不清楚,在高校推进课程思政的建设过程中,目前依然存在三种似是而非的观点,造成"三个和尚没水喝"的局面。

一是部分马克思主义学院的思政课负责人表示,课程思政是专业课教师的责任,与马院关联度不大,不应该是马院教师的事。

二是部分专业课教师认为,只要上好专业课。如果花费大量的精力去推进课程思政,这是"荒了自家的田,去种他人的地"。

三是高校基层管理者对"课程思政"教育改革协同性的意识和行动还不够。一些人对"课程思政"的基本概念尚不清楚,一些人存在着不想负责或尽可能少担责的思想,一些人将"课程思政"教育改革当作一项临时任务,只是简单参与、象征性地走过场。教育教学主体改革意识缺失阻碍了改革共识达成,没有共识,也就没有了默契,行动的质量和水平定会大

---

① 刘诗含:《黑龙江高校课程思政建设实效性研究》,东北农业大学硕士论文,2021年。

打折扣①。

不同学校之间各行其是,名师、强队间的少有联合或联合的程度很弱,育人主体之间的协同明显不足,没有形成协同育人的良好局面。同一学校不同学院之间协同不足,联系不够紧密。学校举办交流座谈会式的合作过于形式,合作的质量不高,一线教师很难从几场座谈会真正体验课程思政建设,育人理念和育人经验的共享达不到理想效果②。在"关于高校课程思政各部门的协同育人效果的调查"中,44.13%的教师和39.82%的学生认为高校各层级、各部门之间能够相互配合,协同育人。34.61%的教师和43.06%的学生认为高校各部门的协同育人效果一般。21.02%的教师和12.36%的学生认为高校各部门之间缺乏交流沟通,自成一体,各自为战③。

2. 课程思政机制软弱

在课程思政的推行过程中,相当一部分高校对"课程思政"理念仅停留在文件和会议上,尚未采取相关具体措施,尤其是对专业课程如何落实"课程思政"没有明确的要求,学校多部门合力推进思想政治教育的体制机制有待完善④。

在涉及所在的学校或院系是否制定了课程思政建设实施细则及相关文件等问题时,40%的学校或院系已制定课程思政建设实施细则,但尚未出台;14.62%的学校或院系已制定并出台了课程思政的实施细则;28.46%的学校或院系相关细则正在制定;6.54%的学校或院系没有制定课程思政的相关细则;25%的教师不清楚学校是否制定了课程思政相关政策。可见,课程思政在职能部门层面的认知度普遍不广,近四分之一的老师不知道学校是否制定相关政策,课程思政在政策方面还没有得到落实⑤。

---

① 赵鹤玲:《新时代高校"课程思政"建设的现状及对策分析》,《湖北师范大学学报》(哲学社会科学版),2020年第1期。
② 杜秀:《高校课程思政建设研究》,大连海事大学硕士论文,2022年。
③ 冯嘉芸:《新时代高校课程思政建设研究》,辽宁大学硕士论文,2023年。
④ 胡亚楠:《高校"课程思政"建设困境及路径探析》,《淮北职业技术学院学报》,2020年第6期。
⑤ 贾艳丽:《青海高校课程思政实施路径研究》,青海大学硕士论文,2020年。

二、教师主体的认知错误

1. 对课程思政认同度偏低

当前,课程思政理念尚未深入人心,部分高校教师和学生较难认同高校课程思政教育理念,对课程思政改革存在一定程度的抵触情绪,或者认识深度不够。对课程思政出现了许多杂音。例如,"最多在综合素养课进行价值引导,坚持专业课价值中立""其他学科教学不必要出现思想政治教育内容",这些想法并不罕见,甚至占据多数。

根据对陕西6所高校的部分教师和学生进行问卷调查,陕西高校"课程思政"建设中存在以下两方面问题①。

(1)教师、学生对"课程思政"概念不够了解、对学校实施情况不够清楚。

根据调查结果显示,教师中对"课程思政"了解的占比只有56.2%,只占了一半多,27.6%的人只是听说过,不太了解。对于课程思政很了解,有过专门研究的教师占14.33%,比较了解的占37.67%,有一定的了解但不多的占37%,不太了解的占11%。对课程思政专门去了解的教师较少,比较了解和有一定了解的教师占75%。由于课程思政还是新事物,所以很多教师对其认知不够,但也有部分教师去深入了解"课程思政"。

调研发现,有7%的大学生比较抵触,认为课程思政建设是非常枯燥的;有5.33%的调研对象表示没有必要将思政课程融入专业课程教学中。当被问到"多大程度上接受课程思政教育理念",有44%的调研对象表示一般程度能接受,7%的调研对象表示很小程度能接受,还有3.33%的调研对象表示几乎不能接受。

另外在青海省的调查中,各高校职能部门对课程思政非常了解,专门研究过的占12.69%,比较了解的占50.38%,有一定的了解但不多的占

---

① 张丽莎:《陕西高校"课程思政"建设研究》,西安工业大学硕士论文,2020年。

38.85%,不太了解的占10%①。

(2)对"课程思政"的具体内涵认知较为模糊。

有数据表明,近50%的高校党员领导干部、教师、学生均表示比较不了解课程思政的具体内涵,有32%的教师认为课程思政"没必要"或"完全没必要",43.48%学院主要领导表示只有少数教师或少数课程引入了课程思政。

王文乐(2023)调查发现,38.79%的教师对课程思政的了解程度较为浅薄,14.04%的教师认为课程思政是在现有课程体系外再增设其他课程。这说明一些教师对课程思政内涵理解不足,教学活动中过分强调专业知识教育,从而轻视思想政治教育②。关于教师对"课程思政内涵的了解程度"调查显示,多数教师已经明确了解课程思政的内涵,78.35%的教师对课程思政的内涵了解程度较高,但值得注意的是21.65%的教师至今仍不了解、不确定课程思政内涵的教师③。

从上面调查结论可以看出,不了解课程思政的理念,不清楚自身角色和任务的情况,在教师当中比较普遍。

2. 教师在教学理念上排斥课程思政

课程思政育人理念落实不到位,各类任课教师尚未充分认识到课程思政的重要性和紧迫性。

(1)教师从学校分工角度排斥课程思政建设。

当前,在高校存在一种普遍的观点,认为访学进修、课题立项、科研攻关、职称晋升才是硬道理,才是真本事。部分专业课教师认为价值引领是思想政治理论课程的责任,是思想政治理论课教师和辅导员、班主任等学生工作队伍的职责,而专业课程应当聚焦于知识和能力的培养,从而不愿开展课程思政教学改革。一部分教师认为自己的主要任务是把自己所掌握的专业知识传授给学生,而对学生进行价值引领是思政课教师的工作。部分教师认为,课程思政就是思想政治教育课,只不过是换了种说法而已,职责有分工,术业有专攻,思想政治教育是思政课教师、党团干部和辅

---

① 贾艳丽:《青海高校课程思政实施路径研究》,青海大学硕士论文,2020年。
② 王文乐:《财经类专业课程思政建设现状、问题及对策研究》,江西财经大学,2023年。
③ 刘诗含:《黑龙江高校课程思政建设实效性研究》,东北农业大学,2021年。

导员的事，对于思想政治教育，他们是心有余而力不足，把专业知识教好就行①。因此，专业课上有效对学生进行思想和价值引领的还不普遍。

（2）教师从专业课角度排斥课程思政建设的重要性。

部分专业课教师在观念领域习惯性定位自身的"智育"角色，一些专业老师认为，专业课的教学内容具有学科的特殊性，没有空闲的时间和空间让位于思想政治教育②。在论文《陕西高校课程思政建设研究》中，教师态度有以下两种情况。

第一是认为课程思政冲淡专业，把课程思政视为大杂烩。以理工科为例，在专业课教育教学中植入科学精神、工程/医学伦理、人文精神、法治精神和生态文明理念等，会冲淡专业课知识。

第二是认为课程思政淡忘主业。部分专业课教师认为，只要上好专业课就行。一些高校教师只关注完成自我的科研任务，并不注重学习党的理论，对国情民情关注甚少，对党的方针政策缺乏研究热情，对马克思主义理论等思政理论知识掌握不充分，只是略知皮毛③。相当一部分专业课尤其是理工科专业课的任课教师对开展课程思政的必要性和可行性缺乏明晰认识。部分理工科教师认为自己学科与思想政治教育不存在相通之处。在问到"您认为专业价值体系与思政教育的价值体系是否存在相通性"这一问题时，45.6%的教师认为不存在，主观上不愿意去参与课程思政建设④。从"您的教学是否开展了课程思政"和"如果是自身主观原因，这个原因主要是什么"的反馈来看，23%的教师没有开展课程思政，同时10.5%的教师认为课程思政不属于专业课教师的任务，对"课程思政"建设缺乏理性的认识⑤。当问到"学校教育要实现立德树人的教育目标，您认为这与专业课教师相关吗"这一问题，总的来说，绝大多数专业课教师认为学生成长与自身密切相关，其占比58.76%；认为与自身有一些相

---

① 易显飞、杨娟：《高校"课程思政"的价值意蕴、教学现状与质量提升》，《湖南人文科技学院学报》，2021年第5期。
② 胡亚楠：《高校"课程思政"建设困境及路径探析》，《淮北职业技术学院学报》，2020年第6期。
③ 张丽莎：《陕西高校"课程思政"建设研究》，西安工业大学硕士论文，2020年。
④ 赵曼曼：《昆明理工大学"课程思政"高质量发展路径研究》，昆明理工大学硕士论文，2022年。
⑤ 同上。

关的占37.52%;认为与自身没有相关,并认为其属于班主任和辅导员责任范围的占3.72%①。

3. 教师在教学实践中缺乏主动性

在对江苏省的12所高校的调研中显示,非思政理论课教师在思政理论的理解和掌握上显得相当欠缺,绝大多数教师在课堂教学中做不到有效地将思政理论糅合到专业知识教学中②。部分专业课教师由于教学和科研任务较为繁重,缺少足够的时间和精力对专业课教学中的德育元素进行深入挖掘和研究,有的则流于形式,应付了事,无法真正形成思政课与专业课协同发展的长效机制③。

从调查问卷中可以看出,86.49%的老师认为,当前高校"课程思政"的实施面临着缺乏系统性的建设理念和长效机制的问题。许多相关的制度设计还没有全方面地形成,一些必要的规定政策也没有实时提出④。

专业课教师的主观认识偏颇导致"不愿"面对课程思政,对落实课程思政教学热情不足。课程思政仍有个别教师认识模糊、育人观念不强、热情不高,不想做、不愿做、不会做的现象仍然存在,只是以完成任务的心态被动应付"课程思政"⑤。在对教师开展课程思政行为的调查结果显示,26.6%的教师表示在自己教授的课程中"有专门设计课程思政的教学内容",66.7%的教师"偶尔会结合思想政治元素"进行课程教学,6.7%的教师则表示自己在授课过程中"只讲授课程内容,并没有体现课程思政相关内容",说明没有形成常态化课程思政教学思维和教学体系⑥。在问到"您认为专业课教师对开展课程思政的积极性如何"时,49.14%的学生选择"热情高涨",认为专业课教师在开展课程思政教学过程中充满热情;

---

① 唐杰:《专业课教师实施课程思政存在的问题及改进策略》,《中学政治教学参考》,2021年第8期。
② 杨建超:《协同育人理念下高校"课程思政"改革的理性审视》,《南通大学学报》(社会科学版),2019年第11期。
③ 同上。
④ 杨大陆:《高校课程思政建设研究》,安徽工业大学硕士论文,2021年。
⑤ 吴晨映:《专业课教师"课程思政"能力问题探讨》,《河南教育学院学报》(哲学社会科学版),2020年第1期。
⑥ 刘诗含:《黑龙江高校课程思政建设实效性研究》,东北农业大学硕士论文,2021年。

32.32%的学生选择"态度一般";还有18.54%的学生选择"态度冷漠",认为专业课教师开展课程思政的积极性很低①。

在另一项对2 312名学生的调查中,有41.18%的学生指出,自己的专业课教师会经常在课内外结合社会热点进行正确的世界观、人生观、价值观的引导教育,偶尔进行的比例为53.52%,5.40%的学生认为专业课教师从未进行这方面的引导教育②。另一项对专业课教师实施课程思政的调查表明,对于"结合社会热点进行正确'三观'引导教育"工作,有34.82%的专业课教师会经常进行该项工作;有58.33%的专业课教师会偶尔完成该项工作;有6.85%的专业课教师从未进行该项工作③。

以上落实课程思政问题,可以归结为三个方面。

第一,专业课教师实施课程思政的主体意识不强,主动实施课程思政自觉意识不强。专业课教师对课程思政缺乏足够的认识,主动意识不强,自觉参与课程思政建设的主观能动性不强,只是以被动的心态应付课程思政,将其当作阶段性的任务。一部分高校教师不肯投入必要的精力对如何搞好课程思政进行认真的探索和思考,对参与课程思政建设缺乏热情,只是因形势所迫、为了完成任务而表面应付,敷衍了事。在行动上讲形式、走过场④。

从目前看,有的教师缺乏对课程思政育人的正确认知,认为自己的职责就是单纯地向学生传授专业理论知识,而课程思政教育与己无关。一些专业课教师迫于学校压力,勉为其难、东拼西凑地从专业课程中提取所谓的思政元素,在授课过程中生硬地宣讲,出现"轰轰烈烈走形式,扎扎实实走过场"的局面,难免使课程思政流于形式⑤。

第二,专业课教师课程思政动力不足。

---

① 冯嘉芸:《新时代高校课程思政建设研究》,辽宁大学硕士论文,2023年。
② 唐杰:《专业课教师实施课程思政存在的问题及改进策略》,《中学政治教学参考》,2021年第8期。
③ 同上。
④ 刘东、赵宁:《论高校教师课程思政的能力建设》,《武汉理工大学学报》(社会科学版),2022年第11期。
⑤ 梁琳:《以"课程思政"实现协同育人的现实困境及应对策略——从高校专业课教师的角度》,《苏州科技大学学报》(社会科学版),2022年第9期。

目前,高校课程思政建设缺乏较为明确的制度性规范和相关配套的激励和约束机制,缺少考核培养学生的思想道德修养的指标。同时,与授课门数、课时数等可量化的评价指标相比,专业课程的育人成效难以量化,导致专业课教师缺乏思政育人的动力和积极性①。教师参与课程思政建设缺乏主动性。调查中发现,在问到"是否愿意积极参与并配合学校实施课程思政"一题中,有13.3%的师生表示"不确定,看情况再说",甚至在"不愿意"选项中也出现了0.8%。近14%的师生对于课程思政建设缺乏主动性,缺乏热情,这显然是不理想的。教师自身状态不好,热情不够,教学研究投入不够,是无法感染自己的学生,也无法有效地给学生传授知识,立德树人②。

第三,教师参与课程思政建设缺乏主动性。

据调查,教师认为在基础课程或专业课程教学中实施课程思政难度非常大的比例是11.92%,难度比较大的比例是37.69%,认为有一定难度但可以尝试的比例是49.23%,这造成教师知难而退。针对教师的调查中,对于所在学校课程思政建设开展情况的评价,选择"效果很好"的占26.79%,"效果一般"的占51.79%,"徒有虚名,很少或几乎没有"的占4.46%,"其他"占16.96%,也就是说有超过一半的教师对于学校课程思政建设的效果并不满意。根据随机访谈,部分教师反映,学生对这种课程思政方式并没有积极的反馈,对于专业课和思政课学习的成绩也没有得到显著提高,他们对此也表示疑惑③。

三、课程思政教学成效不突出

根据调查,当前高校课程思政建设工作存在着融入课堂教学建设全过程工作不到位的问题,课程思政建设工作教学方法亟待改善和创新。

对于课程思政,学生知晓度和认同度不高。学生角度来看,只有

---

① 谭泽媛:《课程思政的内涵探析与机制构建》,《教育与职业》,2020年第22期。
② 张丽莎:《陕西高校"课程思政"建设研究》,西安工业大学硕士论文,2020年。
③ 同上。

46.4%的学生表示"了解",40.7%的学生表示"听说过,不太了解";了解课程思政的方式主要是集中在学校宣传,老师、同学口中,其次是报纸、电视和网络,说明"课程思政"建设这一概念已经通过平台方式的宣传达到一个基础的传播效果,但还有几乎一半的师生对此并不了解,课程思政概念的普及度离校园全覆盖的目标还有很大距离①。

在另一个对高校课程思政普及程度情况的调查中,"您是否了解高校课程思政工作的实施情况"有17.5%的学生表示非常了解,40%的学生表示比较了解,22.5%的学生表示基本了解,剩下的20%的学生则认为不太了解高校课程思政建设工作的情况。从问卷的数据情况来看,真正非常了解高校课程思政工作实施情况的学生占的比例最少②。

从高校课程思政执行效果来看,教学效果不显著。78.33%的调研对象表示执行效果一般,还有5%的教师表示执行效果比较差,有12%的调研对象表示执行效果比较好,仅有4.67%的教师表示执行效果非常好③。对学生群体进行调查,"专业课程教学中您的老师是否会对您社会责任意识等方面的教育",27.99%的学生回答自己的专业课教师会经常进行这方面的教育,41.24%的学生回答自己的专业教师进行此类教育的次数不多,26.33%的学生表示自己的专业课教师很少会,占比4.44%的学生表示自己的专业课教师从未对学生进行社会责任等方面的教育④。

从教学过程看,大学生对"课程思政"宏观背景缺乏深度思考,对大学课堂引入"课程思政"教学改革的重要性认知较弱。一方面是学校层面缺少正式渠道对课程思政进行相关内容宣讲(68.5%),学生们获取课程思政教学改革相关知识不统一,没有系统地了解和学习;另一方面各专业课教师对课程思政教学改革的积极性不同,在课堂上对学生的思政引领方式各异,融入思政引领的效果不明显(60.5%)。以此推知,课程思政教学改革在一定程度上还停留在各自为政、单打独斗的阶段,学校教务部门并

---

① 张丽莎:《陕西高校"课程思政"建设研究》,西安工业大学硕士论文,2020年。
② 杨大陆:《高校课程思政建设研究》,安徽工业大学硕士论文,2021年。
③ 王明慧:《高校课程思政建设的现状及对策研究》,曲阜师范大学硕士论文,2020年。
④ 唐杰:《专业课教师实施课程思政存在的问题及改进策略》,《中学政治教学参考》,2021年第8期。

没有对老师、学生进行系统引导,仅作为教学改革项目,使老师们基于各自的理解推进,对"课程思政"缺乏统一认知。①

在关于教学效果的教师调查中,对于所在学校"课程思政"建设开展情况的评价,选择"效果很好"的占 26.79%,"效果一般"的占 51.79%,"徒有虚名,很少或几乎没有"的占 4.46%,"其他"占 16.96%,也就是说有超过一半的教师对于学校"课程思政"建设的效果并不满意。根据随机访谈,部分教师反映,学生对这种方式并没有积极的反馈,对于专业课和思政课学习的成绩也没有得到显著提高,他们对此也表示疑惑。②

四、教师课程思政能力有待提升

课程思政作为一种融入价值理念的新思想政治教育形式,教师的教学水平对课程思政实践及效果作用明显,教师承担着主体作用。但目前专业教师的教学水平距离课程思政要求尚有距离,主要表现有:科学人文精神素养匮乏,专业视野不阔,课程思政教学设计与能力储备欠佳,有效的教学手段不多等③。专业课教师在课程思政的过程中有不会讲、不敢讲和不想讲等问题,不知如何根据课程特点制定相应的思想政治教育目标,不知如何挖掘思想政治教育资源,也不知挖掘何种教育学生的方法。

专业课教师课程思政能力上的问题,主要表现在以下方面。

1. 教师课程思政教学能力欠缺

当前,高校推进课程思政大多停留在政策和理论层面,如何融入专业课课程建设的各个环节还需要实践探索。

(1)教师课程思政教学方法不当。教师、学生对学校关于课程思政的各项举措也不清楚,教师和学生中对于"不太了解"的选项分别占到了 50.8% 和 64%。这说明我们超过一半的师生虽身处教学,但不了解学校

---

① 刘亦晴等:《"课程思政"教学改革的调查和探索》,《江西理工大学学报》(社会科学版),2020 年第 4 期。
② 张丽莎:《陕西高校"课程思政"建设研究》,西安工业大学硕士论文,2020 年。
③ 杨旭:《"课程思政"建设在高校:齐鲁工业大学》,《山东教育》高教刊,2020 年 11 月。

关于"课程思政"的具体工作,也没有在工作和学习中有所感受①。

大部分学科教师无法真正将两者有机融合,一般只是生搬硬套,在学科教学中生硬地加入思政教育的内容。在现实中,多数专业课教师在课堂上难以将课程中的思政资源进行有效利用,存在为了思政而思政的情况。

专业课教师队伍对课程思政的内容了解不足,实践中出现对思想政治教育工作不懂、不知的问题。在实际的教育教学过程中,专业教育和思想政治教育被人为地割裂和孤立起来,自然也就缺乏课程思政的教学意识。

(2)专业课教师缺少课程思政的具体教学能力。大部分高校没有针对全部专业课教师开展的"课程思政"教学培训,专业课教师的课程思政教学方法和手段,是在摸索总结出来的,很少经过合理、有效的设计,难以提升思政教育的吸引力和感染力②。

很多专业课教师不知如何将专业知识作为思想政治教育的鲜活素材,设计出集显性知识教育与隐性价值引导相结合的既能让学生掌握专业知识又能让学生树立正确三观的课程③。通过调查发现,有很大一部分教师认同"课程思政"的必要性,但教师在开展"课程思政"过程中面临来自内部和外部的困难,32.7%教师也想要在课堂中开展,但不知道如何去做④。92.20%的受访者认为专业课教师缺少课程思政的教学能力,不熟悉专业课程中的思政元素到底要挖什么和怎么挖⑤。有53.2%的教师认为开展课程思政比较困难,且有26.7%的教师想获得教学方式、方法及手段的教学和研讨的帮助。因此,如何提高教师的育人能力尤为重要⑥。

---

① 张丽莎:《陕西高校"课程思政"建设研究》,西安工业大学硕士论文,2020年。
② 张岩、宋京津、关福远:《高校"课程思政"教学改革的阻力与对策》,《高教学刊》,2020年第29期。
③ 同上。
④ 赵曼曼:《昆明理工大学"课程思政"高质量发展路径研究》,昆明理工大学硕士论文,2022年。
⑤ 曾梦玲:《高校专业课教师课程思政能力的现状与提升》,《湖北经济学院学报》(人文社会科学版),2021年第3期。
⑥ 赵曼曼:《昆明理工大学"课程思政"高质量发展路径研究》,昆明理工大学硕士论文,2022年。

相当数量的专业课教师由于对课程思政认识水平和能力的限制,在如何挖掘专业课教学内容中的思政因素、以怎样的形式实现专业课教学过程中的价值引领、如何发挥专业课在思想政治教育方面的独特优势等方面感到困惑。甚至有专业课教师认为,专业知识教育很难同思想政治教育自然融合。如果把二者牵强地结合起来,可能会冲淡学生专业知识的学习,达不到预期效果①。

（3）教师应对课程思政存在知识结构的问题。一些专业课教师,尤其是理工科教师对思政理论的理解和把握能力不足,缺乏对马克思主义理论及思政元素的准确把握和深刻解读。有的教师不愿意花时间或精力去挖掘思政元素并加以教学利用;有的教师虽然意愿很强,但找不到隐蔽于专业知识中的人文价值和思政素材。在对专业教师进行"你是否能够适时、适量、适度地将思政内容融入专业课教学"的调查中,27.99%的教师认为自己做得很好,41.24%的教师表示一般,26.33%的教师表示自己无法把握,4.44%的教师表示自己并不进行这方面的工作。对于"请您客观评价一下自己挖掘、提炼和转化课程思政元素的能力"的数据分析可以得知,有27.99%的教师表示自己能力强,41.24%的教师表示一般,26.33%的教师表示自己想做但无头绪,仍有4.44%的教师表示自己并不了解课程思政②。

通过对北京某高校的200多名理工科专业课教师关于课程思政教学状况的调研结果显示,约有30%的教师表示不知道如何在专业课教学过程中进行思想政治教育;约有60%的教师表示因个人平时对思想政治教育工作接触较少,思想政治教育的相关理论知识不足,导致不敢深入地讲,不敢多讲;只有约10%的教师表示能够比较正确把握课程思政的方式和方法,能够将思想政治教育的内容有机融入专业课教学。一些专业课教师对课程思政无从下手,在教学中融合度不高③。

---

① 谭泽媛:《课程思政的内涵探析与机制构建》,《教育与职业》,2020年第22期。
② 唐杰:《专业课教师实施课程思政存在的问题及改进策略》,《中学政治教学参考》,2021年第8期。
③ 邓丽娜:《新时代高校教师提升"课程思政"能力研究》,《思想政治教育研究》,2021年第3期。

2. 课程思政实施过程中方法存在问题

（1）课程思政教学形式单一。从教学方式来看，高校教师的教授课程思政仍以"填鸭式"的方式推进，鲜有互动。教师只是将思政元素在课堂上进行简单输出，并未与学生深度互动，且未对现实中的应用情况予以解读①。教学方式单一、教学内容枯燥成为教师在思政层面教学素质能力的主要表现。

在"关于高校推进课程思政建设过程中存在的问题的调查"中，67.71%的教师和69%的学生认为课程思政教学内容单调、枯燥乏味，导致部分学生没有学习兴趣，教学效果不佳。78.05%的教师和51.17%的学生认为课程思政教学方法单一、缺乏创新性，在一定程度上对教学质量和效果有所影响②。从"当前专业课教学课程中融入的思政元素深度"来看，74.67%的调研对象认为所融入的思政元素比较少，22%的调研对象认为所融入的思政元素一般，仅有3.33%的调研对象认为所融入的思政元素比较多③。

（2）思政教育元素融入课程标签化。专业课教师为了完成课程思政的教学目标，在教育教学中生搬硬套。大部分教师在课程思政实施中是将思想政治教育资源以"插播"的形式"融入"课程教学当中，延续传统思政课的教学方式对学生进行直接的思想政治教育灌输，也有教师试图找到思想政治教育资源融入教学的有效方法，但是对如何实现课程思政的方法与技巧还很陌生，无法做到"如盐在水"的自然状态。在高校课程思政建设过程中，专业课教师或者依然采用传统的专业课教学方法，或者将理论灌输法作为主要的教学方法，将价值观念等主题与理论知识生硬地放在一起，思政元素与专业知识依然是泾渭分明，隐性教育显性化，从而导致课程思政"标签化"现象存在④。非常唐突地将某些自认为的"思政元素"插入课程教学。如将课程思政的推行提前到课前10分钟，或在课堂

---

① 王明慧：《高校课程思政建设的现状及对策研究》，曲阜师范大学硕士论文，2020年。
② 冯嘉芸：《新时代高校课程思政建设研究》，辽宁大学硕士论文，2023年。
③ 王明慧：《高校课程思政建设的现状及对策研究》，曲阜师范大学硕士论文，2020年。
④ 邓丽娜：《新时代高校教师提升"课程思政"能力研究》，《思想政治教育研究》，2021年第3期。

上开展一些互动环节,课程思政未真正形成基因式嵌入专业课程中。这一理念直接使高校在实际的教学过程中思政课程与专业课程之间出现"两层皮"现象①。由此,课程思政的内容设计需要加强,不仅没有达到"如盐在水"的程度,甚至出现了"一口盐""一口水"的现象,出现了思政教育元素融入专业课程标签化的问题。

在"关于教师在专业课教学中融入思政元素的方式的调查"中,20.33%的教师表示自己在教学过程中能够结合专业知识点,潜移默化地融入思政元素;26.83%的教师表示只是在开课前几分钟进行理论灌输;21.95%的教师表示自己只是把思政元素和教学内容简单拼接;还有19.28%的教师不知道如何开展或未开展课程思政教学。由此可以看出,部分教师将思政元素融入专业课教学的方式是不恰当的②。

(3) 课程思政元素挖掘浮于表面,教学内容表面化。教师对思想政治元素资源的挖掘十分有限,既不够精准,更不够全面。大部分教师尤其是青年教师不熟悉思想政治教育方面的知识,对思政教育资源的整合也不尽人意。现实教学中,部分课程教师很难靠自身梳理出所教课程中蕴含的思政元素和资源,最终致使课程思政泛于形式,成为无根浮萍,不被大学生接受。

课程中思政元素的挖掘在精准度上、深度上和广度上都不够,没有覆盖全部课程内容。仅仅选取思想政治教育元素较丰富的章节进行重点设计,没有对所有课程、课程中所有章节的思想政治教育元素进行挖掘。

关于思政元素的挖掘,在听课以及调查的过程中,教师开展"课程思政"最突出的问题就是教师不知道如何挖掘思政元素,甚至不清楚什么是"思政元素"。有11.3%的教师不知道思政元素的概念,70.2%的教师知道思政元素,但是不太了解。专业课教师不清楚思政教育的内容,很难挖掘本专业课程中所蕴含的思想政治教育元素③。42.76%的学生认为专业

---

① 赵鹤玲:《新时代高校"课程思政"建设的现状及对策分析》,《湖北师范大学学报》(哲学社会科学版),2020年第1期。
② 冯嘉芸:《新时代高校课程思政建设研究》,辽宁大学硕士论文,2023年。
③ 赵曼曼:《昆明理工大学"课程思政"高质量发展路径研究》,昆明理工大学硕士论文,2022年。

课教学中融入的思政元素一般,50.15%的学生认为思政元素陈旧老套,20.97%的学生认为思政元素脱离课程。可以看出,部分教师在专业课教学过程中,选取的思政元素与教学内容的关联度不高,创新性不够,导致学生的接受程度不高,需要性不强①。

由于很多教师表现出畏难情绪,他们认为在专业课上讲授思想政治理论的内容很难具有可操作性,很难找到两者的融合点。于是出现随意和过度挖掘专业课中的思想政治资源,不论什么知识点都要和思政搭上关系,这样会使教学过程过于突兀,反而会影响教学效果。造成这种极端情形背后真正原因是很多教师并未理解课程思政的内涵②。给思想政治教育带来意想不到的负面效果。

(4) 课程思政教学显性化。教学显性化是指明确地将专业课、通识课中的思想政治教育元素或资源梳理出来,在课堂上由专业课、通识课教师向学生讲解、宣讲。有的学校由思政课教师帮助专业课、通识课教师梳理有关思想政治教育的内容,使专业课、通识课"上出思政味",部分专业课教师在课程教学中直接穿插几条思政教育的摘录内容,这不但缺乏说服力,反而影响了授课内容的逻辑连贯性,不仅没有达到"立德树人"的育人目的,还违背了课程思政改革的初衷与目的。

在"教师在专业课程教学中会表达自己的思想政治观点和想法吗"的调查中,选择"明确表达"的占60.52%,"模糊表达"的占19.21%,"不确定"的占19.01%,"从不表达"的占1.26%。从这些数据以及随机采访中了解到,自课程思政建设以来,超过一半的教师在教学过程中有意识地在向课程思政转变,但部分教师过分重视理论知识、娱乐活动和课件案例教学。还有很多教师只是较为直接将思想政治理论知识向学生传输,或者直接在专业课上讲国家时政、社会热点,要求学生一起讨论,流于形式,认为这样就是在落实课程思政的要求③。

---

① 冯嘉芸:《新时代高校课程思政建设研究》,辽宁大学硕士论文,2023年。
② 张岩、宋京津、关福远:《高校"课程思政"教学改革的阻力与对策》,《高教学刊》,2020年第29期。
③ 张丽莎:《陕西高校"课程思政"建设研究》,西安工业大学硕士论文,2020年。

(5)授课内容单调匮乏,教师之间课程思政教学重复雷同。对于在实施课程思政过程中遇到的困难,53.6%的教师认为困难之处是在课程教学中"难以找到切入点",50%的教师表示"课程本身难以挖掘思政元素",38.2%的教师表示"缺乏相关的授课经验和技巧"是实施课程思政的困难所在,27.4%的教师认为困难在于"思政教育知识的匮乏"①。

在课程思政实施过程中,教师重复教学和无效教学现象突出。一方面,部分教师反映教学案例没有得到更新,学校各专业课教师在开展课程思政建设时缺乏沟通交流,经常出现教学案例重复现象。比如教师在上课过程中经常引用同一个教学案例,导致学生对课堂出现消极抵制情绪②。在一个专业的院系中一二十门课的专业教师都在融入讲家国情怀、讲职业素养等,原本各有特色的专业课程逐渐趋同。一些高校简单地将这些经验照搬照抄,一些专业课教师在课程思政推进中,融入的育人素材非常相似,大有同质化倾向③。这就造成教学重复雷同,思政教育元素融入课程同质化。

从教学内容来看,无论是已经开展的思政课程,还是在专业课程中融入思政元素,仍有部分教师仅仅从思政经典课程入手,对相关知识进行简单学习讲解。这些课程对于大学生而言是重复学习,并无新意。为"思政"而"思政"现象非常突出。比如在桥梁结构工程课程中,教师运用较大的篇幅讲述红军飞夺泸定桥的历史事件,展现出新中国成立的不易,但是关于桥梁建设本身忽略了知识传授,也是对课程思政的认识存在误区,认为整篇课堂讲授思政内容即为课程思政,认为只要有话语讲到社会主义好、坚持党的领导即可,这种思想也亟须肃清。

五、课程思政保障条件的缺失

课程思政作为一种全新的课程教育理念和实践,尚处于探索和试行

---

① 刘诗含:《黑龙江高校课程思政建设实效性研究》,东北农业大学硕士论文,2021年。
② 赵曼曼:《昆明理工大学"课程思政"高质量发展路径研究》,昆明理工大学硕士论文,2022年。
③ 杜秀:《高校课程思政建设研究》,大连海事大学硕士论文,2022年。

阶段,课程思政建设存在诸如理念落实、制度构建、资源运用、行动协同等方面的现实困境问题①。

1. 工作机制不健全

课程思政作为一种全新的教育实践,目前还处于探索和试行阶段。理论研究有待深入,思想认识有待深化,经验模式有待总结,加之不同高校的校情、教情、学情不同,难以在短时间内制定并出台系列符合本校课程思政建设的协调沟通、激励约束和考核评价等工作机制。工作机制不健全、不完善,限制并影响了各类课程教师推进课程思政建设的决心和动力。

2. 建设标准不规范

课程思政由于还处于探索和试行阶段,能够借鉴的成功经验和模式非常有限,教学管理部门尚未能出台科学的课程思政建设标准,编制有效的教学指南,在课程类型、教学大纲、教学目标、学时学分、教学内容、教学方法、教学评价、教学成效等方面进行有效规范。标准缺失,规范不足,限制并延缓了课程思政建设的进程。

3. 课程思政教学内容和教学资源保障难度大

课程思政中涉及专业课教师应该承担何种程度的思想政治教育职责,如何避免课程思政教师课堂教学流于形式,课程思政和思政课程如何分工和融合的问题。课程思政支持服务体系尚未建成,依靠学校呼吁和教师自觉之外通过制度保障各课程教师主动参与课程思政建设的改革力度不大,示范课建设推进乏力②。目前,关于课程思政交流平台、研究机构、培训组织数量也非常有限,使教育基层课程思政探索和实施工作存在较大局限。因此,很难调动学校与教师开展课程思政工作的主动性、积极性与创造性③。

---

① 赖金茂:《高校"课程思政"建设的现实困境及其应对策略》,《湖北经济学院学报》(人文社会科学版),2020 年第 5 期。
② 谭泽媛:《课程思政的内涵探析与机制构建》,《教育与职业》,2020 年第 22 期。
③ 同上。

六、课程思政教学评价难以落实

1. 教学评价难以及时准确

课程思政教学改革面临的一个重要的问题是课程思政学习效果的检验。部分高校尚未建立或健全课程思政的评价体系,导致教师在课程思政方面做与不做一个样,讲多讲少一个样,缺乏有效的激励机制,致使教师缺乏参与课程思政建设的热情①。

教学评价难以及时准确实施的原因在于以下几方面。

(1) 评价对象跨度大。课程思政的质量评价不仅要测量学生静态的思想政治素质状况,而且要测量其变化和发展,并且限于课程教学对这些变化与发展的影响,这就更为复杂和困难,难以操作。

(2) 无法建立责权利关系。在实际教学过程中,教师的立德树人情况的考核很难量化,育人工作往往成为一个"软任务"、考核上的"软指标"。如何推进课程思政考核,在实践层面如何设计、推进、考核却语焉不详,通常以"宽基础""高素质""复合型人才"等宏观、抽象、表状态的词语来概括,缺乏可操作性和监督机制。

首先,学生在思想观念和价值观上的变化受到校内外多种因素的影响,很难测出某一个教师的业绩,也很难归因于某一课程或某位教师②。其次,在我国高校的考核评价制度环境中,教师课堂教学水平高低、学生思想道德素质是否提升等,以及专业教师在专业课程中融入思想政治教育的付出与成果难以量化,在现行的考评机制中无法彰显,这导致高校教师缺少思想政治教育的动力与积极性。

(3) 学校层面的评价考核中教师的功利化倾向,致使教师并不关注课程思政。当前,高校教师评价机制上更多倾向于研究课题项目、发表论文、申报各类奖项,而在课程准备、学生学业指导、职业涯规划指导、教学

---

① 邓丽娜:《新时代高校教师提升"课程思政"能力研究》,《思想政治教育研究》,2021年第3期。
② 朱平:《高校课程思政的动力激励与质量评价》,《思想理论教育》,2020年第10期。

改革等方面缺少强有力的政策,造成人才培养与教师自身职业发展之间矛盾突出①。

课程思政育人实际成效对专业课教师职业发展影响度太低。教师晋升专业技术职称,只要不出现课堂教学事故及师德师风问题,就很少对教师的育人成效予以考虑。对教师育人精力投入等方面的观测和衡量不足,导致专业课教师在时间分配、精力投入等方面出现选择性缺位②。

2. 考核评价体系及激励机制建设不完善

从所在高校是否制定了课程思政建设实施方案或出台相应政策文件问题调查情况来看,73.17%的调研对象所在高校制定了实施方案和文件,14.63%的调研对象所在高校没有制定相应的课程思政建设实施方案也没有出台相应的政策文件,12.2%的调研对象表示所在高校正在制定相应的课程思政实施方案和政策文件③。但调研对象反映考核评价体系难点是执行难。

第五节　课程思政问题的原因分析

一、学校层面的管理协调不足

高校课程思政建设绝不是"一声号令",学校、学院、教师被动完成的工作,部分高等院校的管理制度不健全,宣传不到位、政策措施传达偏差、个人理解差异性等因素影响,导致高校教师对于高校课程思政改革推进工作意识不到位,老师之间、学院之间、部门之间缺乏科学对话、互相沟通的积极性和主动性,难以形成优势互补、齐抓共管的育人合力和育人效果④。

---

① 杨旭:《"课程思政"建设在高校:齐鲁工业大学》,《山东教育(高教)》,2020年第11期。
② 张岩、宋京津、关福远:《高校"课程思政"教学改革的阻力与对策》,《高教学刊》,2020年第29期。
③ 杨大陆:《高校课程思政建设研究》,安徽工业大学硕士论文,2021年。
④ 同上。

二、课程思政的校内协同不够

1. 学校体系层面协同性不强

目前,课程思政实质意义上的"协同"或"同向同行"并未实现,"化学反应"尚未形成,课程思政在某种意义上仍是学科专业及教师的个体层面的"分内之事"。因此,有必要构建协同平台、形成协同机制、明晰协同方式、确立协同内容与维度,进而推动产生"化学反应",构建课程思政与其他育人方式之间"同向同行"的格局[①]。如何立足学校、教学团队建设等,基于系统的制度机制和统筹规划,设定科学行动路线并有序开展,进而建成立体有机、分层分类的资源体系,这是需要努力的方向。

就目前的建设情况看,课程思政实践资源未成体系。首先,课程思政管理机制不够健全,部分高校课程思政建设的顶层设计不足,各职能部门之间有高墙。虽然有的高校设立了课程思政领导小组,但是没有制定成文的具体的管理细则,更无科学的管理方案,分工明确的部门之间又存在极强的间隔感,在这些困难面前,课程思政被搁置。其次,课程思政的相关制度有待落实,甚至有缺位的情况,对课程思政的教师长效学习机制、集体备课制度、合作对话机制等方面的问题,缺乏力度[②]。

2. 课程思政的实施方案不够严密细致

部分高校片面追求课程思政实施速度与进度,忽视客观规律,采用"命令式"做法,要求教师在短期内实现所有任教课程的"课程思政植入",生搬硬套思想政治教育元素,为完成不可能完成的任务,教师只能在课程思政设计中"拼接"内容,致使实施方案不够严谨。

有的高校在课程思政教学改革中采取的做法是重点打造几门示范课,后续工作完全交由课程教师自己摸索,草草了事。示范课仅代表授课教师个人开展课程思政的意识与能力,若想取得建设成效,还需要高校在

[①] 赵曼曼:《昆明理工大学"课程思政"高质量发展路径研究》,昆明理工大学硕士论文,2022年。
[②] 杜秀:《高校课程思政建设研究》,大连海事大学硕士论文,2022年。

后面继续做文章。

3. 课程思政没有列入学校的培养方案

现有专业课人才培养方案挤压了价值教育在专业课程中的空间。专业课目标中对知识能力培养更为侧重，除知识结构和能力结构外，并未提及理想信念，也未有对中国特色社会主义的文化自信等提出要求。在这样的专业培养方案的影响下，在各门课程中推行课程思政自然难以施展开来①。有的高校尽管已经想到需要对课程思政的实施效果进行评价与监督，奈何尚未构建出合理有效的评价指标与监督条例，所以在具体落实上，工作总结强堆数据，实施效果仅凭宣传，影响课程思政的精准化水平。

许多高校在推进课程思政教学改革工作中，片面地认为只需要把课程思政元素融入课堂教学中就行，特别是有些课程生搬硬套地把思政元素嵌入课程的教学大纲中，设计缺乏科学性、合理性；还有些课程在教学目标定位上不够准确，缺乏方向指引。

三、课程思政激励不够

近年来，课程思政是以项目和工作要求的形式推进，而对广大教师的课程思政教学激励不够。

第一，物质激励不足。高校教师特别是刚入职的年轻教师生活压力不小，要对课程思政积极的教师进行物质激励。

第二，精神激励不强。要树立一批先进模范教育者，在荣誉表彰中激励其他教师参与课程思政的决心，树立积极育人的责任心。

第三，发展激励不够。要兼顾教师个人职业规划重点，在其职称考核中纳入课程思政建设成效加分项，使其有信心和意愿践行课程思政②。

目前，教师的职称评定更多侧重于教师的科研能力，以及完成教学工作量。课程思政激励不够，影响教师对课程思政的践行，造成部分专业课

---

① 王安东：《高校课程思政实施路径研究》，中南大学硕士论文，2022年。
② 同上。

教师不愿意积极主动开展课程思政建设，提高自己的思政能力，而是只专心做学术研究。教师主观上忽视价值引领这一取向，不利于课程思政的开展①。

四、课程思政保障机制不完善

课程思政保障机制的不完善，体现在以下三点。

第一，缺少组织保障。现实中，部分高校内部人为地将科研工作与学生工作进行分离，而高校思政工作长期和学生工作划等号，范围缩小了，参与的部门也就缩小了，除党委和学工部系统之外，其他系统不愿插手，课程思政组织力自然不强。

第二，缺少平台保障。一方面是资源平台，教师孤身挖掘课程思政资源效率不高，多数高校还未建立课程思政资源库供专业教师取材；另一方面是协同平台，从党委的顶层设计到教师一线教学，中间还需要各二级学院和高校思想政治工作团队履行职责，协同各方，发挥连接作用。

第三，缺少制度保障。目前，多数高校仅仅只是下发了课程思政工作推进的通知，尚未形成较为完善的制度匹配，也还未将课程思政要求纳入教师绩效成绩和职业晋升与发展等制度之中。因此，制度建设仍未到位，未曾在制度的源头为课程思政保驾护航②。

五、课程思政评价机制不准确

对于很多学校来说，现行的教学评估并未将课程思政全面纳入学校教学质量评估和教师个人评价体系当中，部分高校考虑到专业课践行课程思政的效果和质量问题，但是未能设计出科学的评价指标，影响课程思政的精准化水平。

---

① 赵曼曼：《昆明理工大学"课程思政"高质量发展路径研究》，昆明理工大学硕士论文，2022年。
② 王安东：《高校课程思政实施路径研究》，中南大学硕士论文，2022年。

在评价层面，精准性不足，31.8%的教师认为教学评价体系与课程思政不匹配。教师职称评定没有把课程思政教学理念的践行程度纳入考察范围，只要求教师自己填写课程思政的开展，没有实际的监督机制，停留在形式上，未进入实处考察。在考核层面更是缺乏实际可操作、可复制的方案，每个学院以及学科的人才培养目标都不相同，因此只能根据自己本学院的具体情况来开始实施，整体层面设置往往是宏观、抽象的大帽子，比较空洞①。

在学校层面，目前高校教师群体在高校课程思政绩效奖励的严重欠缺，导致越来越多高校教师在做还是不做课程思政之间摇摆。考核指挥棒偏离，过分追求"学术GDP"。"如果没有给足晋升和评职称方面的奖励，那么大家一开始可能还会去做，但如果一直这样子的话，比较被动的一些人可能就不一定会再去做或者是什么。"

第六节　课程思政发展的建议

推动新时代课程思政高质量建设，是全面提高人才培养质量的重要任务，也是改进和加强高校思想政治工作的现实需要。如何落实课程思政，我们在总结问题和经验的基础上提出以下三方面的建议。

一、落实课程思政理念的建议

1. 培育正确的课程思政观

关于落实课程思政，很多专业课教师不由自主地会问：马克思主义学院思政专业都做不好，凭什么让专业课教师做好？思想政治教育，马院那么长时间都做不好，凭什么让专业课教师立即做好？之所以产生这些问题，主要是对课程思政的理解有问题。只有建立正确的课程思政观，才能

---

① 赵曼曼：《昆明理工大学"课程思政"高质量发展路径研究》，昆明理工大学硕士论文，2022年。

更好地接受课程思政,落实课程思政。

课程思政并不是思政课程的简单重复,更不是要取代思政课程的地位。两者各司其职,分工不同,但又同向同行。协同育人是课程思政的理念。课程思政的目的就是所有课程与思政理论课同频共振,协同育人。协同育人是我国高校进行思想政治教育的共同使命,课程思政推行的理念就是将思政元素贯穿所有课程,把教书育人和学生成才紧密结合,把协同育人内化到各个课程、各个领域、各个环节,使思想政治教育如细流般缓缓流进课堂,贯通学生的成长成才中。课程思政与思政课程虽然是一致的、相互联系且辅助的,但两者在教育内容、角色定位和实施方式三方面也存有显著差异。

2. 加强顶层设计,不宜"运动式"推进

课程思政作为复杂性的系统工程,需要系统内相关要素的协调配合、共同发力。高校在推进课程思政的实践中,不宜采取"运动式""强迫式"的办法推进,这既不利于发挥好课堂教学隐性育人的优势,也不利于增强专业课教师的内驱动力。

高校课程思政建设要完善顶层设计和整体规划,就要建立一套行之有效的领导机制、管理机制、践行机制、监督评价机制和激励机制。

首先,组建成立高校课程思政建设领导小组,党委书记任组长,校长任副组长,党委宣传部、党委教师工作部、马克思主义学院、人事处、教务处、团委、学工部等单位负责人作为组员,定期召开工作推进会,从"条块分割"转向"协同配合",从"试点先行"到"全面铺开",确保课程思政的常态化发展。党委教师工作部牵头搭建针对课程思政建设的交流沟通平台,定期组织召开相关主题座谈会,增强专业课教师与思政课教师、辅导员、班主任等育人主体之间的互通互联;人事处要把课程思政建设成效纳入专业课教师考核聘任、专业技术职务晋升及薪酬激励的制度建设之中;教务处要将课程思政建设纳入人才培养方案修订,在教材建设、课程建设等工作中予以充分考量;党委学工部、研工部、校团委要全面掌握学生的思想动态和思想政治教育状况,并及时提供给专业课教师作为参考。

其次,整个高校需构建上下贯通、全员协同、全方位合作的运行机制。

高校领导整体布局、专业课教师课堂实践、学生积极参与,确保将课程思政理念与举措落实到各门课和各教学环节,提升思政工作质量。各二级学院党组织和行政负责人要落实好学校课程思政建设领导小组的相关部署要求,为专业课教师实践课程思政提供条件支持和政策保障,组织专业课教师就推进课程思政举办座谈研讨会和集体备课活动。

最后,构建科学的课程思政督导评价体系。

二、课程思政课堂教学的建议

1. 构建全校协同育人机制

(1) 学校层面统筹课程思政的设计与规划。

课程思政教学改革是一个系统工程,是一个覆盖各专业、各年级的教学改革,牵涉众多的教学单位以及行政管理部门,涉及全校学生的意识形态教育。因此,各高校必须在学校层面上对课程思政进行统筹设计与规划,汇集学校各方面的力量,共同打造课程思政体系。

高校党委要切实担负起课程思政建设的主体责任,按照党委统一领导、党政齐抓共管、各部门协同配合的思路,全面推进课程思政建设,将立德树人落到实处。

高校成立课程思政改革办公室,由教务处、马克思主义学院、人事处、学工处、学院团委等单位共同组成,全面负责推进课程思政建设的各项具体工作。设立课程思政指导委员会,负责"课程思政"教学改革指导、咨询、督查和评估等工作。

各成员应明确在课程思政教学改革中的职责,肩负起建设课程思政建设的重任,各成员相互配合,共同发力,保证课程思政教学改革的顺利进行[①]。

(2) 组建课程思政服务型研究中心。

有条件的高校要组建课程思政研究中心,目的是为课程思政会议交

---

① 张岩、宋京津、关福远:《高校"课程思政"教学改革的阻力与对策》,《高教学刊》,2020年第29期。

流、理论研究和决策咨询提供必要的活动平台。

① 要开展课程思政理论研究。设立课程思政研究课题,组建课程思政研究团队,开展课程思政理论研究和实践探索,为课程思政建设提供必要的理论参考和决策参考。

② 要开展课程思政集体备课。召集不同课程教师进行集体备课,凝聚不同学科、不同专业、不同课程的思想观点,在自由讨论和集中碰撞中呈现课程思政实施中遇到的各种问题,探索解决这些问题的方式和方法,提升课程育人实效。

③ 要开展课程思政经验分享。召开由校内外不同课程教师参加的经验分享会和座谈会,畅谈、总结、分享校内外课程思政建设过程中的成功经验,为推进课程思政建设提供必要的经验参考和模式借鉴①。

(3) 建立奖惩分明的激励约束机制。

从思政课程向课程思政发展,构建"大思政"育人格局,关键还是要依靠课程教师。课程教师是否愿意投入、投入多少很大程度上影响着实际成效。对于那些投入多、工作有成效的教师可以在教学工作量、教学业绩考核、评优评先、职称评审等方面给予奖励,以形成示范效应,鼓励更多教师参与到课程思政工作中来。建立科学有效的监督保障机制。课程思政如何整体推进,如何评价实施效果,如何监督,这是实践中的难题。

2. 全面解决教师的教学问题

(1) 增强教师政治意识政治责任感是课程思政的关键。

加强课程思政师资队伍建设,课程思政建设是一项长期工程,需要不断摸索和实践,它不是靠少数思政课教师,而是需要各学科教师共同完成,站在大学科角度进行融合,才能在课程思政建设中取得成效。

① 切实强化专业课教师的课程思政意识与责任。课程思政建设是一项系统工程,其所涉及的不仅仅是某一学校某一门课程的思想政治教育,

---

① 赖金茂:《高校"课程思政"建设的现实困境及其应对策略》,《湖北经济学院学报》(人文社会科学版),2020第5期。

更重要的是能够在不同学校乃至全国学校建立起一个大课程思政,从而真正实现"课程育人"①。

② 培育课程教师的课程思政意识和责任担当,要加强对课程教师的课程思政意识的培育。学校及学院应该通过会议、讲座、宣讲等多种形式及时组织课程教师学习党和国家的相关政策和重要会议精神,使课程教师拥有关于课程思政的基本认知,产生课程思政意识。否则课程思政最终就会"雨过地皮湿",达不到所期待的效果。

(2)提高教师的政治素养方面。

① 提高学科教师思政理论水平要提高学科教师的思想政治水平,应从以下三方面入手。第一,学科教师自身要提高学习思政理论的意识,积极寻求多种渠道学习思政理论,学习不断更新的政治理论体系,不断提高理论水平并完善自身的专业知识体系。第二,高校应为学科教师提供多种学习途径,帮助学科教师随时随地都有途径进行思政理论的学习,促进学科教师思政理论水平的提升。第三,通过对学科教师进行专业的理论培训,继续深化学科教师对马克思主义在实际问题分析中的理解与运用,不断提高学科教师自身的人文素养、思想政治理论水平,引发学生认知、情感和行为的一致认同,使思想政治教育切实融入学科教学之中②。

② 提高课程教师的思想政治教育能力素养。掌握思想政治教育理论相对容易,难的是如何在教学过程中切实将之运用起来,这就涉及思想政治教育能力素养的问题。第一,课程教师要提高将知识传授与价值引导相结合的能力。第二,课程教师要提高辨别、批判、抵制错误思潮和不良言论的能力。第三,课程教师要提高发现学生思想动态、与学生沟通的能力。

(3)提升教师课程思政教学能力。

教师队伍的育人能力,这里主要指的是各门课程教师的育人能力,善于从专业课程、专业知识当中探寻大学生人生观培养的思想政治教育因素,这是课程思政在大学生人生观培养过程中形成实践路径与产生实践

---

① 王学俭、石岩:《新时代课程思政的内涵、特点、难点及应对策略》,《新疆师范大学学报》(哲学社会科学版),2020 年第 3 期。
② 张德福等:《高校课程思政背景下学科教师素质研究》,《哈尔滨学院学报》,2020 年第 2 期。

效果的必要条件。

首先,应该加强课程思政教师的政治理论培训。建立培训机制,让教师真懂、真信、真用马克思主义。要让各课程都具有"思政味儿",高校就必须建立专门的培训机制,分批次对教师进行培训,使之通过考核方可继续承担教学任务①。其次,组织教师参加思政理论知识培训,结合不同学科的教学环境制定专业课教师培养方案,通过系统训练和学习,使专业课教师掌握思政教育的基本理论和方法,具备适应课程思政建设与发展的能力,能够将价值观教育融入知识教育的体系中,达到有效提升教学内涵的效果。再次,组织教师开展课程思政研讨会,总结课程思政教学经验。最后,加大政策和资金支持力度,鼓励教师开展有关课程思政方面的项目和课题研究,撰写课程教学改革方面的论文,逐步积累思政教育的实践经验,提升课程思政的教材开发与设计能力②。

(4) 构建思政教师与学科教师沟通的合理机制。

为了提高学科教师对课程思政的发掘和融合能力,构建思政教师与学科教师沟通的合理机制是极其有效的途径③。

第一,打破管理界限,实行统一管理。在高校,学科教师与思政教师往往隶属于不同的学院,在管理上互不干扰、互不沟通,造成了高校思政教师和学科教师互不交流的局面。只有实现统一管理,才能给思政教师和学科教师的交流提供机会,方便双方交流经验、共同探讨课程思政背景下的教学理念、教学方法、教学模式等相关问题,提高课程思政的教学效果。

第二,建立学科教师与思政教师的合作机制。充分利用学科教师与思政教师各自的优势,即思政教师具有扎实的理论功底和较高的政治素养。

(5) 做好教师课程思政教学支持工作。

理论中心组、党支部及专业或教研室通过专题讨论,强化专业教师对党的方针政策与重大决策、政治理论的正确理解,引导教师将知识传授与

---

① 张岩、宋京津、关福远:《高校"课程思政"教学改革的阻力与对策》,《高教学刊》,2020年第29期。
② 吴晨映:《专业课教师"课程思政"能力问题探讨》,《河南教育学院学报》(哲学社会科学版),2020年第1期。
③ 张德福等:《高校课程思政背景下学科教师素质研究》,《哈尔滨学院学报》,2020年第2期。

价值引领相结合,将自身的科研教学与党的方针政策相结合,通过科研积累,能自觉将思政教育与专业教学贯穿于教育教学全过程。

学校通过搭建多种平台,将思政教师、专业课教师集合在一起,组建多学科背景互相支撑、良性互动的课程教学团队,形成合力,彻底解决专业教学与思政教育"两张皮"的问题[①]。首先,教学设计合作,如专业课程可以聘请思政课教师对课程的教学设计进行思政元素的把关、讨论。思政课教师在备课的过程中可以选择与学生专业相关的案例或素材用于课堂讲解,可以和专业课教师共建教学资源库。其次,教学过程合作,主要是思政课教师和专业课教师能够互相听课,相互上课,取长补短,共同促进,共同提高。

3. 把思政元素融入课程当中

课程思政融入思政元素,并不是将思政课内容在专业课中生硬套用,而是根据具体课程内容巧妙加入育人因素,不露痕迹地将正确的价值追求和理想信念传递给学生,避免出现"肉夹馍"和"比萨饼"现象。

(1) 充分挖掘各专业课程的思想政治元素,形成协同效应。高校应通过充分发掘专业课的思想政治教育资源,从而达到从思政课程到课程思政的转变。

(2) 找准学生兴趣点,理论联系实际,增强课堂吸引力"课程思政"建设的关键在于找准学生的兴趣点。无论是在专业课程还是在思政课程中,用深奥的理论知识教授课程,为思政而思政,就会与现实脱节。

专业课老师在传授专业知识和提高同学们的技能时,应培养学生的社会责任心和使命感,让学生树立正确的世界观、人生观、价值观,把职业道德、工匠精神、理想信念、奉献社会等思想政治教育要素纳入专业课程体系中去。

教师把时事融于专业课程理论中,不仅创新了教学内容,达到了理论联系实际的目的,还能让学生对教学内容产生好奇心,这也形成了专业课程与时事政治融合的思政化路径。

---

① 邹蒲陵:《课程思政的生成逻辑与建构路径》,《无锡商业职业技术学院学报》,2020年第2期。

要结合课程特点适时嵌入思政元素。课程思政教学改革不是简单的"贴标签",而是要遵循"盐溶于汤"的原则,重点在于把握好"度",把握其他各类课程在思政教育中的"隐性"特点①。

4. 做好课程思政评价和激励工作

首先,创新完善专业课教师潜心育人的考核评价机制的指导思想。构建起以教学业绩、科研业绩、公共服务业绩为主要指标的考核评价体系,把专任教师课外辅导学生、帮助学生健康成才的成效纳入公共服务业绩予以考核。是否从事课程思政教学以及教学效果制定为职称评定的一个重要参考指标。因此,将课程思政教学效果纳入职称评定参考体系中必然会大大激发教师参与课程思政教学的热情②。

要依靠制定科学的评价体系,使教师开展思政教育有章可循。对教师的评价要改变重科研、轻教学的传统模式,不以发表论文数量为主要指标,侧重教学过程和教学质量结合,同时,将师德评定结果纳入教师业务档案,作为教师年度考核、职称评聘、进修学习和评优奖励的重要依据③。

其次,出台课程思政教学改革激励政策。如何调动教师参与课程思政的积极性,教务处可以出台以下几项激励政策。第一,调整课程思政系数。课程思政需要在专业课的基础上融入思政元素,这意味着教师在搜集素材、创新教法上需要花费更多的精力。为了补偿课程思政教师额外的工作量并且起到激励作用,可以适当提高课程思政的课程系数。第二,加大对涉及课程思政教改课题的支持力度。除此之外,具有职称评审自主权的高校,建议在职称评审、干部调整的过程中增加教学评审相应权重,激发教师的积极性④。第三,建立健全奖惩机制,增强教师开展育人工作的主观意愿。深受学生喜爱的教师可以进行一定的物质奖励或者授予

---

① 赵鹤玲:《新时代高校"课程思政"建设的现状及对策分析》,《湖北师范大学学报》(哲学社会科学版),2020年第1期。
② 张岩、宋京津、关福远:《高校"课程思政"教学改革的阻力与对策》,《高教学刊》,2020年第29期。
③ 吴晨映:《专业课教师"课程思政"能力问题探讨》,《河南教育学院学报》(哲学社会科学版),2020年第1期。
④ 张岩、宋京津、关福远:《高校"课程思政"教学改革的阻力与对策》,《高教学刊》,2020年第29期。

荣誉称号。这在一定程度上能够促使教师愿意主动去推动课程思政建设,愿意随时随地开展育人工作。

三、课程思政教材建设的建议

教材是课程思政的重要内容,教材是课程思政的重要依托。因此,高校要鼓励和组织专业课教师,依据专业人才培养方案,编写富含课程思政内容的专业教材,使学生在学习专业知识的同时,实现价值观的认同、政治思想的坚定、道德修养的提升。

对于教师"在课程思政建设中最需要获得哪些帮助"这一问题,呼声最高的一项是"研讨如何挖掘课程中的思政元素"(61.2%),其余选项占比由高到低分别为:"教学方式、方法及手段的学习与研讨"(54.5%)、"现场观摩优秀示范课的教学过程"(43.1%)、"学校制度激励"(42%)、"获得专项经费支持"(35.9%)、"课程思政专题培训"(34.2%)、"加强政治理论学习和时政学习"(31.9%)、"思政课教师协助把关"(18%),还有教师提出希望"得到学生的反馈"[①]。

解决课程思政的教材问题,需要以下方面做出努力。

1. 组建教材专业研发团队

研发团队是应用型高校专业课程思政教材开发的基础保障,要构建规模适当、结构合理、素质优良的专业化教材研发队伍。在人员构成上,提倡高校、行政部门、行业企业、科研院所联合编写,成员包括党政领导干部、学科专家、一线教师、科技专家。

2. 建设教材资源库

专业课程思政教材资源库建设。首先,要分主次,资源库主要定位于素材库,然后才是教材信息的发布库、评价库、推介库。其次,要分类别,专业知识库、思政元素库、育人素材库、理论库、案例库、建设库、研究库、基本教材库、配套教材库,要分门别类地建设。再次,要分层次,要在建好

---

① 刘诗含:《黑龙江高校课程思政建设实效性研究》,东北农业大学硕士论文,2021年。

基础数据库的基础上,将基础数据按一定逻辑组织,建设二级、三级数据库。最后,要分类型,包括文本库、课件库、图片库、视频库、音频库、虚拟现实库等,不同形式的资源分别对应不同的资源库①。

3. 课程思政元素的挖掘

通常认为,挖掘课程思政元素可以从历史资源和文化资源两个方面切入。

(1) 从历史资源中发掘思政元素。应用型高校专业课程思政教材建设,可以从校史、学科史方面着手。校史是德育的宝贵财富。首先,校史是学校理念的创造史,凝聚了高校从小到大、从弱到强历程的精神品质;其次,校史是员工奉献的奋斗史,体现了教职员工的责任感和使命感;最后,校史是民族和时代发展的见证,映射了国家的发展历程。

从学科价值来看,每个学科都有其独特的文化诉求、社会贡献;从学科进程来看,每个学科都有其特殊的、漫长的演变历史;从学科实践来看,每个学科都有其独特的学习经验、事业感受;从学科代表来看,每个学科都有其不畏艰苦、勇攀高峰的典型人物。以上学科史中的理念、精神,思想元素、价值范式,学者的学术品格、人格魅力,都可以成为专业课程思政教材最具典型性的素材。

(2) 从文化资源中发掘思政元素。课程思政教材建设,要充分利用中华优秀传统文化、区域文化、产业文化等文化资源。中华优秀传统文化能够作为专业课程思政的最主要素材。

区域文化是处在一定的地域环境、特定的历史背景、独有的人文精神等条件下物质财富和精神财富的总和,是学生个人品德、审美经验的地缘基础,是家乡自豪感、自信心,热爱乡土、热爱祖国美好情操,为地方经济社会建设做贡献决心的重要来源。

产业文化可以作为思政元素的素材来源,是因为应用型高校的人才培养目标与企业文化对人才的内在要求具有同一性,通常以企业文化的

---

① 杨晓东、甄国红、姚丽亚:《应用型高校专业课程思政教材建设关键问题之思》,《国家教育行政学院学报》,2020年第5期。

形式被引进高校。企业文化中包含的行业的发展历程、先进的生产经营服务管理方式、优秀企业和典型人物反映出来的行业文化精神,是激发学生职业兴趣、树立职业荣誉感和职业自尊的最有效素材[①]。

[①] 杨晓东、甄国红、姚丽亚:《应用型高校专业课程思政教材建设关键问题之思》,《国家教育行政学院学报》,2020年第5期。

第二章

高校领导层的课程思政认知报告

习近平总书记要求,各级领导干部要带头转变作风,身体力行,以上率下,形成"头雁效应"。在课程思政的提出和普及过程中,高校领导对课程思政的认识和态度,决定了高校对课程思政的推行力度和成效。自2020年以来,各高校领导层是如何看待和落实课程思政的,有哪些精彩的看法和做法,在这一章里,我们来做出梳理。

第一节 对课程思政指导思想的认知

一、要把握课程思政建设的政治导向

课程思政建设的重大意义,立德树人是根本。中国人民大学认为,学校党委要把好"指挥棒",牢固确立人才培养的中心地位,切实把课程思政建设放在特殊重要的地位,建立党委统一领导、党政齐抓共管、教务部门牵头抓总、相关部门联动、院系落实推进、自身特色鲜明的课程思政建设工作格局①。

课程思政建设怎么推动?推进课程思政建设的重要力量是教师党支部。北京联合大学是从教师党支部开始切入的,特别是在课程思政的启

---

① 靳诺:《把好"指挥棒"抢占"主战场"建强"主力军"》,2020-06-05,https://baijiahao.baidu.com/s?id=16686475234607475771&wfr=spider&for=pc。

动阶段。通过实践,总结出两句话:教师党支部是课程思政建设的直接组织者,课程思政不是教师的自发行为;课程思政是加强教师党支部建设的新载体①。

南京大学认为,课程思政建设,需要做到三点。一是落实主体责任。学校成立课程思政工作领导小组,建立院系党委书记、院长带头抓课程思政机制。二是优化组织机构。以"熔炉工程"为引领,聚合思政教育职能,整合育人资源,构建"三全育人"新格局。成立本科生院,将多部门分散式的管理方式转变为高效率综合式的育人模式。成立新生学院,全面试行书院制管理模式,为创新推进课程思政建设提供强有力的组织保障。三是融入总体规划。将课程思政纳入学校新时代人才培养新体系,融入新版本科人才培养方案②。

北京航空航天大学党委成立"学校思政课程与课程思政建设工作小组",党委书记和校长亲自担任组长,主管教学的副校长和主管思政工作的副书记担任副组长,各部处和院系负责人为成员,小组定期开会制定课程思政各阶段工作细则。思政课教师与专业课教师集体备课,研讨教学内容改革③。

二、对课程思政定位要准确

我们理解的课程思政是什么?课程思政是一种教学理念,是一种教育方法。

第一,"课程思政"不是要把思政课的内容简单照搬到其他课程中。思政课和专业课各有各的体系。所有专业教师的顾虑该打消了,不是让你在你的专业课上去讲思政课教师要讲的内容。就是像习近平总书记讲的那样,要把做人做事的基本道理、把社会主义核心价值观的要求、把实

---

① 韩宪洲:《深化"课程思政"建设 落实立德树人根本任务——北京联合大学党委书记韩宪洲访谈录》,中国教育新闻网,2019年7月1日,http://www.jyb.cn/rmtzcg/xwy/wzxw/201907/t20190701_245161.html。
② 胡金波:《突出"三个注重" 推进课程思政建设》,《中国教育报》,2020年12月21日第10版。
③ 赵罡:《协同联动扎实推进课程思政建设》,《中国教育报》,2020年6月6日第2版。

现民族复兴的理想和责任融入你的专业课程教学之中。

第二,"课程思政"不是其他课程思政化,专业课的性质不变。

第三,专业课中思政的元素本来就有,需要教师去挖掘、发挥。要做到有机融入课程,润物细无声,切忌生搬硬套。很多专业课老师刚刚接触"课程思政"这个概念的时候,由于不理解这个概念,在课程中把一些思想政治教育的元素搬过来,但课堂里面的表面变化是物理变化,离有机融入课程、离润物细无声的要求差距还比较大①。

第二节 对课程思政实施方案的认知

一、课程思政的关键是做好顶层设计(以北京联合大学为例)②

1. 学校有课程思政建设的顶层设计

北京联合大学课程思政建设的顶层设计。简单地讲是"七个要有",这"七个要有"分成两组。第一组:学校要有氛围、学院要有特色、专业要有特点、课程要有品牌、讲授要有风格。第二组是成果方面的:课程的成果——成果要可固化、人的成果——教师要有榜样。这是学校关于课程思政建设的顶层设计。

2. 学校有课程思政建设的总体思路

北京联合大学课程思政建设的总体思路用三句话来表述:根本性举措、全方位行动、持续性推进。

根本性举措:一定要站在培养社会主义建设者和接班人的高度,从根本性举措的角度来看待课程思政。

全方位行动:课程思政不仅仅是某个部门的事,某个部门的责任。立

---

① 韩宪洲:《深化"课程思政"建设 落实立德树人根本任务——北京联合大学党委书记韩宪洲访谈录》,中国教育新闻网,2019年7月1日,http://www.jyb.cn/rmtzcg/xwy/wzxw/201907/t20190701_245161.html。

② 同上。

德树人是全校的事。

持续性推进:学校的课程思政建设是在持续性推进的。教务处、党委组织部、党委宣传部、党委教师工作部都有责任。

兰州大学认为,落实课程思政需要实行课程思政责任制,各课程负责人和课程团队负责对课程思政内容的建设、探索、挖掘;各教学单位党委书记、院长负责课程思政内容的审核、把关和监督;教务处、党委宣传部统筹负责课程思政建设工作。从教师主体、课程载体、课堂阵地等多个维度,针对人才培养特点、学科专业特色和学生思想特征完善教育教学体系,明确了哲学社科、自然科学、工程技术、人文艺术、医学、体育和艺术等不同类别课程思政元素挖掘重点。建立健全课程思政建设情况动态化、常态化评价机制,选树教学典型、建设课程典型,充分发挥教师教学方法改革、教学内容革新的积极性、主动性、创造性,保证课程思政建设取得实效[①]。

二、打造"全学科育人"教学体系

东北师范大学认为,找准专业课程与思想政治课程的结合点和切入点,探索构建"全学科育人"教学实践体系[②]。

首先,探索构建课程思政实施方案。课程实施方案主要是以宏观指导纲要和课程计划为根本,基于各个学科的知识系统和教学内容所制定的具体的教育教学方案,是各学科教师开展教学实践和落实课程计划的"操作手册",主要包括教学大纲、课程教材、教案课件等。

以课程思政为引领,一方面,需要构建"全学科育人"的课程实施方案。"全学科育人",就是要以马克思主义为指导,以立德树人为核心,充分挖掘和彰显哲学、经济学、法学、教育学、文学、历史学、理学、工学、农学、医学、军事学、管理学、艺术学等学科门类的思想政治元素和育人功能,紧密结合不同学科的知识结构与思维方式,将立德树人有机融入专业

---

① 马小洁:《课程思政要把准"四个高度融合"的内在逻辑》,http://www.moe.gov.cn/jyb_xwfb/moe_2082/zl_2020n/2020_zl29/202006/t20200604_462556.html.

② 杨晓慧:《课程思政与学校课程管理创新》,《教育研究》,2020年第9期。

课程教学,从而达到润物无声的育人效果。另一方面,还要探索构建全过程育人的课程实施方案。为此,要紧密结合课程思政要求及各学科实际情况,组织编审国家级的课程思政教材,推动研制规范统一的教学目标、教学大纲、教案课件,为各学科落实课程思政任务提供蓝本和依托。

其次,全面准确把握课程思政实施取向。课程实施取向是落实课程指南、计划、方案过程中所依循和彰显的价值取向。课程思政建设所内涵的价值规定性决定了教师不能脱离课程思政建设的基本要求进行"任意发挥",甚至走向马克思主义的对立面,而是致力于通过严格落实课程计划,确保学生成为德智体美劳全面发展的社会主义建设者和接班人。

三、坚持价值塑造、知识传授和能力培养"三位一体"

天津大学认为,推动课程思政教学体系建设,要坚持价值塑造、知识传授和能力培养"三位一体"。

一是弘扬爱国精神,激发学生的爱国情、强国志、报国行。将时代命题融入专业教育,将学科史、科技史教育融入教学内容,将"工程伦理"等价值引领课程融入教学改革。

二是崇尚专业精神,服务国家战略、行业要求。聚焦国家重大战略需求,聚焦世界科技前沿,讲清楚特定领域受制于国外"卡脖子"的现状和国家加快自主创新加强关键核心技术攻关的骨气和志气,引导学生主动为国家和民族的发展出力争光。

三是培养创新精神,实现自我价值。建设学科专业思政素材库,挖掘和整理学科专业中的时代楷模与身边榜样、学科专业的光荣使命等,为培养学生精益求精的大国工匠精神提供鲜活案例。

四是培育实践精神,让学生了解行业和社会的发展状况。开展专业实践,激发学生的专业荣誉感与行业自豪感,开展社会实践,在实践中引导青年学生扎根中国大地,用创新创业成果服务国家发展①。

---

① 巩金龙:《开启"新工科"课程思政建设新篇章》,《中国教育报》,2020年6月6日第2版。

第三节　对课程思政教育规律的认知

一、坚持以学生为中心

佳木斯大学认为,要树立以学生为中心的理念,转换表达方式,寓教于课、寓教于乐,要把"有意义"的事做得"有意思"。讲多少其实并不重要,学生听进去多少才重要。如何在多元、多变的社会思潮中引领更多青年与党同心、与党同行是大课题①。

要坚持学生中心、产出导向,按照分层分类分阶段的基本原则,注重课程的开设次序符合学生认知和审美发展规律,循序渐进、螺旋上升,及时修订改进课程内容结构,构建科学合理的课程体系。

东北师范大学认为,要根据不同学科专业的特色和优势,从课程所涉专业、行业、国家、国际、文化、历史等角度,增加课程的知识性、人文性,提升引领性。在潜移默化中坚定学生理想信念、厚植爱国主义情怀、加强品德修养、增长知识见识、培养奋斗精神、提升综合素质②。

二、让思政元素从专业课程中自然长出

兰州大学认为,课程思政建设是一项系统工程,核心是资源开发,关键是教学设计。只有让专业课程中的思政元素从本课程中自然长出,与专业知识、专业精神相得益彰、合而为一,才能真正彰显课程思政教育教学润物无声的效果③。

佳木斯大学认为,课程思政教学必须处理好两个关系。一是处理好

---

① 孟上九:《以生为本突出特色落实"四个相统一"》,《中国教育报》,2020年6月8日第3版。
② 杨晓慧:《课程思政与学校课程管理创新》,《教育研究》,2020年第9期。
③ 马小洁:《课程思政要把准"四个高度融合"的内在逻辑》,http://www.moe.gov.cn/jyb_xwfb/moe_2082/zl_2020n/2020_zl29/202006/t20200604_462556.html。

"食材"与"食盐"的关系。"食材"与"食盐"如同知识传授与价值塑造、显性教育与隐性教育的关系。食材视之有形、食盐品之有味。课程思政追求的境界是"吃盐不见盐"。专业课教师如同"大厨",要拿捏好"火候、口味",烹制出课程+思政的育人"大餐"。二是处理好"独奏"与"交响"的关系。"独奏"与"交响"如同思政课程与课程思政的关系。开展课程思政不是动思政课教师的"奶酪",而是彼此交融、各取所长、协同育人。学校在组建课程思政团队时,思政课教师与专业课教师共同研讨设计教学内容,完善教学大纲,思政教师侧重价值导入,专业课教师侧重教学实践,在运行机制上进行"嫁接",使课程思政与专业课同向同行,共谱"华章"[1]。

第四节 对课程思政教师队伍的认知

一、课程思政建设的关键是教师

天津大学认为,要重视"主力军"建设,培养有"家国情怀"的师资队伍。教师是人才培养的主体,是立德树人的关键。身教胜于言传,教师的"举手投足"皆是育人。我们必须把教师的自我修养提升放在首要位置,引导教师深刻认识"学高为师、身正为范",先立师德,才能树人[2]。

北京联合大学认为,深化课程思政建设,推进课程思政建设的关键是教师、重点在教师、难点在教师[3]。

关键是教师,是指推进课程思政的重点和难点都在教师。因为课程思政是对教师的思想水平、业务知识、业务能力的新要求。

重点在教师,一是指教师要先行认识。也就是说,教师对专业、课程自身所蕴含的思想政治教育元素和所承载的思想政治教育功能的认识。

---

[1] 孟上九:《以生为本突出特色落实"四个相统一"》,《中国教育报》,2020年6月8日第3版。
[2] 金东寒:《牵住课程思政"牛鼻子"培养一流人才》,《中国教育报》,2020年9月14日第5版。
[3] 韩宪洲:《"深化'课程思政'建设 落实立德树人根本任务——北京联合大学党委书记韩宪洲访谈录"》,中国教育新闻网,2019年7月1日,http://www.jyb.cn/rmtzcg/xwy/wzxw/201907/t20190701_245161.html。

二是指教师要先拓展能力。思想政治教育的元素本来就是专业课程的有机组成部分,怎么把它挖掘出来,再有机融入进去,这需要一定的能力和水平,而不是生硬、简单、直接地照搬。

难点在教师,是指教育者先受教育。教育者先受教育,就是教师对专业课程中的思想政治教育元素,如果感染不了你自己,打动不了你自己,你怎么可能把这些元素有机融入你的课堂里,去感染学生、打动学生呢?要真学真懂真信真用,这是教师的责任。

二、着力抓好课程思政师资队伍建设

教师队伍是关键,武汉大学认为,要着力强化教师的思想政治意识,引导广大教师积极认同、主动落实课程思政理念,形成推进课程思政的自觉意识。着力提升教师的思想政治教育能力,合理地在课程实施过程中融入德育,持续深入地挖掘德育元素、开展德育研究。着力加强师资培训,全面深化教师对课程思政理念的认知与理解,大力提升教师对课程思政理念的支持与认同,将教师思想政治素养提升纳入教师教育与教师资质培训全过程[①]。

中国人民大学认为,课程思政建设能否成功关键在教师。为推进课程思政建设,中国人民大学探索实施"吴玉章课程思政名师工作室"建设计划,要求每个学院每年至少培育1个课程思政教师团队,5年内培育5~8个课程思政教师团队,发挥课程思政名师的示范引领作用,增强教师参与课程思政建设的积极主动性,使思政教育从"专人"转向"人人",为所有课程"同向同行、协同育人"提供保障[②]。

东北师范大学认为,教师是课程思政建设的实践者、推动者。各学科教师能否具备合格的思想政治素养,是课程实施得以顺利进行的重要保障。为此,需要做到以下"六个着力"。

---

① 沈壮海:《在思想政治工作体系中理解和推进课程思政》,《教育研究》,2020年第9期。
② 靳诺:《把好"指挥棒" 抢占"主战场" 建强"主力军"》,2020年6月5日,https://baijiahao.baidu.com/s?id=1668647523460747571&wfr=spider&for=pc。

(1) 要着力强化教师的思想政治意识,引导广大教师积极认同、主动落实课程思政理念,形成推进课程思政的自觉意识。

(2) 着力提升教师的思想政治教育能力,合理地在课程实施过程中融入德育,持续深入地挖掘德育元素、开展德育研究。

(3) 着力加强师资培训,全面深化教师对课程思政理念的认知与理解,大力提升教师对课程思政理念的支持与认同,将教师思想政治素养提升纳入教师教育与教师资质培训全过程。

(4) 着力强化教师合作,为思想政治课教师与专业课教师搭建合作交流平台,形成互通有无、互学互鉴、共享共用的交流机制。

(5) 着力选择树立课程思政先进典型,为各类课程树立起启发性强、易于效仿的示范案例,形成"校校有精品、门门有思政、课课有特色、人人重育人"的良好局面。

(6) 着力引导和鼓励教育教学研究,广泛发动专业课教师深入开展课程思政建设重点、难点和前瞻性问题研究,推动课程思政的理论研究和实践探索成果转化应用[①]。

西北农林科技大学认为,强化教师队伍建设,为课程思政建设"长距护航"。学校坚持以转变教师观念和提升教师能力为核心任务,激发课程思政建设新活力。一是内外结合"引智"。选拔课程思政优秀教师和思政课教师开展校外学习交流,邀请知名高校专家来校开展课程思政培训。二是组建培训团队"汇智"。常态化开展课程思政专题培训、示范观摩等活动,形成具有学校特色的培训品牌。三是开展专题培训"拓智"。在新教师入职培训中增设课程思政培训环节,举办名师工作坊、专题培训课,开展"培训进院系"活动。四是集体教学研究"借智"。以教研室为单位组织教学研讨,集体备课,优化教学设计,推进课程教学与思政教育有机融合。

北京航空航天大学强调,各类教师合作实践、协同育人。在第一课堂,各学科教师集体备课,以思政教育工作为纽带,从马克思主义理论、专业学科、综合素养学问中获取思想源泉、学术支撑和文化熏陶,互相学习,

---

① 杨晓慧:《课程思政与学校课程管理创新》,《教育研究》,2020年第9期。

形成教育共同体。在第二课堂，思政课教师和专业课教师合作带领学生奔赴祖国各地，和学生一起调研国情、服务社会①。

三、注重典型教师的示范引领

注重典型示范引领，为课程思政建设"平稳续航"。西北农林科技大学认为，学校通过表彰先进、强化宣传等，积极营造"课程门门有思政、教师人人讲育人"的课程思政建设氛围。经过基层教学组织推荐、院系选拔、学校竞赛等，评选课程思政"教学标兵""教学能手"和"教学骨干"，打造一批课程思政教学名师和团队。把教师参与课程思政教学改革情况和课程思政效果作为教师考核评价、岗位聘用、评优奖励、选拔培训、职称晋升的重要依据，使课程思政成为教师职业发展的内在要求，持续提升课程思政建设质量②。

兰州大学强调，课程思政要坚持名师引领，探索赛教融合新模式；形成一批可复制可推广的课程思政教学改革典型案例和特色做法，培育一批学生喜爱的课程思政名师名家；坚持示范引领，丰富课程建设新内涵；开展课程思政教学团队建设，引领专业课教师将政治立场、思想信仰、科学精神、传统文化和人文素养自觉融入课堂讲授。

学校要坚持特色引领，开辟思政教育新途径；建设一批富含思政元素、具有本校特色、广受学生欢迎的线上和线下"金课"；面向全校师生举办"国情时政大讲堂"，邀请国家部委、省市县各级领导同志结合时政热点举办专题报告会③。

四、多渠道打造合格的课程思政教师队伍

武汉大学认为，增强广大教师推进课程思政建设的主体自觉，要注重

---

① 赵罡：《协同联动扎实推进课程思政建设》，《中国教育报》，2020年6月6日第2版。
② 李兴旺：《构建具有鲜明农科特色的"领航体系"》，《中国教育报》，2020年6月8日第3版。
③ 严纯华：《坚持"六个引领" 涵育时代新人》，《中国教育报》，2020年12月21日第10版。

教师职业意识、职业道德的教育,深化教师这一神圣职业领域中的每一位对自身天职的认识,引导其自觉坚持教书和育人相统一、坚持言传和身教相统一、坚持潜心问道和关注社会相统一、坚持学术自由和学术规范相统一,以德立身、以德立学、以德施教,努力成为先进思想文化的传播者、党执政的坚定支持者,努力成为塑造学生品格、品行、品位的"大先生",更好地担起学生健康成长指导者和引路人的责任。有了这样的思想意识和自觉追求,所有的教师、所有的课程就有了鲜明的立德树人的责任之识、同行之向,高等学校思想政治工作的体系化推进也便具有了至关重要的主体自觉、内生动力①。

多渠道多方式打造合格的课程思政建设"主力军"。学校重视为教师开展课程思政创造条件。中国人民大学开展了"读懂中国社会实践"活动,为青年教师提供了解中国国情、了解中国实践的机会。通过亲身体验,教师们可以用自己的所见所闻,用亲身经历的故事去教育学生。学校还实施了"吴玉章课程思政名师工作室计划",评选设立多个"吴玉章课程思政名师工作室",通过深度挖掘专业课程蕴含的思想政治教育资源,提升思想政治教育亲和力、针对性和教书育人实效。此外,学校还选派教师参加青年教师教学基本功比赛,比拼教学能力,提升教学水平,相互促进。

中央民族大学认为,通过专家"传帮带",提高教师课程思政教育水平和思想政治理论水平。让马克思主义学院与其他专业学院结对共建,让马克思主义学院的老师参与到专业学院老师的教研活动中,形成了从点到线、到面的课程思政体系。不只是在教学层面结对共建,学校也把课堂教学延伸到实践中,通过学院与民族自治州的结对共建,打造了生动的实践课堂。

大连理工大学注重对教师能力的提升,学校每年组织教师培训,此外学校也注重资源建设,在环境营造上形成了氛围。学校在所有课程中都设置了课程思政的监测点,把课程思政作为课程建设的重要指标,通过专家评价、学生评价等方式,约束和激励老师更好地做好这项工作。

---

① 沈壮海:《在思想政治工作体系中理解和推进课程思政》,《教育研究》,2020年第9期。

浙江大学将育人作为第一要务,浙江大学实行"开门办思政",学校坚持院内与院外、校内与校外、网上与网下相结合,课堂日益鲜活精彩。

兰州大学始终坚持老中青"传帮带",积极打造课程思政教学团队,激励和带动广大教师树牢课程思政育人理念,提升课程思政育人能力,既当好知识传授的"经师",更做好价值引领的"人师"[①]。

第五节 对课程思政课堂建设的认知

一、在课程规划上突显育人的中心地位

东北师范大学认为,课程规划就是按照国家要求,结合学校特点、学科特色、学生发展的需求,对学校课程教学体系进行顶层设计。以课程思政引领学校课程管理创新,需要在课程规划上突显育人的中心地位。具体而言,就是要以办学育人的大视野观照学科的发展,把课程规划出发点放在育人效果的达成上,坚持以"三全育人"指导课程规划,走好课程管理的"最初一公里";创新课程设计编排,把"育人本位"贯穿课程编排设计始终;彰显课程内容体系的价值塑造功能,以之统领知识传授和能力培养[②]。

二、落实课程思政的课堂教学

课堂教学是课程思政的主渠道。清华大学认为,教师要在课堂教学的内容和各个环节中有机地融入价值塑造的要素。课程思政如果生硬造作,如果被理解为所有老师都要讲一点思政课的内容、所有课程在专业内容之外都要另行添加一些思政元素,就会出现"两张皮""贴标签"的情形,

---

① 马小洁:《课程思政要把准"四个高度融合"的内在逻辑》,http://www.moe.gov.cn/jyb_xwfb/moe_2082/zl_2020n/2020_zl29/202006/t20200604_462556.html。
② 杨晓慧:《课程思政与学校课程管理创新》,《教育研究》,2020年第9期。

一定会效果不佳①。

专业课程是课程思政建设的基本载体,课堂是育人的"主战场"。中国人民大学认为,要深入梳理专业课教学内容,结合不同课程特点、思维方法和价值理念,深入挖掘课程思政元素,有机融入课程教学。要以课程建设为基础,坚持知识传授和价值引领相统一、坚持显性教育和隐性教育相统一、坚持统筹协调和分类指导相统一、坚持总结传承和创新探索相统一,将思政教育内容落实到课程目标设计、教学大纲修订、教材编审选用、教案课件编写各方面,贯穿于课堂授课、教学研讨、实验实训、作业论文各环节。要深入研究新时期高校学生的思维方式、学习方式、生活方式,切实了解掌握当代大学生的需求,贴近大学生的生活和学习实际,在开展思政教育过程中坚持理论与实践相结合、课内与课外相结合、第一课堂与第二课堂相结合,通过实践教学、互动教学、情景教学等方式,用鲜活的例证、可信的论据和丰富多彩的形式让学生主动参与到课堂教学活动中,潜移默化地教育引导学生充分认识中国特色社会主义伟大实践的丰硕成果,将课程思政内容贯穿于德智体美劳全员全程全方位,将学生的理论学习与实践教育紧密结合起来,促进学生将所学、所感、所悟内化于心,实现"知信行"的有机统一②。

大连理工大学抓制度建设,形成了学科专业、课程、教师、教材+思政五位一体的课程建设体系;抓课程建设,在课程建设中采取教改立项做引领,带动全校所有课程进行思政建设。此外,学校还注重对教师能力的提升,学校每年组织教师培训,此外学校也注重资源建设,在环境营造上形成了氛围。学校在所有课程中都设置了课程思政的监测点,把课程思政作为课程建设的重要指标,通过专家评价、学生评价等方式,约束和激励老师更好地做好这项工作。

---

① 彭刚:《课程思政要如盐在水》,《中国青年报》,2020年6月8日第5版。
② 靳诺:《把好"指挥棒"抢占"主战场"建强"主力军"》,2020年6月5日,https://baijiahao.baidu.com/s?id=1668647523460747571&wfr=spider&for=pc。

三、形成课程思政"领航体系"

西北农林科技大学设计了课程思政"领航体系",以课程思政教学体系建设为核心,以队伍建设为关键,形成了"思政课+课程思政+专业思政"的思政教育新体系,建设与农业大学使命担当相统一的大思政格局,努力培养新时代知农爱农新型人才。学校常态化开展"思政课教师大练兵和课程思政建设"等主题活动,以项目立项形式,打造具有西农特色的课程思政示范课,涵盖通识类课程、学科类课程和实践课程 3 种类型,覆盖全校本科专业;打造了一批接地气、有成效的特色实践思政课,延伸课程思政教育链①。

东北师范大学认为,要紧密结合课程思政要求及各学科实际情况,组织编审国家级的课程思政教材,推动研制规范统一的教学目标、教学大纲、教案课件,为各学科落实课程思政任务提供蓝本和依托。强化管理创新,把课程思政与专业发展、课程设置更好地统一起来,将课程思政建设要求有效地融入课堂授课、教学研讨、实验实训、作业论文、社会实践、志愿服务、实习实训活动等过程,着力解决专业教育与思想政治教育"两张皮"问题②。

四、培育标杆性的精品示范课程

北京航空航天大学认为,各类课程与思政元素的天然黏合度差异很大,课程思政建设必须蹄疾步稳、有序推进,切不可急于求成。要高度重视第一阶段示范课程的标杆性。首批示范课的教师要思想政治素质过硬、教学科研能力精湛、教书育人水平高超,能够把思政元素与课程完美结合,让学生日学而不察、日用而不觉,这是课程思政示范建设成功的关键;课程覆盖面要广,让更多的学生对课程的建设效果充分认同、真心喜

---

① 李兴旺:《构建具有鲜明农科特色的"领航体系"》,《中国教育报》,2020 年 6 月 8 日第 3 版。
② 杨晓慧:《课程思政与学校课程管理创新》,《教育研究》,2020 年第 9 期。

爱。第二阶段应在各院系精选精育1~3门课程,探索总结不同专业开展课程思政的共性与特殊性。第三阶段再推广至全校各类课程。这一循序渐进的过程保证了课程改革实效性强、少走弯路,使课程思政的理念深入人心。此外,学校还将时政与专业相结合,开设课程思政专题课,增强时效性。学校从新闻舆论、科学素养、法治精神等多个专业视角开设大国战"疫"系列专题课。探讨在当今国际舆论环境中青年人应如何积极发声、有效发声,向世界讲好中国故事[①]。

课程思政建设需要打造"金课"。中国人民大学认为,建设"金课"需要优化课程体系,对课程优胜劣汰。学校要讲好课程,很重要的一个基础就是教材,教材建设是课程思政"金课"建设的重要基础。有好的教材才能为老师讲好课提供好的基础。除了教材,建设"金课"还需要提高教师的教学能力,教学能力的提高不仅体现在授课上,也体现在对待教学的态度上,教师对教学严肃认真的态度本身就是一种思政教育。

中央民族大学认为,要建设"金课"需要学校进行系统的顶层设计,通过系统性的建设,能够提高高校人才培养的质量和人才培养的能力。中央民族大学通过顶层设计,打造了"铸牢中华民族共同体意识"通识教育系列思政课程。

大连理工大学把"金课"建设的要求覆盖了全校所有课程,在所有的评优、评奖各项工作中都把这个作为一个核心指标要求。大连理工大学认为,要打造"金课"需要教师在教学中坚定"四个自信",在教学设计环节中根据课程目标和专业知识进行合理选择,同时也需要教师提高自身教学水平,需要教师知识渊博、掌握教学的艺术[②]。

五、建立课程思政评价激励机制

课程评价是课程计划和课程实施的指挥棒,在整个课程管理中具有

---

① 赵罡:《协同联动扎实推进课程思政建设》,《中国教育报》,2020年6月6日第2版。
② 新华社:《共建课程思政育人大格局 高校打造"金课"有高招》,2020年12月18日,https://www.163.com/dy/article/FU4CU2CI05346RC6.html。

导向性、引领性作用。以课程思政引领课程管理创新,确保课程思政计划有效落实,推动课程思政建设创新发展。

东北师范大学认为,要探索制定"一元主导、多维并举"的课程评价标准。制定课程评价标准是课程评价的核心环节。课程评价标准主要包括三个部分。一是课程本身的评价标准,主要指对课程设计、实施及其效果的评价;二是学生的评价标准,主要指对学生学习、成长与发展的评价;三是教师的评价标准,主要指对教师教育教学活动与科学研究工作的评价[①]。从推进课程思政建设的角度来说,这三个标准的建立都十分重要,不可或缺。

学校要准确把握课程评价的导向性与专业性、规范性与灵活性。充分发挥课程评价的引领导向功能,需要评价主体秉持科学、灵活的评价原则。为此,课程评价必须坚持导向性与专业性相统一。既要严格落实课程评价标准中的基本原则、基本立场、基本精神,着力体现课程评价应有的规范性,又要挖掘和拓展课程评价的灵活性空间,根据不同地域、不同学校、不同学科、不同专业的特色开展多样化的评价活动,充分结合各类课程的知识结构及价值理念,将专业评价与思想政治评价融合和贯通,不搞一套标准,不做"一刀切"[②]。

---

① 杨晓慧:《课程思政与学校课程管理创新》,《教育研究》,2020年第9期。
② 同上。

第三章

高校教师课程思政认知报告

课程思政是通过专业课教师在知识传授与能力培养的这一基础之上,充分挖掘与渗透思政教育因素,整合整个专业课课程之中所蕴含的思政教育的资源,将思想政治教育的精髓融入专业课程的课堂内外,做到"思政寓于课程"。《高等学校课程思政建设指导纲要》提出,要紧紧抓住教师队伍"主力军"、课程建设"主战场"、课堂教学"主渠道",让所有高校、所有教师、所有课程都承担好育人责任,守好一段渠、种好责任田,使各类课程与思政课程同向同行,将显性教育和隐性教育相统一,形成协同效应,构建全员全程全方位育人大格局。

全面推进课程思政建设,教师是关键。这里所说的教师,更多指向各高校的专业课教师。从专业课教师的角度来梳理近年来课程思政的进展情况,能够看到课程思政实施者的思想认识和实践方法。这些方法,对于其他专业课教师来说,也具有实践的借鉴意义。

第一节 教师对课程思政的认知

一、正确理解课程思政的内涵

对课程思政中的"思政"的认知偏差——与狭义的政治、马列联系在一起。在许多专业课教师眼中、耳中的"思政"就是"政治",专业课教师几乎没有多少人清楚我们思政课到底开的是哪些课程,许多人仍停留在自己过去当学生期间对思政课的理解,也搞不清"思政课""政治课""马列课""两课"等区别,以为就是他们所理解的"政治",将课程思政中的思政"狭义化"为政治①。

不要将课程思政中的思政"狭义化"。课程思政中强调的"思政"主要是指"育人元素",不是我们平常讲的"思政"。只要是对学生人生成长有积极引导、有助于激发学生的爱国、理想、正义、道德等正能量的都应当属于课程思政的范畴。

正确认识课程思政,要消除误解。有些老师和同学对"课程思政"的认知存在误区,认为课程思政就是课堂讲政治或者课堂"灌鸡汤"。其实课程思政不等同于思政教育,实质是一种课程观,是指以构建全员、全程、全课程育人格局的形式而将各类课程与思想政治理论课同向同行,形成协同效应。课程思政也绝非是简单地给予学生心灵鸡汤,它是将高校"立德树人"根本任务融入课程教学的各个环节、各个方面,实现"随风潜入夜,润物细无声"的教与学的互相适宜②。

课程思政不应是国家意识和政治形态的简单罗列,也不应是科学知识简单归纳为思政教育的另外呈现,而是赋于教书育人的整个过程。上海大学原副校长认为,课程思政需内化于知识,外化于教学,老师用人格和知识的独特魅力感染学生,进而达到同向同行、协同效应的最终目标和效果。

二、要从战略高度把握课程思政

"课程思政"育人理念,强化"两注重"教学模式创新,即注重在价值传播中凝聚知识底蕴以及注重在知识传播中强调价值引领,从战略高度构建思想政治理论课、综合素养课、专业教育课"三位一体"的高校思想政治理论教育课程体系,突出显性教育和隐性教育相融通,从而实现"思政课

---

① 夏永林:《破解专业课教师的"课程思政之惑"的思考》,2020年6月24日,https://jwc.jnmc.edu.cn/2020/0624/c2025a96695/page.htm。
② 段戴平:《兰大教师有高招,课程思政云上实现》,2020年3月24日,https://baijiahao.baidu.com/s?id=1661987442861385749&wfr=spider&for=pc。

程"向"课程思政"的创造性转化①。

讲思政不是让老师们讲新的东西,是要把思政内容融入课程中去。思政中强调职业道德和理想,具体到医学课程中,可以演变成"医德医风";具体到师范课程中,则可以演变为"师德师风"。知识是载体,价值是目标。这不是一个负担,而是要挖掘课程中的思政元素,将之放大为对学生进行价值观的教育,是和课程目标相符的。

第二节 对教师自我定位的认知

一、教师要增强思想政治责任意识

课程思政教学过程中首先要解决好理念层面的对接问题,即深入挖掘学科本身育人价值。其次要不断优化建设和完善具有中国特色的学科或专业课程教育。课程思政建设必须优化重构教学内容和课程体系,建设具有中国特色的学科或专业课程。

"课程思政"看似在课程,本质在教课程学课程的人,关键在教师,即关键在人。同样一门课程,教师不同,课程教学效果就会不同。"课程思政"成效,关键也在人,即关键在学生。把教的创造性留给老师,把学的主动权还给学生。爱生自能受生爱,师人方得为人师②。

中国人民大学马克思主义学院认为,专业课教师要增强思想政治意识,提高课程思政的自觉性和能力。凡是合格的人民教师,都应当具有相应的思想政治素质,不论是思想政治课教师还是专业课教师都是如此。要想提高学生的思想政治水平,教师自己首先要提升自己的思想政治水平,并通过不断提高自己的思想政治水平,起到对学生的带动作用③。

---

① 罗蕴玲:《李梁教授应邀来我校作"课程思政"建设主题报告》,2019 年 10 月 18 日,http://rsc.tjcu.edu.cn/info/1002/1406.htm。
② 许晓凤、蓝苗:《课程思政是一项新任务吗》,《中国教育报》,2020 年 12 月 14 日第 5 版。
③ 刘建军:《课程思政:内涵、特点与路径》,《教育研究》,2020 年第 9 期。

二、提升教师的教学能力

课程思政的具体实践,以专业学科课程教学为依托,构建教师为主导、学生为中心的教学模式,从注重结果转向师生共同探究知识发生的过程,引导学生掌握科学的思想方法与思维方式。课程思政评价将形成性评价与全面性评价互相结合,更加关注学生在教师教学过程中的获得感。

教师课程思政意识与能力的提升。要建构教学共同体,实现"三集三提",即集中研讨提问题、集中培训提素质、集中备课提质量。从教师共同体角度来看,通过建立教师可持续学习机制,组织讨论,发掘本门课程、本学科课程的价值教育元素,系统地梳理相关的要点,研讨课程所要求的思维表现与能力、观念、价值所存在的关联;分析相关的课程资源,启发学生透视数据或资源背后之"道",整体上提高认识,提升教师课程思政的教育教学能力。

提升课程思政教学能力的动力源,还在于对教书育人事业的情怀。广大教师要做学生锤炼品格的引路人,做学生学习知识的引路人,做学生创新思维的引路人,做学生奉献祖国的引路人[①]。

第三节 对课程思政教学设计的认知

一、重视课程思政备课理念的变化

课程思政建设没有标准模式,每个学校都应根据自己的实际情况,以课程思政为抓手创新育人手段,以思政课为核心引领课程思政教育,立足办学特色拓展通识课程思政内涵,立足学科优势挖掘专业课程思政资源,

---

① 高国希:《教师课程思政意识与能力的提升》,《教育研究》,2020 年第 9 期。

探寻课程思政的路径与方法①。

要选择契合教材的课程思政元素。育人的首要任务是走进学生的心灵，让学生真正对课程感兴趣，这样才能激发学生的求知欲望。在做教学设计时可以假设自己是学生，希望自己的老师怎么呈现这堂课？从这个角度选取课程情境素材。一个与知识内容相关的民间故事、新闻、史实甚至一句俗语，都可能是很好的情境素材。

课程内容与思政元素需要深度融合，并不要求每个知识点都有，而是有合适的教学内容就选取恰当的课程思政素材巧妙融通。这需要老师们有创意，而不是机械照搬，创意不是在课堂灵机一动就能产生的，需要教师针对课程内容与思政元素的结合点反复琢磨，在教学实践中不断尝试才能达到良好的效果②。

要以专业特点为依托，注重课程思政元素挖掘。努力挖掘课程内容蕴含的思政元素，强化学生社会主义核心价值观、人生观、大健康观、大美德观、哲学思想、辩证思维的塑造培养，因此本轮改革将每个章节结合名人事迹、典型案例、影片、书籍、专业网站，深挖课程思政元素，实现专业知识传授和思政素养全面提升的充分融合③。

二、因课制宜进行课程思政设计

中国人民大学马克思主义学院认为，要在课程建设和课堂教学的各个环节，深入挖掘所包含的思想政治元素，并找到有机融入教学过程的操作支点。

任何一门学科都有一个形成过程，在这个过程中许许多多杰出人物

---

① 罗蕴玲：《李梁教授应邀来我校作"课程思政"建设主题报告》，2019年10月18日，http://rsc.tjcu.edu.cn/info/1002/1406.htm。
② 段戴平：《兰大教师有高招,课程思政云上实现》，2020年3月24日，https://baijiahao.baidu.com/s?id=1661987442861385749&wfr=spider&for=pc。
③ 张宏晨：《充分挖掘课程思政元素,有效融入在线教学》，《牢记初心使命 将抗疫英雄故事等课程思政元素融入在线课堂》，https://news.lzu.edu.cn/c/202003/67779.html?from=singlemessage。

做出了自己的贡献。而他们探索和做出贡献的过程中就蕴含着十分丰富的思想政治教育资源。

在专业知识教学和讲解过程中,可以通过举例说明来带入现实社会内容,从而实现思想政治教育功能。许多专业知识和原理本身是抽象的,需要用具体和鲜活的事例加以说明,这就为引入现实内容提供了契机。

要在课程建设和课堂教学的各个环节,深入挖掘所包含的思想政治元素,并找到有机融入教学过程的操作支点。一是要发挥课程知识体系本身的教育功能,帮助学生树立科学精神、理性精神。二是要认真梳理本课程知识体系形成过程,从学科史的角度去挖掘科学工作者的贡献和品德。三是在专业知识教学和讲解过程中,可以通过举例说明来带入现实社会内容,从而实现思想政治教育功能。四是在知识运用方面,融入社会内容。总之,教师要因课制宜,根据每一门不同课程的特点进行课程思政的设计①。

三、课程思政与专业结合备课

课程思政的开展需要遵循一定的原则,这些原则规定了正确开展课程思政的基本要求。

首先,要坚持深入挖掘与有机融入相结合。一方面,要自觉地去挖掘各门课程所蕴含的思想政治元素,并将其作为开展课程思政的重要支点。这些元素在挖掘出来之后,还要将之有机融入具体的教学过程中,使之得到应有的呈现;另一方面,不能局限于本门课程本来所包含的若干思想政治元素,要从更高的政治站位出发,从立德树人的高度,把一些重要的思想政治内容和要求融入课程。当然,融入的内容要有量的控制,不宜过多,要避免喧宾夺主。同时,需要强调的是,这里的"融入"应该是"有机融入",即合理、自然而不着痕迹地融合进入,并不是生硬地机械性插入,更不是简单地把思想政治课的内容和政治要求照搬到专业课程中。

---

① 刘建军:《课程思政:内涵、特点与路径》,《教育研究》,2020年第9期。

其次,要坚持专业教学与思想政治教育相统一。作为专业课程,当然要坚持专业课教学,而且要把专业课教好,真正体现出专业课程的特点和优势。在此基础上,再使这门专业课程起到一定的思想政治教育作用。如果淡化了专业教育,甚至使之变成不合格的专业教育,那么不论它怎样注重课程思政,都不能起到好的作用。而在搞好专业教学的同时,教师一定要重视课程的立德育德功能[1]。

第四节 对课程思政课堂教学的认知

一、避免"两张皮"现象

一些专业课教师有心去做课程思政,但似乎有点无从下手的症结和焦急、焦虑的心态,从根本上来讲,主要是认识问题[2]。

课程思政教学之所以出现"两张皮"现象,主要是存在以下原因[3]。

一是对于课程思政的本意与目的不清楚。即将课程思政理解为在专业课中增加一些"佐料",让专业课更有意思,没有理解强调课程思政是落实立德树人、实施三全育人的重要举措和抓手,目的在于使各门课都要守好一段渠、种好责任田,使各类课程与思想政治理论课同向同行,形成协同效应。

二是认为"育人"不是自己的事儿(过去与现在)。过去,专业课教师认为育人那是思想政治教育的事,跟自己无关,甚至看不上思政课教师的工作,有许多思政课教师纷纷改行;现在,一些专业课教师看到了"思政的政策之机",想借风起飞,又自作主张,按自己的理解搞课程思政,有些做法却违背了规律,甚至有些做法违背"科技伦理"和法律的要求。

---

[1] 刘建军:《课程思政:内涵、特点与路径》,《教育研究》,2020年第9期。
[2] 夏永林:《破解专业课教师的"课程思政之惑"的思考》,2020年6月24日,https://jwc.jnmc.edu.cn/2020/0624/c2025a96695/page.htm。
[3] 同上。

三是教师个人在教学上缺乏理念及思考。优秀教师,这里主要指的是课讲得好、受学生欢迎的老师,他们有一个共同的特点就是有理念、有想法、有办法,属于那种"智慧型"教师。"两张皮"现象其实已经违背了学生的认知规律、知识的接受规律,但自己却浑然不知。

四是一些专业课教师本身教学技巧缺乏。过去大家总在埋怨思政课教师教学效果不好,那么是不是专业课教师的每一门课都受学生欢迎呢?结果是否定的,试想专业课本身都讲不明白的老师,怎么可能把课程思政搞好。这里特别要强调的一点是,千万千万不能把专业课讲成了思政课,这也是"误人子弟"的一种表现。

二、案例要不要用,怎么用

现代大学生是伴随互联网成长起来的一代人,具有一定的信息素养,对于资讯的获取和案例的理解都有自己的思考。与之相对应的是,部分老师课堂上牵强附会、生拉硬扯地讲案例、读传记,甚至把时政新闻搬出来救场,在案例的选取上,只讲好的,不讲差的,或者好的案例讲中国的,差的就选国外的,形成了课程思政"贴标签""两张皮"的现象。

山东大学强调,要把握"适时、适当、适量"的原则,这是课程思政的"高阶"要求。

案例库肯定要建,怎么建?研讨会上,专家学者提出要深入挖掘课程中的思政元素,找准科学教育、人文教育和思政教育相融合的"点",凝练成"珍珠",将知识传授与立德树人的思想教育紧密结合,使案例运用达到"如盐入味,润物无声"的效果。与此同时,建议各学科教指委建立一定的共享机制。

也有学者指出,案例库的建设,要与本地的历史、地理、人文特色等相结合,让学生更能听得懂、思得明,形成门门课程有思政,门门思政有特色。以嘉锡精神与化学类课程思政建设为案例,福州大学分享了如何将独具本校特色的卢嘉锡先生先进事迹与课程思政紧密结合的探索与实践①。

　　课程思政教学案例怎样做？教学案例设计一等奖获得者分享心得：马晓乐以"中华文化'课程思政'教学设计的路径探微"为主题，介绍了课程思政教学设计创新的初心与设想，提醒教师需要有教学风险意识，避免"标签模式""宽泛表述""负迁移"等问题②。

---

① 许晓凤、蓝苗:《课程思政是一项新任务吗》，《中国教育报》，2020年12月14日第5版。
② 肖一冰、朱征军:《"课程思政"怎样做？教学案例设计一等奖获得者分享经验》，2020年5月22日，https://www.view.sdu.edu.cn/info/1022/136012.htm?ivk_sa=1024320u。

第四章

高校课程思政实施方法报告

根据《高等学校课程思政建设指导纲要》的精神,课程思政建设是一项系统工程,既需要各地各高校要高度重视,发挥学校领导的作用,加强顶层设计,全面规划,循序渐进,以点带面,不断提高教学效果;又要充分发挥教师的主体作用,切实提高每一位教师参与课程思政建设的积极性和主动性。在推行课程思政的过程中,还要尊重教育教学规律和人才培养规律,适应不同高校、不同专业、不同课程的特点,强化分类指导,确定统一性和差异性要求。

所以,在推行课程思政的过程中,学校领导和教师,都要通过总体协调,才能在课程思政的进程中发挥作用。尽管前文已经从学校领导层和教师两个层面做了梳理,但作为课程思政的总体表现,从学校层面的进展情况如何,仍然需要本章做出梳理。

第一节 课程思政的规划管理方法

一、党委牵头落实课程思政

成立课程思政建设工作领导小组,设立课程思政管理办公室,建立健全"党委统一领导、党政齐抓共管、教务部门牵头抓总、相关部门联动、院系落实推进"的工作机制,各单位各尽其责、紧密配合,不断强化课程思政建设目标导向和过程管理,形成坚实的组织保障。

北京航空航天大学党委成立"学校思政课程与课程思政建设工作小组",党委书记和校长亲自担任组长,主管教学的副校长和主管思政工作的副书记担任副组长,各部处和院系负责人为成员,小组定期开会制定课程思政各阶段工作细则。思政课教师与专业课教师集体备课,研讨教学内容改革①。

西北农林科技大学把思政教育与专业教育有机统一,设计具有西农特色的课程思政"领航体系",形成了"思政课+课程思政+专业思政"的思政教育新体系,建设与农业大学使命担当相统一的大思政格局,努力培养新时代知农爱农新型人才②。西北农林科技大学成立了由党委书记、校长为双组长的课程思政建设工作领导小组,设立课程思政协同研究中心,从政策支持、条件保障、课程建设等方面加强领导,统筹协调推进课程思政工作。将课程思政建设与落实立德树人根本任务,培养卓越农林创新人才同规划、同部署、同落实、同考核,实施"思政铸魂行动计划",出台"课程思政工作实施方案",将显性教育和隐性教育相统一,形成协同效应,真正构建起全员全程全方位思政育人格局③。

抓好课程思政的执行路径设计,天津大学党委主要做法有以下几方面④。

一是注重机制沟通。建立思政课程与课程思政学习交流促进机制,推动由思政课教师与多学科专业教师组成的理事会建设,统筹构建两支队伍在课程思政建设中的合作机制,推动实现专业课与思政课的双向贯通、相互促进,形成协同育人的联动效应。

二是进行结对共建。在课程思政建设中为专业课安排思政课教师作为专业课共建人,形成课程思政结对制度,共同深挖专业课程中蕴含的思政元素,将学科资源、学术资源转化为育人资源,实现思想政治教育与知识体系教育的有机统一。

---

① 赵罡:《协同联动扎实推进课程思政建设》,《中国教育报》,2020年6月6日第2版。
② 李兴旺:《构建具有鲜明农科特色的"领航体系"》,《中国教育报》,2020年6月8日第3版。
③ 同上。
④ 巩金龙:《开启"新工科"课程思政建设新篇章》,《中国教育报》,2020年6月6日第2版。

三是加强培训指导。经常性组织课程思政教学沙龙等,分享建设经验与代表性案例,提升广大教师对于课程思政的认知理解,将课程思政建设的成果及时转化为其他教师课堂的实践运用,拓展课程思政建设的路径。

四是开展工作研究。经常性组织教师以专题学习、主题研讨等方式,推进课程思政学习研讨常态化。通过开展教育教学研究、国内外比较研究、传统工作经验研究等,把握教学对象的特点,加强两支队伍课程内容的衔接,切实遵循教书育人规律、学生成长规律、思想政治工作规律开展育人工作。

河南理工大学以项目化为抓手,深化"三全育人"综合改革,构建"十大"育人体系;建立由课程思政领导小组、学院、基层教学单位、教师四级纵向联动机制,加强部门横向协同,形成了学校办好、教务处管好、教师教好、学生学好的"四好"课程思政育人模式①。

二、以项目为抓手落实课程思政

课程思政在学校的落实,大多是以项目形式落实。

近年来,南京信息工程大学积极构建全员全程全方位育人的大格局,深入推进课程思政教育教学改革,学校党委重点做好顶层设计、聚焦育人主体、优化课程体系、强化协同育人等环节,以"九个一"工程为抓手,通过修订"一版"人才培养方案、制定"一套"课程教学大纲、组织"一次"微课竞赛、编印"一部"优秀案例集、评选"一批"优秀教案、推进"一组"示范课程建设、培育"一批"教学名师、撰写"一系列"教改论文、形成"一本"高质量督导报告,多措并举,协同发力,有序推进课程思政建设工作,取得了较为显著的成效②。

德州学院在2020年校级教学研究改革立项中,针对结合课程思政教

---

① 邹友峰:《河南理工大学:以"课程思政"培养时代新人 书写满意答卷》,《光明日报》,2020年12月14日第10版。
② 陈涛:《南京信息工程大学以"九个一"工程为抓手 推动课程思政建设落细落实》,https://baijiahao.baidu.com/s?id=1681038069016062441&wfr=spider&for=pc。

学研究的课题,设立课程思政专项,重点培育一批课程思政教学研究成果,在全校树立课程思政教学标杆。组织各教学单位撰写了"教学单位课程思政建设实施方案",并汇编成册。

第二节 课程思政师资培育方法

一、把教师作为课程思政的关键抓手

教师是关键,思政是重点也是难点。教师在思政意识培养及对思政元素的深入挖掘过程中仍面临一些困惑,直接影响着思政育人的效果[①]。

学校把教师作为课程思政的关键抓手,通过建好教师队伍"主力军",探索实践"滴灌式、浸润式、体验式"课程思政模式,形成了"门门有思政、个个重育人"的良好局面,使每位教师都能在课程思政中找到"角色"、干出"特色"。为加强专业课与思政课的深度融合,学校积极推动思政课教师和专业课教师"结对帮扶",在教研室间成立"互助组"、在课程间建立"互帮吧"、在样板课间建立"交流群",给思政课、专业课教师常态化交流、合作化提高搭建平台[②]。

发挥教师队伍"主力军"作用,提升育人能力。广泛推进专业教育与思政教育深度融合,形成"课程门门有思政、教师人人讲育人"的良好局面。转变教师重知识传授、能力培养,轻价值引领的传统观念,推动设立专业类、课程类、实验教学类、创新创业类四类课程的课程思政教学组织,引导全体教师树立"课程思政"教育理念,促进思想认同、理念认同、责任认同,把思想引领和价值观塑造融入各类课程之中,把课程思政工作转变为课堂教学的自觉行动。

---

① 李莎莉、吕丽:《以高质量高校教师党建工作破解"课程思政"之惑》,半月谈网,2020年9月23日,http://www.banyuetan.org/ppsj/detail/20200923/1000200033138281600874975917484678_1.html。

② 邹友峰:《河南理工大学:以"课程思政"培养时代新人 书写满意答卷》,《光明日报》,2020年12月14日第10版。

二、高校落实课程思政教师培训

为了落实课程思政,要做好教师培训工作。首先是省级高校培训。江苏省教委实施"教师教学能力提升培训计划""新教师导引计划",定期举办青年教师教学比赛,积极组织开展"三集三提"研讨活动,即集中研讨提问题、集中培训提素质、集中备课提质量[1]。

其次是本校教师课程思政自我培训。长春人文学院组织本校教师进行了为期8天的课程思政培训。培训分为政策解读、理念方法、教学设计、案例示范4个模块,其中政策解读、理念方法、教学设计为必修模块,案例示范分为人文和理工两个类别,参与教师根据自己的学科进行选择[2]。

武汉理工大学举办了课程思政专题培训,来自各学院(部)350余名教师参加了培训。针对如何实现课程设计的问题,理学院教授从课程思政内涵、价值与实施策略角度,结合大学物理教学实践,展示了人文物理课程实现思想政治教育与知识体系教育有机统一,把知识传授与价值引领有机融合的过程,并用她的激情、仁爱以及理想信念感染了参会的每一位教师。针对课程思政的经验,材料科学与工程学院党委书记从总体思路、目标任务、关键举措、主要成效以及未来的规划几个方面,分享了学院深入挖掘学科特色优势,推进学院课程思政建设的探索与实践[3]。

北京交通大学召开课程思政建设研讨会。学校率先启动专业导论课程思政建设,集体备课嵌入"课程思政"育人元素,实现对学生课程思政教育全覆盖。通过教改立项积极推动课程思政建设,已经立项支持52门课程开展课程思政建设。学校要充分挖掘公共基础课、专业课等各类课程

---

[1] 张友琴:《江苏省本科高校教师课程思政能力培训班在河海大学举办》,2020年8月20日,https://www.wjut.edu.cn/shuang-chuang/news/pageinfo3795.html。
[2] 马丽燕:《学校组织开展高校教师课程思政培训》,2020年11月26日,https://www.ccrw.edu.cn/info/1103/15582.htm。
[3] 万浩琳、万新安:《武汉理工大学举办课程思政专题培训》,2020年11月16日,https://baijiahao.baidu.com/s?id=1683489476417583246&wfr=spider&for=pc。

蕴含的思政元素,加强课程思政示范建设,做好课程思政建设总结和经验推广工作,营造全员全过程全方位育人的良好氛围①。

最后,还可以邀请校外专家开展教师课程思政能力培训。西北工业大学于2019年6月8日邀请上海大学马克思主义学院教授作教师课程思政教学能力提升专题培训报告②。培训明晰了"思政课程"和"课程思政"二者内涵和有机融合的关系,分析了高校思想政治理论教育课程体系架构,建议要立足办学特色和学科优势挖掘专业课程思政资源,强化顶层设计来构建课程思政育人的长效机制。

三、二级学院落实课程思政的培训

2020年11月3日下午,青岛大学公共外语教育学院邀请烟台大学外国语学院副院长徐晓艳副教授,开展"'课程思政'教学理念、设计与实施"专题直播培训。徐晓艳副教授提出,教师在授课中可以通过教材、学习强国平台、政府工作会议及报道、中外媒报刊、音视频、中国文化典籍、网络资源等深入挖掘各类课程的思想政治教育资源,着重凝练课程价值属性中蕴含的家国情怀、文化自信、个人品格、人文精神、科学精神、职业素养等育人元素,体现思政元素的针对性、典型性、时效性和创新性,使学生能自然接受,能够引起学生的情感共鸣,有效激励学生产生学习内动力,并有效促进学生对课程知识的理解、掌握、拓展和深化③。

中央财经大学教务处联合马克思主义学院共同举办课程思政与思政课程同向同行线上研讨会④。主讲人认为,课程思政是中华民族"师"文化的升华,本质是对育人的强调,课程思政元素的挖掘,应结合专业人才培

---

① 秦彦平:《北京交通大学召开课程思政建设研讨会》,2019年12月2日,http://news.bjtu.edu.cn/info/1044/31219.htm。
② 王磊、郭萍:《西工大开展教师课程思政教学能力提升专题培训》,2019年6月8日,https://news.nwsuaf.edu.cn/yxxw/90085.htm?ivk_sa=1024320u。
③ 郭书君:《烟台大学徐晓艳副教授作课程思政专题报告》,2020年11月4日,http://news.qdu.edu.cn/info/1022/24855.htm。
④ 《中央财经大学举办课程思政与思政课程同向同行线上研讨会》,2020年5月27日,https://m.thepaper.cn/baijiahao_7581658。

养目标及学科特点,主动思考在教学环节的什么地方、以什么方式加入具有思政作用的内容,通过教师的言传身教,实现课程思政元素与知识点的统一,并通过持续思考、不断积累,将思政和课程有机融合在一起。

四、课程思政示范课观摩培训

以北航"课程思政"示范课为例,主要教学经验如下两方面。

第一,课程情怀化。身边的故事更容易让学生接受,爱国报国的情怀得以厚植。北航某教授上课最喜欢讲北航师生研制"北京一号"时敢于探索的故事。每到此时,90%的学生都会抬头。

许多这样的中国故事,构成了这门课中的"思政点",它们并非随机出现,而是有组织进入课程大纲,覆盖所有章节和教学环节。"每隔十几分钟,在关键的知识点把关键的故事抛出来,引起大家听课的小高潮。这也是我们集体备课中所要求的。"

第二,资源共享化。从线下扩展到线上,课程团队创建了"书面+网络+手机APP"的一体化教材。"航概"课入驻中国大学MOOC平台,被评为首批国家级精品在线开放课程、首批国家级精品资源共享课、首批国家级精品视频公开课,每年使数万名社会公众受益,被网友评为工程技术类最具人气的课程[①]。

第三节 课程思政生态环境建设的方法

生态系统是由生物群落及其生存环境共同组成的动态平衡系统。文化生态学强调系统内部各文化因子之间的多样共生,以求平衡;强调各文化因子之间的整体协调,以求和谐;强调系统的动态开放、循环更新,以求

---

① 赵秀红:《北京航空航天大学三门"课程思政"示范课养成记》,2019年6月14日,https://www.enaea.edu.cn/case/gdjy/2019/73453.html。

持续发展。文化体现为多样性、共生性、平衡性和动态性,并且由于多样性、共生性、平衡性和动态性构成和谐世界的文化生态系统。文化生态系统,强调文化要素自身的和谐发展,并且文化与外部影响因素构成交互作用的生态系统。

由于课程思政的文化生态属性,所以各高校在推进课程思政的过程中,首先要做的就是建立课程思政的生态圈。

一、积极构建课程思政配套制度体系

泰山学院将立德树人贯彻到教育教学全过程,推动思政课程与课程思政协同前行、相得益彰,构建课程思政育人大格局[①]。

泰山学院制定了《泰山学院课程思政实施方案》,并同步修订了相关教学管理文件,全面推进课程思政建设,培育各类课程与思想政治理论课同向同行、协同育人。《泰山学院课程思政实施方案》对课程思政建设的指导思想、总体目标、主要任务、保障措施等进行了明确部署,培育了一批充满思政育人元素的公共基础课和专业课,培养了一批具有亲和力和影响力的课程思政教学名师和团队,推广了一批行之有效的课程思政教育教学改革典型经验和特色做法,形成了一套科学有效的课程思政教育教学质量考核评价体系。

加强考核奖惩,提升课程思政育人成效。泰山学院将课程思政育人作为评价指标纳入教师管理体系,把教师参与课程思政教学改革情况和课程思政育人效果,作为教师考核评价、评优奖励、晋级晋升的重要依据。同时,鼓励各二级学院设立专项经费以保障课程思政建设工作的有序推进,并将各二级学院推进课程思政教育教学改革的成效纳入学院德育评估和绩效考核。此外,学校还将课程思政建设工作纳入学校教学改革项目并设立建设资金,对试点课程或项目立项课程相应增加其课时量的比

---

① 张秀英:《泰山学院:坚持立德树人,积极构建课程思政育人大格局》,《山东教育(高教)》,2020年第9期。

例,并且坚持以赛促教,每年组织课程思政授课大赛及表彰工作,培育了一批课程思政优秀教学案例和教学名师。

西南大学教务处牵头编制"七个一"课程思政建设工作方案①,其中包括以下几方面。

(1)举办一场专题会议,在 2020 年学校举办重庆市课程思政建设研讨会。

(2)设立一个教改专项,在 2020 年校级教育教学改革研究项目中设立课程思政教改专项,计划立项 10 项左右的课程思政教改项目。

(3)建设一批示范课程,全面启动 100 项课程思政项目建设,推动入选课程按照《高等学校课程思政建设指导纲要》要求在教学目标、教学内容、课堂教学、课程考核等方面进行全面改革。

(4)完善一项培训制度,在学校、学院(部)以及教研室等多个层面持续开展技能培训、教学沙龙、集体备课、交流观摩等教研活动,提升教师开展课程思政建设的思想自觉和行动自觉。

(5)举办一次课程思政建设的教学竞赛活动,坚持"以赛促研、以赛促教、以赛促建",将课程思政建设作为第 15 届教师课堂教学比赛主题。

(6)构建一套考评体系,将课程思政建设任务全面纳入本科教学任务指标体系,将课程思政建设情况作为评教评课的重要内容,着力推动课程大纲的情感、态度和价值观教育目标在教学实践中有效达成。

(7)开展一系列主题宣传,充分运用学校以及社会媒体,持续推出一批高质量的课程思政建设宣传成果,搭建课程思政建设立典型、树标杆、推经验、扩影响的重要平台。

学校制定《西南大学课程思政建设实施意见》《西南大学课程思政项目实施方案》,发布《课程思政建设的核心任务与育人重点指引表》,全面启动课程大纲修订工作,推动每门课程落实"学生中心、产出导向、持续改

---

① 《西南大学深入推进课程思政建设 制定"七个一"实施方案》,2020 年 6 月 9 日,https://swu.ihwrm.com/index/article/articleinfo.html?doc_id=3470685。

进"的认证理念,科学设置包括认知类、过程与方法类、情感态度价值观类在内的三维目标,将育人元素植根于每门课程的每章内容之中。

南京信息工程大学"九个一"工程推动本校课程思政建设。南京信息工程大学深入推进课程思政教育教学改革,学校党委重点做好顶层设计、聚焦育人主体、优化课程体系、强化协同育人等环节,以"九个一"工程为抓手,通过修订"一版"人才培养方案、制定"一套"课程教学大纲、组织"一次"微课竞赛、编印"一部"优秀案例集、评选"一批"优秀教案、推进"一组"示范课程建设、培育"一批"教学名师、撰写"一系列"教改论文、形成"一本"高质量督导报告,多措并举,协同发力,有序推进课程思政建设工作,取得了较为显著的成效[①]。

二、构建课程思政运行的生态圈

着力构建长效机制,强化顶层设计。中南大学成立课程思政教学研究中心,组建课程思政专家队伍,规划部署课程思政总体工作,统筹推进课程思政建设。学校制定《中南大学"课程思政"工作实施方案》《关于加强全员育人、全过程育人、全方位育人的实施办法(试行)》等,构筑学科思政、课程思政、校园思政的大思政工作格局。打通育人环节,将课程思政列入学校2020年度书记校长履职亮点项目,从育人理念、育人体系、育人形态着手,把思想价值引领贯穿于教育教学全过程和各环节。

着力传递价值导向,细化育人目标。修订课程教学大纲,确定"价值塑造、知识传授、能力培养、智慧启迪"四位一体的育人理念和"政治认同、科学素养、工匠精神、医学道义、法治理念、红色基因"的育人目标。组织各学院依托国家重大战略需求和学校办学优势,深入挖掘学科发展过程中的思政育人元素,并融合专业基本原理和前沿知识,打造具有"汇中南特色、融中南精神、传中南文化"的课程思政类通识课程。

---

① 陈涛:《南京信息工程大学以"九个一"工程为抓手 推动课程思政建设落细落实》,https://baijiahao.baidu.com/s?id=16810380690160622441&wfr=spider&for=pc。

着力抓好课程建设，提升育人能力。统筹课程思政与思政课程建设，构建全面覆盖、类型丰富、层次递进、相互支撑的课程体系。开展课程思政项目建设。建立专业课教师、思政课教师及辅导员协同联动机制，开展教学研究，创新教学方法与手段，做好教学设计，积极推进信息技术和教育教学深度融合；通过案例教学、研讨教学、项目学习、情景模拟教学等方式，引导学生主动参与课堂教学，实现价值引领和知识传授无缝衔接。培育并选树一批课程思政教学标杆，推广具有中南特色的课程思政建设成果，评选50个课程思政优秀案例，发挥优秀课程负责人的教学示范与传帮带作用。

常态化开展课程思政教学培训，通过专题辅导、教学观摩、教学设计、教学工作坊等形式，加深教师对课程思政内涵、目标及原则的理解，提升教师在教学中主动研究、加强思政教育的自觉。

着力明确激励导向，完善评价体系。建立涵盖课程思政要求的"双一流"建设考核评价机制，将课程思政建设成效纳入"双一流"建设监测与成效评价、学科评估、本科教学评估、一流专业和一流课程建设、专业认证、各教学单位绩效考核、教师教学贡献度等评价考核中。将课程思政要求作为课程评价的首要标准，评估思政元素在课堂教学、实践教学、毕业论文指导等环节中对学生价值引领的成效，进一步健全教学质量管理体系[1]。

三、形成课程思政的"圈层效应"

河南理工大学培育建设了一批蕴含思政功能、发挥育人实效的示范通识课和专业课，构建了"以思政理论课为核心、以素质拓展课为支撑、以专业课为辐射"的课程思政育人机制，形成从思政课程到课程思政的"圈层效应"[2]。

---

[1] 中南大学：《中南大学"五个着力"构建课程思政生态圈》，2020年7月2日，http://www.moe.gov.cn/jyb_xwfb/s6192/s133/s205/202007/t20200702_470032.html。

[2] 邹友峰：《河南理工大学：以"课程思政"培养时代新人 书写满意答卷》，《光明日报》2020年12月14日第10版。

为切实使课程思政"有滋有味""有棱有角""有情有意",学校凝练形成了"分、合、融、通"4个关键词。

"分"即尊重学院、学科、专业特点,分类指导、精准推进,从学科内在逻辑出发,从学生关心的现实问题入手,找准适合本课程的"思政元素切入点"。比如,大学物理通过追溯物理学家研究问题的过程,介绍科学精神、科学方法;依托物理规律的得出、物理现象的分析,在恰当的时机,运用学生喜闻乐见的话语方式,将科学态度、坚毅精神、爱国情怀传递给学生,通过案例式、探究式、体验式教学让课堂"活"起来。

"合"即通过邀请思政课教师进课程思政教研团队、推动思政课与专业课教师集体备课等方式,构建起相互激励、相互督促的"合作机制"。

"融"即通过破解课堂中的"贴标签""两张皮"现象,引导专业课教师把思政元素有意识、有设计、有方法地"融"入教学内容,实现德育与智育的"水乳交融"。

"通"即从"点"入手,抓"点"促"线",以"线"带"面",激发教研室、教学团队、课程组等基层教学单位的主动性、积极性和凝聚力,通力合作种好课程思政"责任田"。

四、抓实校内经验的复制推广

抓实校内经验的复制推广,同济大学的做法有以下几方面。

一是课程上全覆盖。以教学大纲修订为抓手,要求所有课程教师结合中央精神、国家战略、红色传承等进行"立德树人"内涵设计,推进课程思政全面落地,构建横向覆盖所有专业的课程思政群、纵向贯穿培养全过程的课程思政链,形成完整体系。

二是学段上重贯通。同济大学通过课程思政资源共享、融合延展,构建本研一体的课程思政课程体系,贯通人才培养主渠道。土木工程学院在面向本科生开设的工程伦理综合素养课程中,升级为面向工程专业硕士的素养课程,让学生获益匪浅。全面探索大中小学思政课一体化新模式,主动前移大学教育资源,形成同济特色的家国、人文、科学系列贯通培养的通识课程体系。

三是发展中树标准。同济大学推动课程思政向"专业思政""学科思政"延伸，由点到线及面拓展建设。交通运输工程学院编制完成国内首部《交通运输类专业课程思政教学指南》，结合工程教育专业认证标准，制定每门课程立德树人达成指标，融入学业要求。联合36所高校院系成立了"高校交通运输类专业课程思政研究联盟"，进一步发挥示范引领作用[①]。

第四节 开发课程思政资源的方法

一、结合专业实际进行课程思政备课

1. 结合专业课的课程思政备课

黑龙江八一农垦大学严格按照《高等学校课程思政建设指导纲要》的建设要求，做好顶层设计，加强校、院两级的组织领导。同时围绕"三个融入"的建设理念，结合新农科、新工科、新文科、一流专业建设等重点工作要求，将课程思政融入重点工作中，实现"微融入、微嵌入"的建设目标，全面推进课程思政建设工作[②]。以动物生物化学、天人合一的艺林世界两门课为例。

（1）动物生物化学：课程为动物医学专业的专业基础课，为便于将思政内容系统有机融入课程中，坚持"有用、实用、管用"和"适当、适度、适时"的基本原则，针对课程思政内容进行了分类：专业思想教育主要包括热爱专业、就业观、工匠精神、社会责任教育；人文素质教育包括爱国主义教育、理想信念教育、辩证思维教育。在课程思政融合过程中，以实用性、

---

① 陈杰：《面向复兴大业 加强课程思政 培育时代新人》，教育部网站，2020年12月15日，https://baijiahao.baidu.com/s?id=1686146113080918065&wfr=spider&for=pc。
② 邹安妮：《八一农垦大学获评省课程思政建设示范高校》，2020年11月12日，https://www.baidu.com/link?url=fUSR_S7YmAUGzE5YWm1sHAg_ZJXbVeCWSfiZ9OLOxqXBP4ZwTYYoVLQUfC_w6-p1gM9xLJbnF2QGmke6-mCDCywkIvj0bd6aXZO32c71oy7&wd=&eqid=cf49e0f90001f49b0000000465f8671f。

触动性为出发点,实现润物细无声的育人目标①。

(2)天人合一的艺林世界:课程打破专业壁垒,深入挖掘专业、学科的思政教育特色与优势,将政治认同、家国情怀、"三农"情怀、中国传统文化传承、生态文明、责任担当等方面的教育融会贯通,将文学、哲学、美学、建筑、生态、园艺、园林、习近平生态文明思想等多学科优势叠加、知识互补,对学生进行全面培养,确立四个建设目标。

一是加强生态文明教育,引导学生树立和践行"绿水青山就是金山银山"的理念,增强人与自然环境和谐共生意识。

二是注重培养学生的"大国三农"情怀,引导学生以强农兴农为己任,成长为知农爱农创新人才。

三是引导学生坚定政治认同、文化自信,领略中国传统文化的魅力和我国古人的智慧,激发学生的民族自豪感、家国情怀和勇担民族振兴的历史责任感。

四是引导学生在国家发展和个人前途的交汇点上思考和规划人生。坚定"四个自信",树牢"四个意识",争做社会主义合格建设者和可靠接班人。

2. 以行业精神充实课程思政备课

长安大学充分挖掘和激活交通运输、国土资源、城乡建设三大行业的思政元素,统筹推进"思想政治理论课程""行业思政课程""专业课程思政"一体化建设。组织校内外教师、行业专家共同参与,以通识教育课程形式开设交通强国、地学人与国土文化、绿色建筑与人居环境3门行业特色课程思政示范课程,深入推进行业文化育人,教育引导学生培育兴业报国之志,进一步激发投身行业、奉献社会的使命感和责任感②。

北京航空航天大学结合本校专业特征,把思政元素有机融入、润物无

---

① 赵伊:《〈动物生物化学〉课程荣获省课程思政建设示范课程》,2020年11月13日,https://mp.weixin.qq.com/s?__biz=MzA3OTQ1NTI5Ng==&mid=2650252479&idx=1&sn=29eb30b2dbbd8c2e06a9b648d315b414&chksm=87b03190b0c7b8864a568416133cfaac51ba31f8c5ca67e606cedfaf1800a6b11276444693c9&scene=27。

② 《长安大学"五个着力"加强课程思政建设》,2022年11月14日,教育部网站,http://www.moe.gov.cn/jyb_sjzl/s3165/202211/t20221114_989186.html。

声。经过不断探索,学校总结出"用北航人物讲身边榜样""用北航故事讲中国故事""用北航精神讲使命担当"的课程育人模式,将理想信念和使命担当从抽象的"天边"拉回到具体的"身边",真正实现润物无声的效果。实践证明,这些思政内容不但没有挤占专业内容,反而成为专业课堂的"点睛之笔",增加了课程的吸引力①。北航课程团队负责人将波澜壮阔的航空航天发展历程、中国故事、北航故事结合"航概"知识点有机融入,用航空航天精神、家国情怀激发学生探索航空航天的兴趣,树立远大的理想和抱负。能作为思政教育内容的知识点并不少:用概念、定律、理论、实验等,讲辩证唯物主义观点和方法;用物理学发展史传播科学态度和科学精神;用郭永怀、邓稼先、叶企孙和葛正权等物理学家的故事培养家国情怀和爱国主义等。

在第二课堂,思政课教师和专业课教师合作带领学生奔赴祖国各地,和学生一起调研国情、服务社会。北航积极探索学生社会实践"双导师制",每一支实践团队至少配备两名导师——一名思政课教师和一名专业课教师,保证方向性和科学性。教师与学生同吃住、共劳动,学生因"亲其师"而"信其道",实践教育效果显著提升。

二、结合本校历史文化进行课程思政备课

备课要挖掘特色的育人元素。所谓特色的育人元素,主要是指与本校历史、学科特色、课程背景有关的因素。西工大在这方面的元素很多,比如学校发展历史、艰苦创业精神(西迁精神)、学科技术特色(一是西方卡我们的技术、一种是民族自豪感)、航空航天精神、"两弹一星"精神、公诚勇毅校训、扎根献身国防、院士故事激励(陈士橹等)、学校创新精神等②。

备课必须结合学校实际。佳木斯大学不同院系由于其学科专业、历

---

① 赵罡:《协同联动扎实推进课程思政建设》,《中国教育报》,2020年6月6日第2版。
② 夏永林:《破解专业课教师的"课程思政之惑"的思考》,2020年6月24日,http://mooc.peocn/n1/1012https://jwc.jnmc.edu.cn/2020/0624/c2025a96695/page.htm。

史积淀、办学区域等差异很大,想要做好课程思政的内容供给,就必须做到既统筹协调,又分类指导,不同院系要结合自身实际和学科专业特点,大胆探索实践,突出特色,让课程思政案例鲜活、充满生机。学思结合、知行统一。体验式教学和实际操作训练最易给学生留下深刻印象。学校在工程训练中心教学设计中,通过介绍中心前身研发拖拉机、开发北大荒的历史,彰显垦荒精神和工程文化①。

天津大学厚植学校文化土壤,营造"家国情怀"的育人氛围。天津大学把专业技术跟民族前途命运、国家重大需求、社会经济发展结合起来。比如,讲桥梁设计课的,可以讲讲茅以升、讲讲钱塘江大桥建好后炸毁再重修的故事;讲化工课的,可以讲讲侯德榜当年如何完成制碱的故事;专业课教师本身也从事科学研究,要把我们国家的重大战略需求、世界的科技发展前沿都跟课堂教育结合起来。这样的课程育人氛围潜移默化地影响学生,正是最好的课程思政②。

黑龙江八一农垦大学统筹课程建设,实行"两条路径"结合③。坚持全课程建设与示范课引领相结合,有序推进课程思政建设。针对文史哲、经管法、理工、农学四类专业课程特点和教学规律,明确北大荒精神融入专业课程的建设要求及评价标准,即是否能够激发学生的学习兴趣,是否能够帮助学生理解和掌握专业知识,是否能够做到润物细无声的价值引领。黑龙江八一农垦大学开发北大荒精神与文化、英雄的北大荒人、沧桑巨变的奠基者、历久弥新的北大荒精神等公共基础课程,探索建设以现代农场经营管理、天人合一的艺林世界为代表的专业教育课程和以农场生产实习为代表的实践课程,编制《课程思政典型教学案例汇编》,遴选并资助35门校级示范课程,启动首批建设工作,推动思政元素与专业知识内容交织交融、相辅相成,积极推广好经验、好做法、好课程。比如在土壤学课程教学中,结合北大荒生态建设实际案例,系统阐述习近

---

① 孟上九:《以生为本突出特色落实"四个相统一"》,《中国教育报》,2020年6月8日第3版。
② 金东寒:《牵住课程思政"牛鼻子"培养一流人才》,《中国教育报》,2020年9月14日第5版。
③ 《黑龙江八一农垦大学以北大荒精神统领课程思政建设》,http://www.moe.gov.cn/jyb_xwfb/s6192/s222/moe_1739/202101/t20210113_509702.html。

平"两山"理念；在农机运用管理学课程教学中，结合北大荒的开发建设史，深入分析农业机械在现代农业建设中的重要作用。

三、结合工程教育进行课程思政备课

天津大学新工科建设，打破原有的院系设置壁垒，面向未来人才培养构建开放式的人才培养平台，要求各学院的国家和省市级重点实验室、工程中心向学生开放，让学生参与国家级的项目，进行有使命的学习和有组织的实践；引入企业资源深入开展校企合作、产教融合，让学生走进"社会的课堂"，通过企业实践了解我国技术发展现状与需求，增强自身投身国家建设的责任感①。

以新工科建设为引擎，探索"新工科＋课程思政"新的增长点，是天津大学全面提升人才培养质量的重要一环。天津大学新工科建设通过课程思政来实现有灵魂的工程教育②。"有灵魂的工程教育"的实施，包括3个方面。一是以激发工科生的历史使命感为方向。新工科教育本身就是适应时代变革的教育改革，因此我们要培养的是更多能够应对变革的未来领军人才，要培养"先天下之忧而忧"的使命情怀，培养学生的远见卓识，引导他们关注社会、关注世界，培养学生应对新变化主动作为的担当精神。二是以工程伦理教学为抓手。将科技史教育融入工学类专业课程，掌握互联网信息技术、人工智能、大数据、智能制造与新材料等新兴领域中可能涉及的责任、价值与法治等问题，增强未来工程师的社会担当。三是以"国之重器"科技成就案例为联结，推进思政课程与课程思政的双向贯通。引导学生努力成长为引领未来的行业领军者和变革者。课程思政的效果好不好，关键要看能否培养学生具备胜任未来挑战的关键核心素养和价值观。

---

① 金东寒：《牵住课程思政"牛鼻子"培养一流人才》，《中国教育报》，2020年9月14日第5版。
② 同上。

四、结合区域文化开发课程

1. 全面结合当地传统文化积极构建课程思政资源

泰山学院充分发挥区位优势,将博大厚重的泰山文化、中华优秀传统文化、民族精神等融入课堂教学,开发了泰山文化概论、中华泰山诗文诵读、泰山文献专题等近40门综合素质课,形成了独具特色的中华优秀传统文化涵养课程体系。各二级学院结合专业特点,纷纷在泰山开展地理地质、文化遗迹、植物种植、书法美术、历史民俗等实践教学活动,让学生身临其境,领略中华优秀传统文化的无限魅力,增强民族文化自信[①]。

郑州大学在推进课程思政建设的过程中融入中国文化特色,积极促进文化、学术、趣味相结合的德育氛围形成。比如郑州大学中国文化概论等课程通过开展中原文化符号征集活动,结合清明节、中元节、寒衣节等中国传统文化节日开展融"寻根祭祖和弘扬华夏文明"为一体的炎黄二帝祭祖大典以及结合"嵩阳书院"开展的"嵩阳书院入泮礼"等古礼仪式教育活动,强化了学生的文化自豪感,增强了学生的文化自信[②]。

2. 立足区域红色文化打造课程思政特色资源

高校要深入开展"青年红色筑梦之旅"活动,充分利用革命老区红色资源,组织高校师生到革命纪念地、爱国主义教育基地、党史展览馆等,以聆听英烈故事、重温革命历史等形式开展红色教育。充分发挥学校学科专业资源优势,对革命老区、贫困乡镇进行创业项目帮扶,助力精准扶贫、乡村振兴。积极推动红色文化资源进教案,持续推进"青年红色筑梦之旅"社会实践课程建设。

郑州大学积极推动河南本土红色文化资源进教案,持续推进"青年红色筑梦之旅"社会实践一流课程的建设。其中,新闻传播学院依托穆青故乡的这一文化特色,成立穆青研究基地,对穆青新闻实践观进行深入而系统的

[①] 张秀英:《泰山学院:坚持立德树人,积极构建课程思政育人大格局》,《山东教育(高教)》,2020年第9期。

[②] 贾少鑫:《郑州大学牢牢抓住课程思政建设的核心》,《光明日报》,2020年6月23日第15版。

研究,深度发掘穆青新闻实践的育人价值及其"勿忘人民"的新闻观,强化了思政教育,并且提升了学校"卓越新闻人才"等高层次人才的培养能力①。

山东高校依托区域优势资源,推动沂蒙精神、胶东红色文化等地域特色文化与课程思政建设深度融合,进一步优化课程思政内容供给,努力打造具有山东特色的高校课程思政品牌②。

3. 结合地方当代文化开发课程资源

黑龙江挖掘开发"红绿蓝金银"五色教育资源,有机融入七大类专业课教学实践,构建具有龙江特色"中国方略,龙江实践"的课程思政教育体系③。

一是开发"红色基因传承"课程。把黑龙江特有的东北抗联精神、北大荒精神、大庆精神、铁人精神融入所有课程,培育学生爱国情怀,教育学生听党话、跟党走。牡丹江师范学院的东北抗联精神选讲、大庆师范学院的铁人精神教育实践等系列课程面向全省推广,已经成为学校的课程思政名片。

二是开发"绿色生态文明"课程。依托大森林、大湿地、大界江等独特自然环境,通过东北林业大学、黑龙江生态工程职院等高校打造品牌课程,激发学生热爱大美龙江、建设美丽中国的热情,引导学生树立可持续发展的理念。

三是开发"蓝色高新科技"课程。面对新一轮科技革命和产业变革,组织哈尔滨工业大学、哈尔滨工程大学、东北石油大学等高校围绕航空航天、"三海一核"、页岩油开采等领域开发重点课程,培养学生科技自立自强意识。

四是开发"金色现代农业"课程。鼓励学生走进田间地头、养殖基地、农产品加工厂等,在实践中为现代化农业插上科技翅膀。东北农业大学、黑龙江八一农垦大学构建具有农垦特色的课程思政育人体系。

---

① 《坚持高位推进 实现重点突破 以课程思政建设良好成效落实立德树人根本任务》,2020年7月5日,http://news.zzu.edu.cn/info/1002/21121.htm。
② 《山东省积极探索推进高校课程思政建设改革》,2022年12月26日。http://www.moe.gov.cn/jyb_xwfb/s6192/s222/moe_1747/202212/t20221226_1036167.html。
③ 《黑龙江八一农垦大学以北大荒精神统领课程思政建设》,http://www.moe.gov.cn/jyb_xwfb/s6192/s222/moe_1739/202101/t20210113_509702.html。

五是开发"银色冰雪文化"课程。深入贯彻落实"冰天雪地也是金山银山"的理念,哈尔滨师范大学、哈尔滨体育学院、哈尔滨冰雪职院等高校开发冰雪文化课程,引导学生感受冰雪文化魅力,把气候寒冷的自然劣势变成涵养性情的人文优势。

4. 浙江建设具有地方特色的教材资源

结合浙江省情省史,建设一批具有浙江特色的课程教材资源。要讲好用好马工程重点教材,在统一使用国家统编思政教材之外,建好用好《中国特色社会主义在浙江的实践》《浙江精神与浙江发展》《红船精神与浙江发展》《红船精神与时代价值》等具有浙江特色的高等学校德育统编教材,让学生了解中国特色社会主义、中国梦和社会主义核心价值观等在浙江的实践历程、丰硕成果和伟大创造。要进一步扩大省级规划教材、新形态教材建设"课程思政类"项目立项,促进传统教材的二次开发,做好课程思政类特色鲜明的规划教材、新形态教材的编撰、遴选与立项建设工作,以优秀教材推动社会主义核心价值观、红船精神、大陈岛精神等落地生根。

充分利用浙江"三地一窗口"的优势,建立课程思政优质教学资源库。要编撰良渚遗址、红船精神、"两山"理念、新发展理念、"八八战略"、"枫桥经验"、浙商文化等为代表的体现中华文明、浙江文化以及"三地一窗口"的案例库,建设视频、课件、习题、案例、实验实训(实践)项目、数字教材、数据集等优秀教学资源库,推动高校课程思政资源的开发与创新利用,使之成为激励高校师生的思想库、加油站[①]。

第五节 课程思政的课堂教学方法

一、重点抓课程思政的课堂教学

课程建设是"主战场",课堂教学是"主渠道"。在教学设计中,要增强

---

① 《浙江省高校课程思政建设实施方案》,https://jwb.zjyc.edu.cn/info/10474/90327.htm。

主动性,深化理念和想法,避免被动应付、生搬硬套。

在课程中有机融入价值塑造的元素,努力实现专业教育与思政教育的水乳交融,做到"如盐化水"、耳濡目染、润物无声,实现专业知识与真善美的结合。充分发挥通识课程的课程思政天然优势,培养学生的人文素养、科学精神和思维方法。分类推动专业核心课程的课程思政建设,按照人文、社会、理工三大类专业,凝练课程思政的着力点,推动专业核心课融入思政育人元素,实现课程的思想性、理论性、知识性与教学方式上的生动性与可接受性相统一①。

持续抓好课程教学大纲建设,建立课程思政研讨和公开示范课制度,深入研讨课程思政的内容和方式,及时总结课程思政的成效和经验,形成制度机制。积极探索构建思想政治理论课、综合素养课程、专业教育课程"三位一体"的思想政治教育课程体系及评价体系。目前,课程思政示范课程已覆盖所有院系专业。

破解课程思政改革中存在的"不会讲""不善讲""不愿讲"等难题,培育了一批具有亲和力和影响力的课程思政教师和团队。

二、抓住课程思政教学质量控制

抓住课程思政质量控制,同济大学的做法体现在以下3个方面。

一是以教改促质量。投入专项经费促进课程思政改革,坚持学生中心,探索激发能动性为导向的主体性教学模式、问题为导向的研究型教学模式、提高综合素质为导向的实践型教学模式。重点建设5个课程思政领航学院,形成6个示范专业、13支特色改革领航团队;遴选资助134项课程思政教改项目,打造31个示范专业"课程链",包括93门精品课程和244门示范课程,涌现出许多优秀的教改典型案例和教学成果。

---

① 陈涛:《南京信息工程大学以"九个一"工程为抓手 推动课程思政建设落细落实》,https://baijiahao.baidu.com/s?id=16810380690160622441&wfr=spider&for=pc。

二是以名师提质量。在大类招生、大类培养、大类管理的联动机制下,邀请 200 多位高层次领军人才走进课堂,发挥大类导论课作用,既传授学科基础和专业前沿,也培养学生家国情怀和社会责任。每周二下午组织教师集中学习,每月组织"教师沙龙"、邀请名师分享课程思政心得,提升教师思政觉悟和育人水平。

三是以实践促质量。打造品牌实践活动,让学生走出书本、走进社会。积极参加"青年红色筑梦之旅",持续打造"梦想教室""使命与担当——社会实践创新竞赛"等精品项目,每年过万人次参与,使青年学生将个人发展自觉融入伟大复兴进程①。

三、落实经费保障,强化课程思政考核评价

落实经费保障,加大对课程思政建设的投入力度。安排专项经费,用于课程思政的教学改革、教师培训、学术交流等。相关职能部门、各教学单位在本部门经费预算中划拨适当比例用于课程思政建设工作。

强化考核评价方面,将课程思政工作纳入党建工作责任清单,将课程思政建设纳入领导班子和领导干部年终述职和考核内容,将课程思政实施情况纳入教学单位年度考核,将教师开展课程思政的成效作为教师年度考核、职称评审、职务聘任、评优奖励、选拔培训的重要标准②。

泰山学院将课程思政育人作为评价指标纳入教师管理体系,把教师参与课程思政教学改革情况和课程思政育人效果,作为教师考核评价、评优奖励、晋级晋升的重要依据。同时,鼓励各二级学院设立专项经费以保障课程思政建设工作的有序推进,并将各二级学院推进课程思政教育教学改革的成效纳入学院德育评估和绩效考核。此外,学校还将课程思政建设工作纳入学校教学改革项目并设立建设资金,对试点课程或项目立

---

① 陈杰:《面向复兴大业 加强课程思政 培育时代新人》,2020 年 12 月 15 日,教育部网站,http://www.moe.gov.cn/jyb_xwfb/moe_2082/zl_2020n/2020_zl65/202012/t20201215_505613.html。
② 《南京财经大学深入推进课程思政建设》,2020 年 12 月 28 日,http://jyt.jiangsu.gov.cn/art/2022/10/11/art_57813_10625590.html。

项课程相应增加其课时量的比例,并且坚持以赛促教,每年组织课程思政授课大赛及表彰工作,培育了一批课程思政优秀教学案例和教学名师①。

第六节　课程思政支撑维护的方法

一、成立领航学院

领航学院先行先试,立标准立标杆。2017年成为上海高校课程思政改革整体试点校后,同济大学实现"点—线—面—体"的层层拓展,由专业课程向专业课程链、示范专业、示范学院拓展——伴随着上海高校课程思政改革2.0升级版的启动,教改的重心已稳稳地落在各二级学院。在同济大学,交通运输工程学院、土木工程学院、建筑与城规学院、化学科学与工程学院、艺术与传媒学院等5所领航学院在前期推进课程思政改革的基础上,不断先行先试,发挥"模范生"效应。

二、推出课程思政指南类教材

2020年9月17日下午,上海新出台《关于深入推进上海高校课程思政建设的实施意见》,全面修订人才培养方案,在国内首次推出课程思政教学指南,上海课程思政改革2.0升级版再出发。

同济大学交通运输工程学院团队研制的《交通运输类课程思政教学指南》和华东师范大学主编的《地理学类课程思政教学指南》正式发布。这是国内首次围绕专业门类研制开发的课程思政教学指南②。

---

① 张秀英:《泰山学院:坚持立德树人,积极构建课程思政育人大格局》,《山东教育(高教)》,2020年第9期。
② 王映:《同济大学交通运输工程学院研发〈交通运输类课程思政教学指南〉发布》,2020年9月23日,https://news.tongji.edu.cn/info/1006/75038.htm。

三、搭建校内交流研讨大平台

上海中医药大学作为上海市课程思政改革"整体领航校"之一,与9所高校同时开设了课程思政研讨线上分论坛,联袂搭建起上海高校课程思政交流研讨的大平台。

2019年,学校以入选上海市"课程思政整体改革领航校"为契机,学院、团队、课程"三位一体"共同推进领航计划,深化学校课程思政改革,打造六大工作模块。一是分层推进,完善校院两级课程思政工作制度;二是规范为先,以"五个一"推动课程思政规范化建设;三是医教协同,建设课程思政示范课程群;四是抓住主体,实施结果导向的课程效果评价;五是强化特色,改革中医特色思政选修课;六是德才兼修,打造课程思政师资培训基地①。

四、成立校内课程思政研究中心

2021年4月2日,北京化工大学-人民网文华在线课程思政教学研究中心签约挂牌仪式在北京举行。任新钢表示,此次双方共建课程思政教学研究中心有助于实现理论研究与实践相融合,合作打造一系列高水平课程思政建设成果,将思政元素"如盐化水"地融入课程教学内容中,打造课程思政精品课程、评选优秀课程思政教学案例,在学校形成课程思政与思政课程同向同行、协同发展的良好局面,实现对学校优秀课程思政教学成果案例的传播推广,为培养德智体美劳全面发展的高质量人才贡献力量②。

2020年12月2日,华东政法大学课程思政研究中心成立,这是学校

---

① 《传承精华,守正创新——上海中医药大学联袂搭建上海高校课程思政交流研讨大平台》,2020年8月6日,https://jwc.shutcm.edu.cn/2020/0807/c345a125060/page.htm。
② 《北京化工大学举行"课程思政教学研究中心"签约挂牌仪式》,2021年4月7日,https://www.163.com/dy/article/G70UCQE205346936.html。

深化课程思政教学改革的一项重要举措。校长担任中心主任，聘请校内外知名专家、教授担任顾问及研究员。中心培育师德高尚、教学能力突出的教学名师和教学团队，建立科学有效的课程思政教育教学及管理考评机制，总结一套课程思政特色做法和典型经验，形成在上海乃至全国具有影响力的课程思政教学成果①。

2021年3月26日上午，南京审计大学与新华网共建课程思政教学研究中心框架合作协议签约。课程思政教学研究中心将以价值引领、知识传授、能力培养"三位一体"为重点，顺应人才培养发展趋势，契合高校思政教育工作的发展规律，深入挖掘思政教育元素，开展理论研究与教育教学改革，促进课程思政理论研究与教学实践有效融合、互动发展。此次双方合作，进一步深化南京审计大学在课程思政领域的战略布局，推进思政教育多元化发展、专业化发展，并将助力支撑南京审计大学课程思政教学研究中心成为国内课程思政教育教学领域的标杆②。

2020年12月17日云南师范大学与新华网签约共建课程思政教学研究中心。双方共建的课程思政教学研究中心将把"爱国、民主、科学"和"刚毅坚卓"的西南联大精神更好地传承发扬光大，助力"红土高原上的教师摇篮"更好地立德树人。中心以价值引领、知识传授、能力培养"三位一体"为重点，顺应人才培养的发展趋势，契合高校思政教育工作的发展规律③。

五、建设课程思政网站

仅2020年建立的课程思政专题网站，随机从网上搜索学校层面建立的有：齐鲁工业大学（山东省科学院）课程思政网站、安徽师范大学课程思

---

① 刘文婷：《深化改革推广经验，华东政法大学成立课程思政研究中心》，2020年12月10日，https://www.thepaper.cn/newsDetail_forward_10343005。
② 椰青：《南京审计大学与新华网共建课程思政教学研究中心》，2021年3月26日，https://baijiahao.baidu.com/s?id=1695287533740852674&wfr=spider&for=pc。
③ 师宣：《新华网与云南师范大学签约共建课程思政教学研究中心》，2020年12月17日，https://baijiahao.baidu.com/s?id=16863129812950 2883&wfr=spider&for=pc。

政教学研究中心网站、湖南人文科技学院课程思政网、辽宁科技大学课程思政网站、南京铁道职业技术学院课程思政网站、苏州科技大学课程思政网站、运城学院课程思政网站、绍兴文理学院党委课程思政网站、安徽商贸职业技术学院课程思政网站、山东水利职业学院课程思政网站、同济大学课程思政教学研究中心、湖北文理学院课程思政专题网站等。二级学院建立的网站有：西安科技大学计算机科学与技术学院课程思政网站、河南工业大学新闻与传播学院课程思政建设专题网站、成都信息工程大学计算机基础类课程思政教学团队网站等。

六、成立跨校课程思政联盟

2020年5月12日，由延安大学承办的延河高校人才培养联盟课程思政研讨会在线上举行。中国人民大学、北京理工大学、中国农业大学、北京外国语大学、中央音乐学院、中央美术学院、中央戏剧学院、中央民族大学、延安大学等9所诞生于宝塔山下、延河之滨的高校，共同发布延河高校人才培养联盟宣言。联盟成立以来，九校密切协作，合作推动了一系列红色资源项目，坚持打造红色教育资源协同育人共同体。联盟高校课程思政案例各具特色，坚持红色文化育人为传统，传承红色基因，汇聚红色资源，完善思想政治教育课程体系，创建人才培养红色品牌。联盟高校互融相通，共同进步，共同成长，研讨会聚焦教育教学改革专项，以课程思政为主题深入交流探讨，推动延河联盟在开展高水平拔尖人才培养的任务上迈上新的台阶①。

由浙江工业大学发起，浙江省高校课程思政教学改革联盟成立。联盟的工作目标及任务是加强校际合作，共同研讨课程思政教学改革的理念、内容和方法，推进课程思政教学改革交流与合作，实现平台共筑、资源共建、成果共享，引领浙江省高校课程思政教学改革，为浙江省率先实现

---

① 朱元捷：《延河高校人才培养联盟课程思政研讨会举行》，2020年5月13日，https://www.baidu.com/link?url=adcbFnm6jWXpGIv1kukTbvVx9otI1sawSkWbBKcDy8DEqB55VWQz-00VvlGFRlWDrNPxbYil90IZ0Nv6HkNnD_&wd=&eqid=f0687cf00009711a0000000465fa7856。

教育现代化作出贡献。联盟成员涵盖浙江省本科院校,浙江大学为联盟理事长单位,浙江工业大学为联盟秘书处和副理事单位,首届常务理事单位33个①。

同济大学交通运输工程学院发起的全国"高校交通运输类专业课程思政研究联盟"成立。"高校交通运输类专业课程思政研究联盟"旨在,建立健全优质资源共享机制,促进优质资源在不同区域、类型的高校间共享共用;加强示范引领,面向不同高校、不同类型课程,持续深入抓典型、树标杆、推经验,形成规模、形成范式、形成体系。未来该联盟将联合开发课程思政精品课程,联合开展课程思政案例库建设、课程思政师资培训,协作开展课程思政示范中心建设,联合开展课程思政理论与实践研究②。

---

① 陈素萍:《浙工大发起成立浙江省高校课程思政教学改革联盟》,2020年11月23日,钱江晚报,https://baijiahao.baidu.com/s?id=16841431481314783038&wfr=spider&for=pc。
② 孟歆迪:《"高校交通运输类专业课程思政研究联盟"在同济大学成立》,2020年11月16日,https://news.tongji.edu.cn/info/1006/75714.htm。

第五章

高职院校课程思政实施报告

高职院校作为应用型的高等学府,强调实际操作和应用的教学,对我国社会的技能人才的培养和教育来说非常重要。截至2022年5月31日,全国高等职业院校共1521所。近年来,我国高职教育快速发展,不仅在数量上占我国高等教育半壁江山,而且在质量上不断深化内涵建设,开始逐步走上"工学结合、校企合作"的特色之路。大力发展高等职业教育,对于培养大批高等技术应用型人才,推动我国经济社会发展,实现社会主义现代化强国的建设目标具有重大意义。高等职业院校要把握国家扩大招生、改革发展的契机,贯彻"立德树人"方向要求,培养数以万计的符合党和国家各项事业发展要求的合格建设者和接班人。

2006年发布的《教育部关于全面提高高等职业教育教学质量的若干意见》强调,"高等职业院校要坚持育人为本,德育为先,把立德树人作为根本任务"。2020年教育部印发的《高等学校课程思政建设指导纲要》围绕课程思政建设作了周密部署和细致安排,为新时代高职院校课程思政建设指明前行方向。高等职业院校必须加强和改进思想政治教育,构建"大思政"格局,切实抓好课程思政教学改革创新,助力于人才培养。

第一节 高职院校课程思政落实的基本情况

一、高职院校教师普遍认同课程思政的落实

截至2022年5月31日,全国高等职业院校发表2篇以上课程思政论

文的高职院校有1 149所,可见课程思政已经在绝大多数高职院校得到落实。另外,发文最多的40个高校里,其中985高校4个,高职院校6个,可见高职院校在落实课程思政的过程中的努力。

高职院校对课程思政建设知晓度和认同度都很高且态度积极。具体调查结果如下:知道课程思政的人占100%;愿意参与课程思政建设的人占100%[1]。

高职院校对课程思政重要性的认知充分。对于"你认为在专业课程中引入思政元素重要吗"一题调查发现,64.29%的受访教师表示非常重要,27.95%表示比较重要,认为一般的教师比例为5.59%,还有合计2.17%的教师选择了不太重要和很不重要。总体来看,认为课程思政非常重要和比较重要的受访教师比例之和超过了92%。这表明,非思政课教师对于课程思政重要性具有很高的认同度[2]。

二、高职院校学生较为认同课程思政教学

据调查,47.39%的教师在课程教学中经常性融入思想政治内容实施教学,28.51%的教师能够比较多地融入思想政治内容,23.69%的教师能够偶尔地融入,仅有0.4%的教师完全未融入思想政治内容。

有51.41%的教师反映在讲课过程中,学生认同在"潜移默化中体会",需要在理解课程内容的过程中慢慢体会;有27.59%的教师反映学生"认同和乐于接受这种教学方式",原因是授课教师引入的思政教育内容能与专业课程充分"融合",加深了对枯燥专业知识的理解,提高了专业学习兴趣;还有16.93%的教师反映学生勉强接受,主要是在讲课时引入的思政案例生搬硬套,不能与专业课程充分契合[3]。

学生问卷中对课程思政这一教育理念了解的有37%,比较了解的有

---

[1] 魏小英:《高职院校教师课程思政认同感调查》,《国际公关》,2020年第4期。
[2] 张志坚:《高职院校非思政课教师"课程思政"认知及实践——基于山西省322名教师的调查》,《工业技术与职业教育》,2022年第6期。
[3] 何勇、刘玲、史习明:《旅游类专业课程思政建设现状与实现路径》,《职业技术教育》,2020年第35期。

39%,接受所有专业课授课进行思想政治教育的为62%。学生对课程思政这一教学改革的态度持"非常支持"态度的为36%,持"比较支持"态度的为58%。认为专业课教师在课程中讲授思政内容有用的达81%①。

三、课程思政的落实仍处于探索阶段

在某高职院校调查中,对于"你知道怎样参加课程思政建设吗",回答"知道"的人占8%;回答"不知道"的人占92%②。对于"你是否参与到贵校的课程思政建设中",回答"是"的人,占32%;回答"否"的人占68%。从以上统计结果可以看出,教师都愿意参加课程思政建设,但多数教师并未参与课程思政建设③。

职业高校的专业课教学中,课程思政的实施还处于摸索阶段,未来仍有较大的改革与发展空间。在回答课程思政与思政课程之间的关系时,76%的专业教师表示不太明确,特别是在回答"作为一名专业教师,如何有效胜任和善任,提升自身的课程思政能力"时,83%的专业教师表示不太清楚,还在不断探索中。但95%的专业教师表示,课程思政的实施有利于专业课程教学的改革,抓住这个契机,可以通过多种途径的学习来提升自己研究学生的能力、教材设计开发的能力以及教学反思的能力。这也说明课程思政的实施虽还处于摸索阶段,但也意味着未来还有很大的改革与发展空间④。

四、高职院校课程思政研究仍需深化

高职院校课程思政的研究情况,主要是以各相关院校的课程思政论

---

① 李伟:《高职院校"课程思政"现状调查与对策研究》,《山东广播电视大学学报》,2020年第4期。
② 魏小英:《高职院校教师课程思政认同感调查》,《国际公关》,2020年第4期。
③ 同上。
④ 常素梅:《高职院校专业课"课程思政"实施的调查分析与路径优化》,《安徽电子信息职业学院学报》,2020年第3期。

著发表情况为依据,得出以下结论。

1. 高职院校发表论文总量占比较低

在知网检索课程思政总共找到 35 416 条结果,其中检索"课程思政＋高职",共有论文 5 179 篇,检索"课程思政＋职业院校",共有论文 194 篇,两者总共 5 373 篇论文,在全部课程思政论文中只占论文总量的 7%,论文总量占比偏低,说明课程思政研究在高职院校,还有很大的发展空间。

2. 高职院校群体中课程思政落实情况不均衡

从课程思政论文发表情况来看,以下几个高职院校,发文排名靠前的学校中,有一大批是高职院校,这可以折射出该校对于课程思政的重视程度。近年来年发文排名靠前的学校包括(括号内是论文发表数量):陕西国防工业职业技术学院(177 篇)、咸阳职业技术学院(133 篇)、江苏农牧科技职业学院(110 篇)、杨凌职业技术学院(88 篇)、陕西工业职业技术学院(80 篇)、湖南工艺美术职业学院(71 篇)。

以上情况说明,这几个高职院校,属于在高职院校中发文量较大的,其他高职院校发表论文数量较少。由此可以得出结论,课程思政在高职院校里发展不均衡。

3. 高职院校课程思政论文影响力较弱

从下载量来看,高职院校论文影响力较弱,高职院校对课程思政的研究,深度还需要加强。

从下载量看,在下载量前 60 位的论文排名中,直到第 44 位次才是第一篇高职院校的论文,即《高校"课程思政"的价值内核及其实践路径选择研究》,作者为敖祖辉、王瑶,来自浙江建设职业技术学院,发表在《黑龙江高教研究》2019 年第 3 期,下载量 10 272 次。

从核心期刊论文看,在 2020 年以来,在核心期刊和 CSSCI 论文中发表论文的高职院校很少,排名前 20 的学校里没有高职院校。在核心期刊下载量排名中,直到第 49 位才是来自高职院校的论文,即《论高校课程思政评价体系的构建》,作者为王岳喜,来自山东商业职业技术学院,发表在《思想理论教育导刊》2020 年第 10 期,下载量是 9 489 次。

4. 高职院校课程思政研究人员多为院校领导

课程思政在高职院校,仍在普及阶段,支撑高职院校课程思政这个局面的是院校领导,大量的普通教师还没有真正投身到课程思政教学中。这个结论是从高职院校的课程思政论文和专著的作者分布情况得出的。根据知网统计,发表论文数量排名前40的人里,11人是来自高职院校。而这些作者大多是高职院校领导干部。

在高职院校出版的19部课程思政专著中,15部专著的作者是院校领导,另有3部著作是学院集体成果。

5. 教师科研水平低,培训经费少

目前相关高职院校中,针对师资队伍建设,投入的经费并不多,学校更多的教学经费花在了办学条件改善和一些重点专业上。这导致教师的培训和继续学习工作组织更少了,教师想要获得提升的机会减少,这对于高职院校"双师型"师资队伍培养是非常不利的。此外,专业课程教师在课程开发以及相关科研方面的工作能力也比较有限,教师参与课程开发和科研工作的积极性不高,这些也不利于教师教学水平提升[①]。

第二节 高职院校课程思政实施方法

一、院校领导做好顶层设计

课程思政在高职院校的落实,首先要依靠制度建设。

一是加强学校领导的重视程度。学校应建立推进课程思政的相关保障措施,完善课程思政激励机制,整体提升学校教学改革的动力,同时,建立思想政治理论课教师与其他各类课程教师协同思政的机制,并要求思想政治理论课教师定期深入各类课程教学团队,结合课程知识点挖掘思

---

① 卢佳佳:《课程思政背景下高职院校教师队伍建设现状及对策研究》,《产业与科技论坛》,2021年第11期。

政元素和选择思政载体。

二是强化教师专业能力培训。不仅要重塑教师的新时代职业教育人才培养质量观,要求教师做学生成才的引路人、守望人,有"立德树人我责任、教书育人我奉献、学生成才我骄傲"的高尚情怀,还要全面强化教师对课程思政重要性的认识,提升教师实施课程思政的教学能力,做到既是"工匠"之师,也是铸就学生"灵魂"的工程师,既能用娴熟的专业术语传递知识和文化,又能用"思政语言"传播社会主义核心价值观。

三是修订课程质量评价体系。学校教务部门在推进课程建设中,应在制定课程质量标准和课堂教学效果评价体系时,明确做到知识目标、能力目标、思政目标并重[1]。

二、成立学校课程思政指导系统

结合高职院校工作实务,通过"四大引领"实现思政课程对课程思政的关键性作用[2]。

1. 理念引领,形成课程思政教学体系

组织课程思政协同工作的专题研讨,引导学校各类主体,尤其是专业课教师充分领悟思政教育的关键性作用,明确在办好思政课程的基础上,不断推动其他各类课程发挥育人功能,形成课程思政教学体系,在全课程教学中实现立德树人。建设课程思政的名师工作室,培养一批课程思政的教学骨干。实现课程思政对专业、课程的内涵层面的全覆盖。

2. 教法引领,实现课程思政元素融入

大力推进课程思政教学团队的集体备课,将最合适的思政元素、以最恰当的方式融入课程内容。在多样化的课堂教学之中,发挥专业教师的主导作用、学生本人的主体作用,以润物无声的方式实现课程思政教学

---

[1] 武友德:《四川工程职业技术学院课程思政的实施路径》,《中国教育报》,2020年11月17日第10版。

[2] 常州信息职业技术学院:《"思政课程"引领"课程思政"》,中青在线,https://baijiahao.baidu.com/s?id=1685400354084850667&wfr=spider&for=pc。

目标。

3. 教材引领，形成课程思政范例成果

充分发挥课程思政教学团队的集体智慧，组织力量整理课程思政教学案例、编写课程思政实践教材，把专业知识与思政理论有机结合的典型案例转化为立体化教材、网络化资源，推动各门课程更加有温度、有触感、有质量。

4. 质量引领，构建课程思政长效机制

持续健全课堂教学管理体系，努力拓展课程思政建设方法和途径。形成符合课程思政教学规律的考核机制、评价机制；协同教学管理部门，提炼出可复制、可推广的课程思政的工作模式，形成长效机制，予以宣传推广。

三、做好课程思政实施的理论准备

关于高职院校课程思政的实施路径，教师可参考的 6 个步骤。

一是依据教育部颁布的专业教学标准和行业企业制定的职业能力评价标准以及本专业开发的"岗位（群）工作任务及职业能力分析表"，深度挖掘职业道德、职业素养要求。

二是深入分析当前职业院校学生的现实状况，大力加强心理健康、身体素质、中华传统文化、中国革命文化以及社会主义先进文化和社会主义核心价值观教育，弘扬"劳动光荣、技能宝贵、创造伟大"的时代风尚教育，引领树立正确的世界观、人生观、价值观、道德观。

三是根据中共中央关于进一步加强和改进大学生思想政治教育工作的总体要求，深刻理解和领会"四个意识""四个自信""两个维护"的内涵要求。

四是从上述三方面中梳理课程思政元素，明确思政目标，并制定包含知识目标、能力目标、思政目标的课程标准。

五是依据课程标准，深度挖掘知识点、能力点所蕴藏的思政元素，并有机地将思政元素融入知识传授、能力培养，开发课程教学大纲，切实做到知识目标、能力目标、思政目标有机融合。

六是撰写课程授课计划,并进行课程思政的教案设计①。

四、推动高职院校课程思政实施

扬州工业职业技术学院为更好地把思政教育融入课程体系,是如何做的?具体做法可总结为以下3个"强化"。

一是强化课程思政的系统性设计,把握相关工作的实施重点。对此,学校结合专业人才培养方案,以系统化思维从课程体系、教学目标、教学内容、教学评价等方面进行整体性设计。在课程体系构建上,明确通识课程、专业课程和专业实践课程的育人要求,重点解决人才培养过程中普遍存在的"重成才、轻成人"这一问题;在教学目标上,除原有的知识目标、能力目标和素质目标外,增加德育目标,引导学生在学知识、习技能的同时,将个人理想与社会担当有机结合;在教学内容上,通过优化课程标准,引导教师用正确的育人观处理教材,将具有时代感的正能量内容引入课堂,放大思政工作的鲜活度;在教学评价上,坚守思政底线,考查老师是否将正确的人生观、世界观和价值观渗透教学全过程。

二是强化思政元素与教学内容的有机结合,注重对课程思政实施难点的化解。如何把思政元素和职业素养融入课堂,教师之所以觉得很难,是因为理论不熟悉、方法不知道、融入没经验。

三是强化课程思政的实际应用,抓住课程思政的实施关键。学校鼓励教师大胆去用,在实际应用中不断积累经验,提升育人水平。将思政元素融入课程教学时自然贴切最重要,请马院结合全员育人向各院(部)派驻业务联系人,强化对非思政教师的指导,以求产生更好的育人效果②。

---

① 武友德:《四川工程职业技术学院课程思政的实施路径》,《中国教育报》,2020年11月17日第10版。
② 《课程思政如何做?这所高校的经验是3个强化》,2020年10月2日,https://www.sohu.com/a/421882620_121294。

五、落实课程思政建设培训

1. 全行业课程思政建设专题培训

2020年12月14—15日,全国高职高专院校课程思政建设专题培训在渝举行。来自全国近40所高职院校的139名教师齐聚重庆,探讨如何推进课程思政建设,实现专业课程和思政课程同向同行、协同育人。会上,重庆市教育委员会宣教处处长提出三点建议:一是树立新的思政观,把知识文化传授和思想政治教育有机结合;二是树立三全育人观,把思政工作融入办学治校各领域、教育教学各环节、人才培养各方面;三是树立职业政治观,培养一批具有良好职业道德和政治素养的优秀教师。

通过此次专题培训,提高了高职高专院校教师对课程思政的教学与实践的认识,并为充分发挥课堂教学主渠道在高校思想政治工作中的作用,深入挖掘提炼各类课程所蕴含的思政要素和德育功能,提供了更加明确的方向[①]。

2. 高职院校的校内培训

山东电子职业技术学院学校党委书记强调抓好课程思政建设要做到三个结合,一是与教育教学改革结合,教书、育人、育人、育才要有机统一;二是与师德师风建设结合,新时代教师要主动发挥能力培养、知识传授、价值引领作用,党员、专业带头人更要主动发挥骨干带动作用,积极营造干事创业氛围和风清气正良好政治生态;三是必须和提升自身能力结合,围绕学校高质量发展,对"纲要"再学习、再讨论、持续学习、深入学习,不断取得新的成果[②]。

六、成立课程思政教学研究中心

广东轻工职业技术学院成立课程思政教学研究中心,通过团队协同

---

① 《2020年全国高职高专院校课程思政建设专题培训在渝举行》,2020年12月15日,https://www.cqc.edu.cn/mks/2020/1218/c2568a48136/page.htm。
② 山东电子职业技术学院举行课程思政建设专题学习,2020年6月18日。

攻关方式,聚焦标准研究。广东轻工职业技术学院结合不同课程的特点,深入挖掘各类课程所蕴含的思政教育资源,打造一批课程思政精品课程。各二级学院通过遴选试点专业、试点课程,充分利用"轻工教育在线"信息化教学平台,培育建成了《中国传统园林手绘基础》《新能源应用技术》《策划文案》等第一批10项课程思政精品在线开放课程。

广东轻工职业技术学院把教师培养作为课程思政建设的首要发力点,将课程思政理念融入教师培训体系,努力提高全体教师课程思政建设的意识和能力。学校组织与思政课教师"结对子"、建立名师工作室等路径,提高教师提炼各类课程思政元素的育人意识和实践能力[①]。

第三节 高职院校课程思政存在的问题

在"专业课程教学中实施思政教育的主要困惑"调查中,排名前七位的分别是"教学过程设计""没有教学成效评价标准""思政元素的提取""激励措施不明""课程标准不清楚""人才培养方案欠缺""教学方法选取",表明专业课教师在开展课程思政时缺少专业指导,缺乏考核评价的参照标准。此外,在教学平台建设上,其他专业和高校职能部门对课程思政缺少主动融合意识,在信息沟通渠道、教学交流机制和智库共享资源上传方面存在短板,思政课教师与专业课教师共建、共享、共惠的教学平台尚未建立。因此,需要教务处、团委、学工等职能部门开展多领域、多维度的课程思政建设[②]。

随着课程思政教学的实施,高职院校课程思政取得了一定的成绩,但是还未达到理想的效果,主要存在以下问题。

---

① 马立敏:《广东轻工职业技术学院成立课程思政教学研究中心》,2020年06月15日,https://static.nfapp.southcn.com/content/202006/15/c3648601.html?group_id=1。
② 何勇、刘玲、史习明:《旅游类专业课程思政建设现状与实现路径》,《职业技术教育》,2020年第35期。

一、部分院校组织落实欠规范

课程思政调研结果显示,有145人(占45.45%)反馈了所在学校在课程建设方面和管理方面存在的问题。其中,有18人(占12%)反映学校层面对思政课程不重视,上级领导仅在开学之初要求各个教学部门开展课程思政,后续再没有下文;有42人(占29%)反映学校对于课程思政仅是"口头重视,只是在开会时讲讲",没有责任落实到人,说明领导政治站位不高,还没有引领学校思政教育与课程思政协同发展;有34人(占23%)表示学校层面认为课程思政"一般或可有可无",认为在专业课程里加入思政内容,对于专业发展作用不大;有40人(占28%)反映学校对于课程思政会进行不定期检查,检查课程思政实施进展,检查各类文字材料、影像材料,但是没有检查思政课程的课堂质量和实施效果;还有11人(占8%)反映学校"根本没有检查",学校布置过课程思政以后,后期并没有中期检查和验收。这说明学校在课程思政教育活动开展方面重视程度不够,在组织管理、工作方式、监督检查上还有较大的改进空间[①]。

二、教师课程思政意愿和能力不到位

1. 教师对课程思政的关注不够

高职院校的教师队伍中,除了思政课教师,其他专业课程教师对于课程思政理念的重视度并不高,他们对于课程思政的改革工作不重视,一心只想教好自己的专业课程,只要学生的专业课程考核通过率达标即可,而对于是否要研究课程思政教学模式并不关注[②]。

专业课教师对课程思政的了解程度不够。在"您对课程思政的了解

[①] 何勇、刘玲、史习明:《旅游类专业课程思政建设现状与实现路径》,《职业技术教育》,2020年第35期。
[②] 卢佳佳:《课程思政背景下高职院校教师队伍建设现状及对策研究》,《产业与科技论坛》,2021年第11期。

程度如何"的调研中,9.63%的受访教师表示非常了解,45.65%表示比较了解,40.06%表示有一定了解,此外有4.35%表示不太了解,0.31%表示不了解。这表明了高职院校"课程门门有思政,教师人人讲育人"的良好氛围尚没有完全形成,因此,高职院校课程思政建设仍有继续加强和改进的空间[①]。

根据调查报告数据,教师对课程思政有一定的认识和理解。其中,对课程思政有一定了解的教师比例为55.82%;比较了解的占比28.92%;不太了解的占比11.24%;而很了解,且有过专门研究的仅占比4.02%[②]。

在"单元教学设计上,专门体现本专业课程思政育人部分进行过特别标识"选项上,仅有36人(占11.29%)选择"有,并进行了特别标识",有70人(占21.94%)选择"没有特别注意"。在"课后总结与反思方面",有75人(占23.51%)选择"没有";有138人(占43.26%)选择"有,但一笔带过";只有106人(占33.23%)选择"有,会认真总结与反思"。从以上可知,高职教师对于高校思想政治理论课的内容不熟悉,还有部分留学归国教师认为国外没有思政类课程,没有意识到课程思政教育的重要性,思想认识上存在一定误区,这是一个亟待解决的问题。

2. 教师实施课程思政的意愿不强

"在您的课程中是否已经开展课程思政教学"的问题调查中,100%的受访教师表示"肯定",这表明目前高职院校的课程思政教学已经得到普及。然而,在有关"您觉得在非思政课中开展课程思政是否有必要"的问题调查中,45.78%的受访者表示"有必要",54.22%的受访者表示"没必要"。通过调查发现,虽然课程思政在高职院校中已经得到普及,但是一些教师对于课程思政的认识还不到位,觉得没必要在非思政课内开展思想教育[③]。

当被问到"您在课程教学中融入思政元素的程度如何"时,受访教师

[①] 张志坚:《高职院校非思政课教师"课程思政"认知及实践——基于山西省322名教师的调查》,《工业技术与职业教育》,2022年第6期。
[②] 蒋昕芸:《高职院校课程思政建设现状及对策探究》,《产业与科技论坛》,2020年第12期。
[③] 郭慧、李峻峰:《高职院校课程思政教学现状及改革建议》,《职教论坛》,2020年第7期。

中 9.32%表示非常多,41.61%表示比较多,37.89%表示一般,11.18%表示比较少,没有教师选择非常少这一选项。总体而言,选择非常多和比较多选项的教师比例之和达到 50%以上,然而也有接近 50%的受访教师选择了一般和比较少两个选项①。

对于"在课堂上,您是否自觉将学生的'三观'教育融入教学",有 56%的老师回答"有"。还有接近一半的老师是"没有",根据这些回答可见高职院校的专业教师对课程思政教育意识和能力与课程思政教育的预期还有较大的差距,学校也缺乏系统规划与设计,结果是无法系统有效开展课程思政②。

3. 课程思政责任意识不强

在"你会主动学习马克思主义理论和中央文件精神吗"的调查中,回答"偶尔"的有 18 人,占 6%;回答"不会"的有 282 人,占 94%。调查"您是否主动加入学校的课程思政建设中"时,回答"主动"的有 37 人,占 12.3%,回答"被动"的有 263 人,占 87.7%③。

在对教师的调查中,98%的教师非常清楚课程思政的必要性与重要性。但在"您认为在学校教育中,对学生进行思想政治教育是谁的责任"的回答中,71.12%的受访教师选择了党政领导和学工干部,选择学校管理和服务人员的比例为 64.91%,选择思政课教师和辅导员的比例为 92.92%④。在回答"开展学生的思想政治教育需要专业教师的努力吗"这个问题时,72%的专业教师认为思政课教师、辅导员、学工处、团委等对学生的思想政治教育负主要责任,64%的教师对如何在专业课教学中有效融入哪些思想政治教育元素不够清晰。

在回答"学校开展'课程思政',是否根据学校自身的特点和专业特

---

① 张志坚:《高职院校非思政课教师"课程思政"认知及实践——基于山西省 322 名教师的调查》,《工业技术与职业教育》,2022 年第 6 期。
② 常素梅:《高职院校专业课"课程思政"实施的调查分析与路径优化》,《安徽电子信息职业学院学报》,2020 年第 3 期。
③ 魏小英:《高职院校教师课程思政认同感调查》,《国际公关》,2020 年第 4 期。
④ 张志坚:《高职院校非思政课教师"课程思政"认知及实践——基于山西省 322 名教师的调查》,《工业技术与职业教育》,2022 年第 6 期。

点,在人才培养方案和教学设计要求等方面上进行修改与完善"这个问题时,22%的教师回答"不清楚",78%的老师回答"有这方面的要求,但不是很明确具体"。

在回答"课堂专业教学中,有意识地融入思想政治教育元素是否会影响专业知识的讲解,影响教学进度与效果"这个问题时,47%的教师认为"有一定的影响",并认为自身在挖掘融合的角度,讲透讲活等方面的能力略有不足。同时,68%的老师认为学校是在提倡和推动专业课的课程思政,但缺少系统的规划与设计[①]。

4. 教师态度不积极一致

调查发现多数高职院校课程思政工作推进艰难。各门课程在融入课程思政工作中普遍存在教师思想政治理论素质参差不齐,主动性缺乏,各类课程各自为营,缺乏内在交流机制和平台等问题。有一半以上教师认为有必要,但整体情况不乐观,普遍缺乏主动性积极性,多数教师觉得根本没法取得成效。

在教师答卷中,认为在专业课程中引入思政元素非常重要的有68%,比较重要的有38%[②]。对于课程思政,17.0%教师相当了解课程思政,73.5%教师表示"有所了解",9.5%表示"不了解"。对于课程思政理念的看法,超过六成教师持有积极的态度,18.5%认为"理念好可完全实现",47.4%认为"理念好,部分可实现",28.0%教师表示"对教师要求高,操作难",少数教师表示"太理想化,难以实现"[③]。

当被问到是否愿意开展课程思政,接近九成教师持积极态度,24.2%表示"非常愿意"和64.4%表示"愿意";11.4%表示"不愿意",可能是由于对课程思政认识不足、担心工作量增加等原因导致的,这也是值得我们

---

① 常素梅:《高职院校专业课"课程思政"实施的调查分析与路径优化》,《安徽电子信息职业学院学报》,2020年第3期。
② 李伟:《高职院校"课程思政"现状调查与对策研究》,《山东广播电视大学学报》,2020年第4期。
③ 彭豪:《职业学校教师对"课程思政"所持态度的调查研究》,《长江工程职业技术学院学报》,2020年第3期。

关注的,在后续工作中要加强培训引导①。

在"您认为实施课程思政有必要吗"的调查中,回答"有"的有 124 人,占 62%;回答"没有"的有 76 人,占 38%。在"您认为各门课程与思政课协同育人容易实现吗"的调查中,回答"容易"的有 46 人,占 23%;回答"不容易"的有 154 人,占 77%②。

在"您以前上课会对学生进行思想政治教育吗"的调查中,回答"会"的有 39 人,占 13%;回答"不会"的有 261 人,占 87%③。

以上调查数据说明,高职院校教师对课程思政在观念认同和操作落实两个层面是分离的,他们并不排斥课程思政,但是也不积极投入地落实课程思政。

5. 课程思政研究精力投入不足

课程思政教学精力不足。由于考核制度要求,高校教师容易向科研任务倾斜。有些专业课,课程的难度大,课时紧张,使教师向教学课时任务倾斜。这些都使高校教师对教学质量和育人问题有所忽略,将思政内容融入专业课的教学过程中更显得精力不足,课程思政部分流于形式的并不少见④。

在调查问卷中,对思政元素融入专业课程的方法有过精心研究和设计的教师为 39%,有过思考的为 59%。近 3 年在 5 个以上教学单元中尝试课程思政教学改革的有 46%,2～4 个教学单元中尝试的为 22%⑤。

在教师问卷中,对于课程思政教学改革中遇到的困境,有 51% 的教师认为是"课程本身难以挖掘思政元素",有 43% 的教师认为是"教学设计方式方法的困惑",有 35% 的教师认为是"教学过程中难以找到切入点",有

---

① 彭豪:《职业学校教师对"课程思政"所持态度的调查研究》,《长江工程职业技术学院学报》,2020 年第 3 期。
② 魏小英:《高职院校教师课程思政认同感调查》,《国际公关》,2020 年第 4 期。
③ 同上。
④ 卢佳佳:《课程思政背景下高职院校教师队伍建设现状及对策研究》,《产业与科技论坛》,2021 年第 11 期。
⑤ 李伟:《高职院校"课程思政"现状调查与对策研究》,《山东广播电视大学学报》,2020 年第 4 期。

31%的教师认为是"教学手段生硬,学生不愿接受"①。

教师问卷中,对于课程思政教学改革中遇到的困境,有36%的教师认为是"自己的政治理论原理掌握比较欠缺"。对于应该通过哪些途径提升个人课程思政教学能力,82%的教师认为是通过"加强政治理论学习",对于在课程思政建设中最需获得哪些帮助,52%的教师希望参加课程思政相关培训②。

在有关"非思政课开展思政教学是否有足够的教学资源供您选择,如课件、课本、相关案例等"的问题调查上,20.49%的受访者表示"有",44.57%的受访者表示"没有",还有34.94%的受访者表示"有时有,有时没有"③。

6. 教师课程思政能力不足

职业学院教师整体课程思政能力较薄弱,教学研究能力有待提升。在"你是否愿意参与到贵校的课程思政建设中"的调查中,回答"愿意"的有100人,占100%。在"你知道怎样参加课程思政建设吗"的调查中,回答"知道"的有8人,占8%;回答"不知道"的有92人,占92%④。

对于"对您来说开展课程思政存在什么困难"这个问题,74.22%的受访教师面临的第一大困难是课程思政元素融入生硬,课程思政的开展标签化、表面化、形式化。46.27%的教师认为在第二位的困难是科研教学压力大,没时间开展课程思政教学研究。40.37%的教师认为没有章法,不知道具体应该怎么做。此外,有27.02%的教师选择了害怕课程思政会占用专业知识的讲授时间。8.07%的教师选择了其他⑤。

在课程思政教学设计能力方面,4.95%的教师认为自己具备优良的课程思政教学设计能力,30.69%的教师认为自己具备课程思政教学设计

---

① 李伟:《高职院校"课程思政"现状调查与对策研究》,《山东广播电视大学学报》,2020年第4期。
② 同上。
③ 郭慧、李峻峰:《高职院校课程思政教学现状及改革建议》,《职教论坛》,2020年第7期。
④ 魏小英:《高职院校教师课程思政认同感调查》,《国际公关》,2020年第4期。
⑤ 张志坚:《高职院校非思政课教师"课程思政"认知及实践——基于山西省322名教师的调查》,《工业技术与职业教育》,2022年第6期。

能力,47.03%的教师认为自己的课程思政教学设计能力一般,15.84%的教师认为自己不具备这一能力,1.49%的教师认为自己完全不具备这一能力。

在课程思政教学方法方面,4.95%的教师认为自己具备优良的课程思政教学方法能力,36.63%的教师认为自己具备课程思政教学方法能力,43.56%的教师认为自己的课程思政教学方法能力一般,14.36%的教师认为自己不具备这一能力,0.50%的教师认为自己完全不具备这一能力。

在课程思政教学研究能力方面,6.93%的教师认为自己具备优良的课程思政教学研究能力,35.14%的教师认为自己具备课程思政教学研究能力,40.1%的教师认为自己的课程思政教学研究能力一般,17.33%的教师认为自己不具备课程思政教学研究能力,0.5%的教师认为自己完全不具备课程思政教学研究能力[1]。

在课程思政评价能力方面,5.45%的教师认为自己具备优良的课程思政评价能力,34.65%的教师认为自己具备课程思政评价能力,39.6%的教师认为自己的课程思政评价能力一般,19.31%的教师认为自己不具备这一能力,0.99%的教师认为自己完全不具备这一能力。

现实实践中,由于专业课教师缺乏相应的思想政治教育背景,思想政治教育理论基础较为薄弱,导致难以寻找课程思政的切入点,很难有效、深入地挖掘专业课程的思政元素。一项调查表明,超过60%以上的被调查教师在挖掘思政元素上存在从"拿不准"到"完全不会"的不同程度的困难。大部分专业课教师专业知识扎实丰富,讲解专业课程得心应手,但对于思想政治理论主要还是其学生时期所学习到的,未能体现最新发展。比如,"专业课课堂缺少丰富的育人素材成为当前实施课程思政的一大障碍","在思想政治教育元素的植入上呈现出碎片化、肤浅化、牵强化的特征"[2]。

---

[1] 秦华、张鑫:《医学高职院校教师课程思政能力现状调查及提升策略——以四川S职业学院为例》,《教育观察》,2022年第17期。

[2] 卢佳佳:《课程思政背景下高职院校教师队伍建设现状及对策研究》,《产业与科技论坛》,2021年第11期。

教学团队层面缺乏协同作战,缺乏从专业群、课程群层面的协同整合、整体布局,直接导致课程思政变成每门专业课程教师自己的攻坚任务。教师们囿于"单打独斗"的困窘局面,彼此之间缺乏沟通合作,互相不知道与自己有关联的群内课程怎样进行,抑或进行了怎样的课程思政。因而,课程思政内容或者被过度挖掘,或者被冷淡忽视,难以确保专业群、课程群层面课程思政框架的全面性、层次性[①]。

三、高职院校课程思政教学效果欠佳

学生角度来看,课程思政教学收获不多[②]。学生问卷中,有20%的学生对课程思政这一理念完全不了解,有42%的学生不能区分课程思政与思政课程两个概念的区别,说明学生层面对课程思政的认知更加模糊不清。

在专业教学过程中,对课程思政目标达成采取的策略选项中,有15名教师表示"没有考虑",有58名教师表示"随意性发挥",两者之和占22.88%。主要原因是部分专业课教师没有深入学习习近平新时代中国特色社会主义思想,旅游类专业课程与思想政治教学内容衔接不够。在"专业课程教学设计中对思政教育目标元素提取"问题的回答上,表示"没问题,可以完全根据教学内容提取"的教师有104人(占32.61%);表示在提取思政元素时"有一定困难,拿不准"的教师有118人(占36.99%);表示自己仅是"一般,象征性提取"的教师有76人(占23.82%);表示"很困难,不知如何提取"的教师有21人(占6.58%)。综上所述,在专业教育中挖掘思政教育元素,需要更多的知识储备和超越专业界限的综合分析能力,才能实现思政教育"进课程、进课堂、入脑入心"[③]。

---

① 张一:《"课程思政"背景下高职院校专业课教师面临的困境与应对》,《工业技术与职业教育》,2021年第4期。
② 李伟:《高职院校"课程思政"现状调查与对策研究》,《山东广播电视大学学报》,2020年第4期。
③ 何勇、刘玲、史习明:《旅游类专业课程思政建设现状与实现路径》,《职业技术教育》,2020年第35期。

在另一项调查中,70.28%的教师认为在教学中实施课程思政有一定难度,但可以尝试,15.66%的教师认为难度比较大,认为没有难度的占10.04%,认为难度非常大的有4.02%①。

专业教师缺少对于专业课程如何与思政教育有效结合的研究。统计显示,有104人(占29.78%)表示"没有总结过",没有形成经验分享给其他人;有95人(占32.6%)表示"有过班主任工作总结",主要是为了下一学期开展学生工作和应付上一级教学部门检查;有35人(占10.97%)表示"有相关论文获奖或发表",将对思政教育建设方面好的经验进行提炼,分享自己的成果。这表明学校亟须加大力度鼓励专业教师,在课程思政研究上投入更多精力,形成更多优秀成果②。

四、课程思政教学缺少考核评价

高职院校专业课程对教学效果的评定、对学生的考核主要围绕专业知识和专业技能展开,虽然也有对诸如出勤、发言等平时表现的考核,但是并没有突显对课程思政目标达成效果的检验。一方面,因为课程思政目标设置缺乏明确性、集中性,课程思政元素挖掘缺乏系统性、计划性,含糊的思政目标设定和随意的思政元素挖掘必然导致难以对标设计考核标准。另一方面,不同于知识获得和技能掌握,价值塑造强调的是灵魂深处的认同、行为层面的默化,要求内化于心、外化于行,因此与知识和能力考核相比,在考核方式的设计上存在更大的难度,传统的考核方式难以有效检验③。

---

① 蒋昕芸:《高职院校课程思政建设现状及对策探究》,《产业与科技论坛》,2020年第12期。
② 何勇、刘玲、史习明:《旅游类专业课程思政建设现状与实现路径》,《职业技术教育》,2020年第35期。
③ 张一:《"课程思政"背景下高职院校专业课教师面临的困境与应对》,《工业技术与职业教育》,2021年第4期。

第四节 高职院校落实课程思政的策略

一、把课程思政作为"一把手"工程来抓

职业院校开展"三全育人"综合改革,如何推进各类课程与思想政治理论课程同向同行、产生协同育人效应,是我们每一位职教工作者都应该深入探索和实践的重要课题。落实课程思政,需要解决好三个问题。

一是学校领导对课程思政的重视度有待提高。部分学校还没有建立较为完善的推进课程思政的相关保障措施,思想政治理论课教师如何与其他各类课程教师协同提升课程思政效果的机制也不健全。

二是教师实施课程思政的教学能力还需提升。部分教师进行课程思政教学方案设计的能力不足,能有效结合课程内容特点选择合适的思政载体、做到与课程内容有机融合的能力欠缺。

三是课程质量评价体系有待完善。部分学校教务部门在推进课程建设时,在建立课程质量标准和课堂教学效果评价体系时,没有明确将课程思政目标达成度纳入课程授课质量评价体系。

二、完善课程思政制度

高职课程思政制度建设,关键在于学校党委、校党委统筹领导,完善顶层设计,成立课程思政工作领导小组,建立校党委书记及校长党政齐抓共管、马克思主义学院配合、学工部等部门联动、各二级院部落实推进的课程思政工作体系,制定完整的领导、践行和管理、评价体系,形成一个全院各部门、各二级院部目标一致、责任明确、通力合作的课程思政建设工作体系。

开展课程思政示范建设项目和名师"传帮带"工程。学校在每个系部推选一门专业课程作为课程思政示范课程,要求每门示范课程要撰写体

现课程思政改革思路的课程教学大纲、实施报告、教案(课件)等教学文件,并开展课程思政教学典型案例征集活动,组建课程思政教学案例库供全校师生学习。

构建科学合理的课程思政教学体系,高职院校要全面落实高等职业学校专业教学标准,把思想政治教育贯穿人才培养全过程,有针对性地修改完善人才培养方案,制定包括知识目标、能力目标和思政目标的新的课程标准,找准课程思政的着力点,研制富有思政特色的课程教学设计,优化教学内容,构建科学合理的课程思政教学体系①。

三、提升教师的课程思政意识与能力

课程思政建设的关键在教师,教师的认同度将直接影响改革效果。教师不愿、不会、不敢进行课程思政改革是目前制约高职院校全面推进课程思政的重要因素。要完善课程思政师资培训体系,从认知、能力、实践三位一体进阶式、多元化规划与制定培训方案,并组织实施。着力提高专业教师思政知识储备和融合思政元素的专业技巧与能力,增强其思政意识、理论自信、教学能力。

学校应建立全方位、多层次教师培训与发展体系,通过理论学习、专题讲座、社会实践等多种方式,提高教师的政治理论水平和人文素养,不断提升把思想政治工作贯穿教学全过程的能力。

四、完善课程思政建设的奖惩机制

高职院校要出台体现课程思政的考核奖惩办法,评价结果与教师评先评优、绩效考核挂钩,引起教师对思想政治教育的重视。建立科学的课程思政建设工作考核评价体系,使各门课程思想政治教育功能融入全流程、全要素,可查可督。在奖惩方面,一方面,对课程思政建设中发挥引领

---

① 万平:《高职院校"课程思政"建设的进路与策略》,《三门峡职业技术学院学报》,2020年第9期。

作用的思政课教师和所承担课程育人效果明显的专业课以及通识课教师,在学校师德考核、年度考核和岗位晋级时可以优先,也可以授予荣誉称号或者进行一定的物质奖励等。另一方面,对那些上课不重视学生思想政治教育的教师,取消岗位晋级和一切评优资格,同时让其参加专门的培训、上公开课、观摩教学等。

学校党委、教务处、各院部及相关部门要对照制度定期对课程思政工作实施情况进行常态监测、专项检查、重点督导等,由外聘专家、督导、思政教师、专业课教师共同组成质控小组,有计划地深入课堂听课,使课程思政内化为教师和各部门、各二级院系的价值追求和自觉行为[①]。

[①] 万平:《高职院校"课程思政"建设的进路与策略》,《三门峡职业技术学院学报》,2020年第9期。

第六章

中小学课程思政实施报告

小学阶段是学生开启社会化的基础阶段,也是思政课教育的培土育苗阶段。思政课"要给学生心灵埋下真善美的种子",将思想观念引导融入润物细无声的语言、文字、行动之中。将立德树人融入童趣化的教学过程,促进小学生接受新知识、新理念,收获内心启迪和心灵孕育。

中学阶段是学生树立正确的世界观、人生观和价值观的积累阶段,也是思政课教育的固本强基阶段。中学生需要思政课教师"晓之以理、动之以情",融生活指导和实践探索于知识、理论学习之中,育思想道德和情感认知于理性思考、道德体验之中。

所以,中小学对课程思政有着迫切的需求。

2019年3月18日,习近平在学校思想政治理论课教师座谈会上强调"思想政治理论课非常必要,是培养一代又一代社会主义建设者和接班人的重要保障"。2019年8月,中共中央办公厅、国务院办公厅印发了《关于深化新时代学校思想政治理论课改革创新的若干意见》,明确指出要"坚持思政课在课程体系中的政治引领和价值引领作用",2020年,中共中央宣传部、教育部印发的《新时代学校思想政治理论课改革创新实施方案》为有效协同推进中小学思政课指明了价值取向与前进方向,也为破解大中小学思政课建设中各自为政、有缝衔接、步调不一、配合无力等障碍提供了基本思路。

教育部从建立健全政策体系,全面加强工作部署,持续深化教学改革,深入开展思政活动,不断丰富教学资源等方面对中小学落实思政理论课作出顶层设计与部署。教育部组织义务教育道德与法治、语文、历史三科统编教材国家级示范培训,指导学校和思政课教师严格执行国家课程方案和课程标准,使用好国家统编教材,确保教学的规范性、科学性、权威性。此外,成立教育部基础教育教学指导委员会,专门设立了思政课教学专委会和德育工作专委会,加强对思政课教学改革的专业指导①。在上述文件和大中小一体化这个背景下,很多中小学已经开始实施课程思政教学改革。

第一节 中小学课程思政的落实情况

一、中小学课程思政尚在普及阶段

中小学课程思政,见诸媒体的并不多。即使有相关报道,主角也是教育局等教育主管部门。据调查,对于课程思政很了解、有过专门研究的教师占6.62%,比较了解的占28.22%,有一定的了解,但不多的占47.04%,不太了解的占18.12%,由此可以看出,大多数教师对思政教育的认知处于相对不足阶段,极少部分教师对思政教育研究较为深入②。

另据调查,在被问到"此前您对'课程思政'是否了解"时,非常了解的与比较了解的分别占19.29%和23.66%,这可能和不同学段的教师有着一定关系;同时还有11.58%的教师不太理解课程思政这一概念,可见课程思政这一概念在小学科学课教师中并没有得到全面普及③。

二、教师对课程思政基本认同

在"您认为小学是否有必要实施课程思政"的调查中,57.45%的教师认为非常有必要,21.32%认为比较有必要,10.69%认为一般,9.34%认为没必要,1.20%认为完全没必要④。另一项调查中,80%小学科学课教师认

---

① 刘佳:《"课程思政"满三年 中小学思政课建设2.0版将出台》,教育部网,2022年3月17日,http://www.moe.gov.cn/fbh/live/2022/54301/mtbd/202203/t20220318_608684.html。
② 陈剑飞:《小学数学课程思政现状及管理对策研究》,内蒙古民族大学硕士论文2023年。
③ 焦磊:《小学科学课"课程思政"建设研究》,山西财经大学硕士论文2023年。
④ 王琰:《小学课程思政实施现状及对策研究》,太原理工大学硕士论文2021年。

为课程思政建设会对学生思想道德的提升有效果，由此可见，大部分小学科学课教师对于课程思政对小学生的思想道德修养的影响持肯定态度①。

此外，40名教师中，共55%的小学科学课教师对小学科学课加入思政元素持肯定态度，而其余45%的教师对此持一般态度或否定态度。由此可见，小学科学课教师对思政元素融入科学课的态度不一，其原因也可能多种多样②。

教师有课程思政理念和参加培训的主观意愿，绝大部分教师已认识到新形势下，实施课程思政的重大意义，主观学习意识强烈。93.5%的教师愿意参加课程思政相关培训，有较强的学习动力；98%的教师有意愿在课堂中融入思政元素，探索思政与教学相结合的授课形式，即从事育人工作的主观能动性非常强烈③。

在教师眼中，学校层面对于课程思政重视程度不够。在"学校对实施课程思政的重视程度"的回答中，非常重视、比较重视、一般、不大重视的所占比是：24.38%、35.21%、12.36%、28.05%，整体上还是偏"比较重视"和"有待提高"④。

学生对教师在课堂上开展课程思政并不排斥。90%以上的教师在课堂中加入了信仰、榜样、时政等有关德育内容，具有把教书与育人相结合的意识，学生对课堂中讲授的各类榜样人物、科学精神等都非常感兴趣。学生对教师给予的教育不排斥，且接受度非常高，这就为教师实施课程思政奠定了良好的心理基础⑤。

三、课程思政实施的效果一般

关于"您对所在学校的课程思政实施效果的评价"，"非常好"仅仅只占18.93%，"比较好"占到23.56%，"一般""较好"占到25.78%，"不大

---

① 焦磊：《小学科学课"课程思政"建设研究》，山西财经大学硕士论文2023年。
② 同上。
③ 袁丽：《中小学"课程思政"的现状及实施原则探析》，《汉江师范学院学报》，2023年第4期。
④ 王琰：《小学课程思政实施现状及对策研究》，太原理工大学硕士论文2021年。
⑤ 袁丽：《中小学"课程思政"的现状及实施原则探析》，《汉江师范学院学报》，2023年第4期。

好"占到27.32%,"没影响"占到4.41%。说明当前小学课程思政实施过程中有积极成分,但也有待完善的部分①。

在另一项关于课程思政实施效果的调查中,47%的教师选择"效果明显",18%的教师选择"效果一般",13%的教师选择"没有效果",没有教师选择"不增反降"。由此可见,绝大多数科学课教师认为在小学科学课中加入思政元素对于提升课堂教学是有效果的②。

四、中小学课程思政研究还很弱

中小学的课程思政研究还在薄弱阶段,中小学课程思政在近年来落实有待完善。根据知网统计,近年来发表有关课程思政的论文31 396篇,在知网以题名方式,检索"课程思政"和"中学""中小学""小学",检索到的全部有关课程思政的论文一共只有489篇,占比1.5%。虽然这个检索方法不能覆盖中小学课程思政论文的全部,但是可以由此看出,中小学的课程思政研究还很弱小。近年来一共出版有关课程思政的著作431部,有关中小学课程思政的著作有9部。从论文发表情况看,中小学课程思政的研究还比较弱。

以中小学的课程思政为主题的硕士论文共88篇,但作者都是在校学生,缺少中小学一线教育工作者的参与。从相关研究的参与度和成果数量来看,研究者基本来源于高校及相关研究机构,中学一线教育工作者所占的比例非常低,难以与我国庞大的中学教师群体相称。一方面,中学一线教育工作者是中学课程思政的直接参与者和实践者,真正面向广大中学生,是推进中学课程思政落地生根的关键因素,更应该积极主动参与到中学课程思政的研究与建设中;另一方面,高校及相关研究机构与中学一线教育工作者的合作不够密切,高校与中学课程思政建设之间联系不够紧密,没能形成有效的合力,也缺少高校与中学数学思政课程设置一体化的研究与探索③。

---

① 王琰:《小学课程思政实施现状及对策研究》,太原理工大学硕士论文2021年。
② 焦磊:《小学科学课"课程思政"建设研究》,山西财经大学硕士论文2023年。
③ 李永林:《中学数学课程思政中存在的问题及应对策略》,《现代教育》,2022年第7期。

第二节 中小学课程思政的落实方法

一、做好课程思政师资准备

1. 领导、教师、学生三层联动部署

中学领导、教师、学生三层联动,以"三好"举措促进课程思政落地生根,为落实"立德树人"根本任务奠定基础。教导处组织各年级学科组制定《落实课程思政方案》,强化教研力度,利用每周公开课和教研会研讨课程思政落实的具体步骤。继续通过行政领导推门听课、外出学习展示等形式提升教学能力,做"时政"的领路人。师生共同努力,创新教育形式,激活教育资源,让课程思政充满活力和魅力①。

2. 开展中小学课程思政教研活动

营口市西市区教师进修学校设计组织了分学科、分阶段,全区所有教师参与的"课程思政专题培训"。道法、英语、科学、音乐、美术(书法)等学科将陆续以线上线下的形式对学科教师进行集中培训②。

农林小学5位教师展示了党建校级课题"小学各学科渗透思想政治教育实践研究"研讨课。其中,陈荣琼执教的信息技术课闪闪的星星,以自编的校本教材《一起走进3D One》为学习内容,引导五年级学生设计国旗上的五角星,不仅锻炼了学生综合应用3D One命令设计模型的能力,同时巧妙地渗透了国旗常识,潜移默化地培养了学生爱国旗、爱祖国的情怀③。

此外,还有莫君华展示的农林小学党支部编写的少年党校党史教材

---

① 张龙:《蒙城中学:"三好"举措促进"课程思政"落地生根》,2020年11月3日,https://jyj.bozhou.gov.cn/News/show/444093.html
② 《营口市西市区"课程思政"主题研修活动纪实》,2021年4月19日,https://www.sohu.com/a/461680838_100211257。
③ 娄丹、陈泽威:《蓬江区开展中小学课程思政教研活动 课题引领构建"大思政"格局》,2020年9月23日,江门市人民政府网,http://www.jiangmen.gov.cn/home/zwyw/content/post_2147971.html。

《抗日战争时期的英雄儿女》、肖姣敏执教的语文课朱德的扁担、陈丽华执教的英语课 My Body 等不同科目的研讨课。老师们结合教材特点培养学生学科核心素养的同时,爱国心、强国志、报国情如春风化雨潜入学生心田。这些思政课有温度、有深度、有高度,是当前课程思政课堂教学的研讨范例,值得大家借鉴学习①。

二、组建学科课程思政资源库

1. 提炼课程思政资源

哈密市教育局运用课程思政新教育理念,提倡学校各类课程与思想政治理论课同向同行。通过组建学科课程思政资源库、推广优秀课程思政微课、开足开好地方思政课程,有效提高中小学生思想道德素养。

哈密市各区县、各级各类学校积极探索,将思政内容贯穿于各学科教学目标、授课计划、教案设计等各个方面,优化课程设置。组织中小学骨干教师重点从文化切入,以学科教材"单元""章"为开发单位,紧扣教材,联系生活实际,以落实情感态度价值观目标为切入点,对包含家国情怀、社会责任、法治意识、科学创新精神、先进传统文化、社会主义核心价值观等思政元素的课程内容进行挖掘、提炼与拓展,每"单元""章"梳理出 3～5 个思政元素,对应列举历史和现实中典型事例、格言等,形成学科课程思政资源库,供中小学学科教师共享,并不断修订补充,努力使课堂教学的过程成为引导学生学习知识、锤炼心志、涵养品行的过程②。

2. 课程思政资源本地化

哈密市为开足开好地方思政课程,深入贯彻新时代党的方略,引导各族学生正确认识新疆历史问题,增强学生对中华民族和中华文化的认同,铸牢中华民族共同体意识,按照自治区要求,哈密市各小学开设《可爱的中

---

① 娄丹、陈泽威:《蓬江区开展中小学课程思政教研活动 课题引领构建"大思政"格局》,2020 年 9 月 23 日,江门市人民政府网,http://www.jiangmen.gov.cn/home/zwyw/content/post_2147971.html。
② 哈密市教育局:《"课程思政"立德树人》,《哈密日报》,2020 年 8 月 27 日。

国》、中学开设《简明新疆地方史读本》、高校开设《简明新疆地方史教程》①。

新乡市以"爱家乡、爱祖国"为主题,把当地思政教育资源融入课程思政建设,以访谈互动、情景剧再现课堂、主旨演讲等形式,展现新乡市在中小学校课程思政建设工作上取得的成效②。

3. 建立本校资料和资源库

济南三中课程思政项目以党支部和教研组为两大实施主体,从课堂、课程、教师队伍、课程思政阵地建设4个方面全方位同步开展活动。在课程思政阵地建设方面,启动了"济南三中红色文化阵地建设系列"工程,录制了5期《红色故事》、1期《我来讲党课》、5期"思政云课堂"、4期《中学生讲思政》,并将录制的课程资源与"双报到"社区进行分享;深入挖掘校史馆教育价值,组织学生参观校史馆;利用学校自媒体、电子大屏、电子班牌、文化长廊等文化载体,开展"环境浸润思想""品格三中"主题宣传,实施"舆论引导力提升工程"③。

三、与大学合作实现理论提升

1. 高中成立"思政课程与课程思政研究中心"

江苏省如东高级中学联合南京航空航天大学、南京师范大学、苏州大学、扬州大学、南通大学等合作共建高校,聘请高校马克思主义学院指导专家,成立了思政课程与课程思政研究中心。推动思想政治理论课改革创新,不断加强课程思政育人功能,提高新时代高中生培养质量,构建全员、全程、全方位育人的大思政格局。

2. 与大学共建外语课程思政一体化研究与实践平台

天津市第四十二中学、天津小学共建外语课程思政一体化研究与实

---

① 哈密市教育局:《"课程思政"立德树人》,《哈密日报》,2020年8月27日。
② 《新乡市教育局组织召开第十四届校长论坛暨课程思政建设研讨会第一次筹备会》,2020年10月10日,https://www.sohu.com/a/423812424_100229379。
③ 冯子莹:《济南三中"一校一品"课程思政项目正式启动》,2020年6月4日,http://e.e23.cn/content/2020-06-04/2020060400008.html。

践平台,南开大学外语学院将在合作共同体共建过程中发挥学术优势、推进课程思政,请教授、博士生导师从专业课堂走出来,到共同体中引导各个阶段的学生实现人生价值;同时,也鼓励不同学历层次的外语学子走出象牙塔,走入中小学,以朋辈身份树立榜样、互相育人,把思政元素带到学弟学妹身边,借助思政让外语变得更加鲜亮①。

3. 邀请大学名师,创课程思政高地

合肥七中邀请合肥师范学院马克思主义学院教授带来精彩的学术报告——《思政课是落实立德树人根本任务的关键课程》,分别从关键课程、关键人物、改革创新同向同行、担好使命合力建设四个层面开讲课程思政。②

第三节 中小学课程思政建设存在的问题

就中小学的学校而言,大多数学校于2019年秋季开学都轰轰烈烈召开了动员大会,并组织教研组活动进行集体备课。但是,此行动仅限于学期初,多数学校并没有坚持定期组织课程思政教研活动,此后基本不了了之,即便个别学校开展,也多流于形式,导致个别积极性较高的教师只能单枪匹马探索学科课程思政,缺少团队的协作与指引③。

根据相关调查,通过分析中小学课程思政教学的现状,中小学课程思政存在以下问题。

一、中小学课程思政理念尚未深化

中小学部分管理者没有将课程思政理念置于育人价值的高度上,没

---

① 刘瑞毅:《外国语学院与天津市第42中学、天津小学共建外语课程思政一体化研究与实践平台》,2020年11月23日,https://news.nankai.edu.cn/zhxw/system/2020/11/23/030041898.shtml。
② 《合肥七中:开思政课程先河 创课程思政高地》,2020年12月21日,https://jyj.hefei.gov.cn/jydt/xxjx/17995053.html。
③ 武美香、田建荣:《中小学课程思政的实施现状及完善策略》,《教学与管理》,2021年第6期。

有将其定位在小学课程建设的引领地位上,而是将其视为短期的课程改革政策而非长期的立德树人战略,对于课程思政理念的宣传和教育没有从意识形态教育、思想价值引领的高度去进行,甚至不知课程思政建设该由谁领导、该如何领导。

大部分教师对课程思政的了解停留在较浅层次。90％的教师对课程思政的深层内涵及其与思政课程的区别认知匮乏。总体上,教师对课程思政认识还不到位[①]。

现阶段大部分教师无法实现课程思政的引入。目前很多学校基本没有给中学教师开设专题讲座或培训来引导他们对课程思政有充分认识。因此,大部分教师没有用心将专业知识与思政教育进行有机融合。在文化课中渗透课程思政理念,挖掘、丰富课程育人内涵的学校占比只有56％,仅有46.3％的学校偶尔开展课程思政培训,12％的学校几乎从未开展过,53.7％的学校没有设置有关课程思政的评价机制,由此显示中小学在课程思政建设中存在一定的薄弱性[②]。

大部分学生不太了解课程思政的含义,仅8.45％的学生听说过,而一半以上的学生从未听说过,说明当前对中小学生课程思政的宣传不够深入。另外,调查结果显示,72％以上的学生认识到道德养成和文化知识同等重要,二者缺一不可,说明大部分学生肯定了个人道德建设和文化课程学习间关系密切[③]。

二、课程思政功利化比较明显

1. 学校和教师的功利化

对课程思政重视程度不够,中学教育仍是以应试教育为主,学校和教师只关注学科知识的讲授。中小学应试化的教育使大部分学校过于注重成绩考核,最为看重的仍然是学生的成绩,习惯以学科知识的教学为主,

---

[①] 袁丽:《中小学"课程思政"的现状及实施原则探析》,《汉江师范学院学报》,2023年第4期。
[②] 同上。
[③] 同上。

忽略了中小学课程思政对学生个人成长方面的价值。

大部分学校坚持成绩考核，习惯以学科知识的教学为主，忽视了思想政治教育的作用，这是课程思政面临的理念性误区，所有的教育教学活动也都是围绕着考试这一中心。中小学应试化的教育让教师、学生一味追求分数，教师认为课程思政这些内容"用不到、考不到""教了不考""家长看重成绩""教学压力大"。所谓真正"有用"的是考试的过程中能够考到的内容。在中小学课程思政推行过程中，部分学校只重视思想政治理论课的作用，而对其他学科课程中融合思政元素的课程思政重视不够。当前中小学将成绩放在首位，把学科教师的教学业绩作为主要的评价标准，这直接导致教师也不会去考虑成绩以外的目标的实现，在一定程度上阻碍了学科教师对思政元素的挖掘。

小学科学课教师大多数认为课程思政建设加重了备课工作量，仅有15%的教师认为没有加重自己的工作量。因此，调查结果一定程度上反映出课程思政建设影响了小学科学课教师的教学安排，增加了教师的备课时间，反映出小学科学课教师目前课程思政能力有待提高，小学科学课程思政的教学体系尚未建构①。

中小学教师面对繁重的教学任务，不太愿意把精力投入课程思政的研究和建设。学校把学科教师的教学成果即成绩作为主要的评价标准，在一定程度上阻碍了学科教师对思政元素的挖掘，同样，教师为完成既定的教学目标和专注于提升学生的成绩，将更多的精力放在书本上②。部分教师认为只需要抓好课堂教学，教好自己所教的课程就行，不需要专门去钻研课程思政环节。

访谈结果显示，仅5%的受访者积极投身于课程思政的实践探索；95%的受访教师缺乏主动性，参与积极性不高，其中，85%的受访者明确表示平时不考虑思政，只有上级要求进行公开课时再考虑思政，10%的受访者认为平时教学工作中一直在渗透思政教育，不需要专门研究课程思

---

① 焦磊：《小学科学课"课程思政"建设研究》，山西财经大学硕士论文2023年。
② 李佳欣：《中小学课程思政的实然困境及纾困之策探析》，《齐鲁师范学院学报》，2022年第4期。

政,其余受访者则表明课程思政很有意义,但是公开课时才设计教学。由此可见,大多数教师参与课程思政或是为了迎合上级指示而例行公事,或是为了参加公开课等,而忽略了课程思政的育人初心,在课程思政实施过程中并没有充分发挥其主观能动性与积极性。

2. 家长和学生的功利化

另外,在家长和学生层面上,中学生面对沉重的升学压力,缺少提升自身德育修养的主观性和积极性,更多地关注自己能考多少分、能上什么样的高中、能上什么样的大学;家长缺少对课程思政协同育人重要性的认识,缺少对课程思政的理解与支持①。

三、课程思政形式化色彩浓厚

在课程思政实施过程中,对思想政治教育资源的生搬硬套、教条主义现象比较严重。教师只注重结果而忽视过程,为了思政而思政,片面地认为在学科教学基础上戴上"政治帽"或引入某句政治名言就是课程思政,更有甚者把学科课程思政仅仅当作政治任务去对待。"贴标签"现象屡见不鲜,例如,有教师在"田纳西河流域的治理与开发""环境保护"与"城市化问题"等的教学过程中采用同一模式,即先按传统教学方式开展教学活动,最后结尾时统一贴上"绿水青山就是金山银山"这一标签。整个教学过程中,除了最后的标签,没有感受到一丝丝的思政教育,该教学形式主义色彩十分浓重,不但不会发挥其思政育人功能,反而事倍功半。

教师对于教材中思政元素的挖掘不到位、缺少思政内容的渗透,自然导入思政内容对部分教师来说非常困难,往往导致课程思政被生硬地加入课堂中,与教材内容不匹配、缺少融合度。调查显示出63%的小学科学课教师表示在小学科学课中加入思政元素是困难的,只有15%的教师认

---

① 李永林:《中学数学课程思政中存在的问题及应对策略》,《现代教育》,2022年第7期。

为"轻松"①。于是就产生了标签式加入思政元素，在课程思政的教学中，具体表现为教师认为在教学过程中只要是加上了"思政元素"就是落实了课程思政的教学。教师在实施课程思政教学时，尝试从课程的导入、结尾等方面进行思政教育的落实，以期能够完成课程思政的任务。有的教师在教学目标中列举几条关于思政教育相关的话语，在课堂教学的过程中植入思想政治教育相关的元素。

有些中小学教师把思政任务看成形式上的演示，在教授课程过程中并未将思政元素融入学科课程，空谈思想政治教育，或者是在讲学科课程知识的时候突然切换到思想政治教育。诸如此类的做法，都是将课程思政理解为是课堂教学附加的表现，通过生硬拼凑、强行嵌入的方式，看似下了很大的工夫，但最终效果甚微。

有部分学科教师把思想政治教育理解为笼统式宣讲或单纯依靠思想政治理论课来对学生进行思想政治教育，以此完成教学任务。在推行中小学课程思政的过程中部分学科教师对从学科课程中挖掘育人理念等敷衍了事。

"牵强附会、生拉硬扯、勉强凑合"的教学过程，以简单地加入思政元素的方式落实课程思政，在课程思政教学过程中经常出现这种现象。即便教师对课程思政有正确理解，但由于个人思政教学水平有限，导致教学过程显得有些机械生硬②。

四、课堂思政化问题凸显

经调查发现，当前小学科学课教师对课程思政的认可仅停留于思想观念层面，在课堂中长期进行思想灌输和隐性引导的教师却不多。由于自身认识水平的不足，多数教师为了凸显思政，而将学科教学思政化。思政教育成为课堂教学的"主角"，在实际教学过程中，很多教师难以把握课

---

① 焦磊：《小学科学课"课程思政"建设研究》，山西财经大学硕士论文2023年。
② 张亚妮：《小学课程思政的定位与实施研究》，浙江师范大学硕士论文，2022年。

程思政的"度",造成教学比重的失衡,让思政教育占据多数的时间,甚至使得学科教学变成了思政课。比如,某教师在进行课程思政的教学活动过程中,会时不时地穿插类似"你能说出其中蕴含了什么政治思想吗"等问题。又如,一位语文教师通过案例分析,梳理出其中的思政元素,并将其扩大化,整堂课紧紧围绕"显性化"的思想政治教育资源展开,硬生生地将一堂语文课变成了一节政治课。还有个别教师天天上课让学生死记硬背社会主义核心价值观的内容,而没有将其融入教学中,使课堂完全思政化。

五、缺乏课程思政的支撑机制

1. 缺乏教师培育制度

调查分析显示,当前小学科学课教师进行课程思政专项学习的途径较为单一,主要途径仅有学习模范课程一项,教研交流、专家讲座、校外交流学习等方式开展较少。小学科学课教师没能依托于学校平台的优越性进行课程思政能力的提升。

2. 缺乏评价和考核体系

很多中小学没有针对课程思政的评价环节,没有对课程思政的建设进度、课程思政的育人实效、科学课教师的课程思政能力等方面进行评估和考核。在调查中,"经常"和"偶尔"对课程思政的实施现状进行评价的学校数量为0,"有过但很少"进行评价的仅占15%。40名小学科学课教师中85%的教师选择"从不"评价。由此可知,小学对课程思政的实施现状很少甚至不进行评价,对课程思政的重视程度低[1]。

3. 缺乏"课程思政"的研学平台

当前大多数小学未成立与课程思政相关的研学机构。在操作运行层面,小学科学课教师缺乏研究学习课程思政建设的平台,缺乏实践操作的经验。因此,小学科学课教师的课程思政能力不足,对于小学科学课的思

---

[1] 焦磊:《小学科学课"课程思政"建设研究》,山西财经大学硕士论文2023年。

政元素敏感度不足,难以挖掘课程内部的思政教育资源①。

第四节 中小学课程思政的完善策略

一、明确中小学课程思政的政策要求

中小学课程思政问题并没有像高校课程思政一样,有直接明确的文件部署和要求。一方面,对中小学课程思政并没有硬性要求。2020年5月,教育部发布了《高等学校课程思政建设指导纲要》,虽然全面推行课程思政的呼声不断,但是在中小学这个层面,对课程思政的理解和实施,是这个文件精神的延伸。另一方面,中小学课程思政是大中小一体化的要求。习近平指出:"在大中小学循序渐进、螺旋上升地开设思想政治理论课非常必要,是培养一代又一代社会主义建设者和接班人的重要保障。"强调要高度重视对青年一代的思想政治工作,完善思想政治工作体系,不断创新思想政治工作内容和形式;要把统筹推进大中小学思政课一体化建设作为一项重要工程。在两大文件精神的影响下,中小学开始部署课程思政教学,但是具体到课程思政如何开展,仍然需要尽快明确化。

二、中小学要做好方案和师资准备

中小学要加强校领导的统筹领导作用。课程思政建设离不开学校领导的监督、组织和管理,要充分发挥学校领导在课程思政建设中的日常指导作用,要善于结合本校的实际情况,出台课程思政开展的规划纲要。中小学要善用其他学校的现有资源,建设好、推行好课程思政体系绝不是依靠单打独斗就能完成的,小学要推进"校校合作",达成学校之间的互通互

---

① 焦磊:《小学科学课"课程思政"建设研究》,山西财经大学硕士论文2023年。

鉴的资源共享①。

应加大中小学教师课程思政培训的力度,在中小学课程思政实施之前,对课程思政实践者开展关于课程思政的背景、意义、内涵以及实施建议等方面的专业培训与科学指导,以提高中小学教师对课程思政的理解与认识水平。充分发挥教研组的团队力量,通过教研组的组建,充分调动每一位中小学教师课程思政的积极性,坚定开展中小学课程思政的理想信念,形成一个研究共同体,积极发扬教研组的团队合作精神②。

三、完善课程思政的组织管理

强化课程思政要坚持对学校教育事业的全面领导。中学管理层缺少与课程思政相适应的顶层设计、管理制度、考核制度和激励措施等,中小学全面深入推进课程思政建设工作,必须建立健全工作体系,必须全方位谋划,做好顶层设计。在具体实践中,一些学校顶层设计不到位,导致课程思政建设系统性不强,"零敲碎打"难以形成合力,难以保证成效。作为一项系统工程,中小学应该建立健全党委统一领导、党政齐抓共管的课程思政工作体系,制定完整的领导、践行和管理、评价体系。

健全科学评价体系和激励机制。对中小学课程思政的评价必须是长期的、动态的、系统的评价,才可能达到预期的评价效果,以真正促进中小学课程思政的顺利实施与健康发展。在中小学课程思政实施的不同阶段应采取不同的激励机制,初期动员阶段,从上至下都处于观望阶段,大多数教师都不愿意主动参与,该时期的激励机制应与教师切身利益直接相关,如与绩效考核、评优评先、评职称等直接挂钩,让每个成员都参与这项教学改革过程,通过参与激励教师参与的积极性③。

---

① 焦磊:《小学科学课"课程思政"建设研究》,山西财经大学硕士论文 2023 年。
② 武美香、田建荣:《中小学课程思政的实施现状及完善策略》,《教学与管理》,2021 年第 6 期。
③ 同上。

附录

附录一
关于进一步加强和改进学校德育工作的若干意见

(1994 年 8 月 31 日)

为适应当前深化改革,扩大开放和加快社会主义现代化建设步伐的新形势的要求,进一步加强和改进学校德育工作,提出以下意见。

(1) 以邓小平同志 1992 年年初重要谈话和党的第十四次代表大会为标志,我国改革开放和社会主义现代化建设事业进入了一个新的发展阶段。青少年是国家和民族的未来,教育和培养好他们,是社会主义建设事业的奠基工程,也是广大人民群众的期望与心愿。现在和今后一二十年学校培养出来的学生,他们的思想道德和科学文化素质如何,直接关系到 21 世纪中国的面貌,关系到我国社会主义现代化建设战略目标能否实现,关系到能否坚持党的基本路线一百年不动摇。必须站在历史的高度,以战略的眼光来认识新时期学校德育工作的重要性。

(2) 十一届三中全会以来的 15 年,随着改革开放事业的不断深化,国家政治稳定,经济发展,民族团结,社会进步,人民生活水平不断提高,一派生机勃勃。我国社会主义制度在世界风云变幻的严峻考验下,显示出强大的生命力。改革开放和现代化建设事业为广大青少年的成才和发展展现了广阔的舞台和美好的前景。近年来,在以江泽民同志为核心的党中央领导下,学校德育工作在总结经验的基础上不断探索前进,在全面贯彻教育方针,提高学生思想道德和科学文化素质,培养合格人才,促进学校改革、发展和维护学校、社会稳定方面发挥了积极作用,取得了显著成绩。广大青少年学生拥护党的路线、方针、政策,关注改革开放的进程,希望祖国早日强盛,愿意为社会主义现代化建设事业贡献力量。成才的愿望和学习的自觉性增强,努力适应建立社会主义市场经济体制对人才素质的新要求。这些都是我们因势利导,进一步做好学校德育工作的基础和有利条件。

(3) 新形势对学校德育工作提出了更高的要求:在经济体制发生重大变化,以公有制和按劳分配为主体,其他多种经济成分和分配方式并存的条件下,如何坚持社会主义意识形态的主导地位,用马克思列宁主义、毛泽东思想和邓小平同志建设有中国特色社会主义理论教育青少年;在进一步扩大对外开放,学习国外先进科学技术和管理经验的条件下,如何教育青少年正确认识我国国情,继承和发扬中华民族优秀文化传统和中国共产党领导下的革命斗争传统,树立民族自尊、自信、自强、自立的精神;在新旧体制转换过程中还存在各种矛盾,社会生活中还有需要克服的消极现象的情况下,如何引导学生逐步树立正确的世界观、人生观和价值观,培养良好的道德品质;在人民生活水平有了较大改善和提高的情况下,如何培养学生具有自力更生,艰苦奋斗的精神和坚强的意志品质;在科学技术迅速发展,社会主义市场经济体制逐步建立的情况下,如何指导学生在观念、知识、能力、心理素质方面尽快适应新的要求。这些都是学校德育工作需要研究和解决的新课题。加快改革开放和现代化建设步伐,以及教育改革和发展的新形势、新任务,迫切地要求德育工作更好地发挥对青少年学生健康成长和对学校工作的导向、动力、保证作用。

(4) 面对新的形势和要求,学校德育工作还很不适应。必须解放思想,实事求是,有紧迫感。要以邓小平同志建设有中国特色社会主义理论为指导,全面贯彻党的教育方针,坚持社会主义办学方向,落实《中国教育改革和发展纲要》,加大改进工作的力度,完善德育体系,积极推进教育教学改革,克服"一手硬、一手软"和忽视德育工作的倾向,努力培养有理想、有道德、有文化、有纪律的献身有中国特色社会主义事业的建设者和接班人。

（5）整体规划学校的德育体系要遵循青少年学生思想品德形成的规律和社会发展的要求，根据德育工作的总目标，科学地规划各教育阶段的具体内容、实施途径和方法。学生的"五爱"（爱祖国、爱人民、爱劳动、爱科学、爱社会主义）情感，文明的行为习惯，良好的道德品质和遵纪守法意识，科学的世界观、人生观、价值观，社会主义的理想信念，是一个通过教育逐步形成的过程。各种教育内容的深浅和侧重点，要针对不同年龄及学习阶段的理解和接受能力有所不同，逐步提高。各教育阶段的德育课程、教学大纲、教材、读物，教育和管理方法，学生思想品德表现的评定标准及方式等要据此加强整体衔接，防止简单重复或脱节。

（6）以邓小平同志建设有中国特色社会主义理论作为学校马克思主义理论教育的中心内容。这是新时期加强和改进学校德育工作的首要任务和根本措施。学术政治理论课和思想品德课是系统地对学生进行马克思主义理论教育和品德教育的主渠道和基本环节，要重点进行教学内容和方法的改革。要向青年学生简明扼要地讲授马克思列宁主义的基本观点，学习毛主席的重要哲学著作，特别是学习邓小平同志建设有中国特色社会主义理论；要从学生思想实际出发，紧密结合改革开放和社会主义现代化建设的丰富实践，回答学生普遍关心的问题；指导学生逐步学会运用辩证唯物主义和历史唯物主义的立场、观点、方法，分析现实社会生活中的政治、经济、文化、道德现象，评价各种社会思潮，确立为建设有中国特色社会主义而奋斗的政治方向。根据当代中国社会政治经济的基本特点和发展变化以及学生的特点，不断改进和完善教学内容体系，编写出相对稳定、具有规范性的教材。要改进考试方法，注重考察学生对所学内容的理解程度和实际接受情况。

（7）深入持久地进行爱国主义、集体主义和社会主义思想教育。爱国主义教育要以中国近、现代史和国情教育为依托，形成贯穿小、中、大学各教育阶段，由浅入深的稳定的教育序列。高等学校和高中阶段要开设时事政策课或讲座，以国内外及党和国家重大方针政策为主要内容，对学生进行生动、现实的国情教育。中小学都要有自己特色的进行爱家乡、爱祖国教育的基地和乡土教材。要建立和健全升降国旗、重要集会唱国歌等制度,积极组织缅怀英烈、学习杰出历史人物、参观文化古迹、革命遗址、祖国山川以及新中国建设成就等爱国主义教育活动。要充分运用各种大众传播媒介,形成爱国主义教育的整体气氛。要把增强民族团结,维护祖国统一,列为学校爱国主义教育的重要内容。

要对学生进行以集体主义为核心的价值观教育。要教育学生明确,建立社会主义市场经济体制,仍需要倡导集体主义,正确处理个人、集体、国家之间的利益关系,发扬对国家和人民的奉献精神。要帮助学生正确认识社会上存在的各种消极现象,培养辨别是非善恶的能力。反对拜金主义、享乐主义、极端个人主义。要引导他们接触人民群众,学习人民群众,组织他们参与校内外精神文明建设活动。要对学生进行坚持党的领导和社会主义道路的教育。青少年成长发展与国家的前途命运息息相关,因而,什么是社会主义,为什么要坚持社会主义,如何建设社会主义,始终是他们关心和思考的深层次问题。要有针对性地对学生深入进行坚持有中国特色社会主义道路和党的基本路线的教育。逐步确立坚定正确的政治方向,自觉维护学校和社会的稳定。

(8) 开展中华民族优良道德传统的教育。要认真研究和继承那些在我国历史发展中长期形成的优良道德思想和行为准则,赋予新的时代内容,并编撰成系统的丛书。要把中华民族的优良道德传统和在人民革命及在社会主义建设实践中形成的新道德典范结合起来,并吸收世界上其他国家的先进文明成果,提出有中华民族特色、体现时代精神的价值标准和道德规范,编写适合不同年龄层次学生的教材、读物,拍制影视片,广泛宣传,反复教育,长期熏陶。

(9) 增强适应时代发展、社会进步,以及建立社会主义市场经济体制的新要求和迫切需要的素质教育。要重视培养学生开拓进取、自强自立、艰苦创业的精神;大力加强法制教育特别是宪法的教育;要有计划地进行社会公德和职业道德教育;要在九年义务教育阶段中进一步落实音、体、美课程,并积极在普通高校和高中阶段开设艺术选修课,陶冶情操,提高学生的艺术修养和欣赏水平;要积极开展青春期卫生教育,通过多种方式对不同年龄层次的学生进行心理健康教育和指导,帮助学生提高心理素质、健全人格，增强承受挫折、适应环境的能力。

（10）德育工作要与关心指导学生的学习、生活相结合，与加强管理相结合。德育工作者要深入到学生中去，通过谈心、咨询等活动，指导他们处理好在学习、成才、择业、交友、健康、生活等方面遇到的矛盾和问题。要加强管理，认真贯彻实施《小学生日常行为规范》《中学生日常行为规范》和《高等学校学生行为准则》，严格校规校纪，加强良好校风、学风建设。培养学生自我教育、自我管理、自我服务、自我约束的能力。

（11）进一步发挥全体教职工的育人作用。教师最关键，要认真履行《教师法》规定的教书育人任务，言传身教，为人师表，引导学生德智体全面发展。教育行政部门和学校要加强教师思想政治工作，制定和完善有关制度、政策，采取切实措施调动全体教师的积极性与责任感，鼓励教师担任班主任，落实教书育人工作。学校各项管理工作、服务工作也要明确育人职责，管理育人，服务育人。

（12）按照不同学科特点，促进各类学科与课程同德育的有机结合。借鉴国外包括发达国家在这方面的经验和做法，在教育改革中积极探索，总结经验，并及时加以规范，形成稳定的机制。高校应积极开设人文、社会科学类选修课程，与马克思主义理论课和思想品德课统筹规划，分工合作。各门课程的建设应体现社会主义办学方向和全面发展的办学指导思想，教学大纲和教学评估标准要有正确的思想导向。教学主管部门和教研人员要深入教学领域与学生实际，有针对性地发挥教学、科研的德育功能。

（13）重视校园文化建设。要大力开展学生喜闻乐见的丰富多彩、积极向上的学术、科技、体育、艺术和娱乐活动，建设以社会主义文化和优秀的民族文化为主体、健康生动的校园文化。要努力净化校园环境，抵制消极、腐朽思想的渗透和影响，抑制低俗文化趣味和非理性文化倾向，引导校园文化气氛向健康高雅方向发展。在整个社会精神文明建设中，学校应成为最好的小环境之一，并对大环境的优化作出积极贡献。

（14）加强实践环节。教育与生产劳动相结合，是坚持社会主义教育方向的一项基本措施。各级各类学校都要把组织学生适当参加一定的物质生产劳动作为一门必修课,列入教学计划,统筹安排,各级教育行政部门要进行具体督促检查。实验、实习课程也要进一步加强,在时间、内容、组织、条件上予以落实和保证。九年义务教育阶段的思想品德课、劳动课要有公益劳动、远足锻炼以及参加社会生活等方面的内容。高中和高等学校要把社会实践纳入教学、教育计划,组织学生参加社会调查、生产劳动、科技文化服务、军政训练、勤工俭学等活动。要加强对社会实践活动的管理和指导,明确教育目的,提高教育实效。对不利于学生身心健康、妨碍学习和校园生活秩序的活动要予以劝阻并制止。

(15) 学校教育、家庭教育、社会教育紧密配合。学校要主动同家长及社会各方面密切合作,使三方面的教育互为补充、形成合力。要通过家长委员会、家长学校、家长接待日等形式同学生家长建立经常联系,大力普及家庭教育知识,吸收家长参加德育过程。建立校外教育网点,使学校德育向校外延伸。要依靠关心下一代协会、社区教育委员会、校外德育辅导员等各种社会性的青少年教育组织和其他社会团体,动员、组织、协调社会各方面力量支持学校做好德育工作。

(16) 完善德育工作管理体制。各级各类学校党组织都要加强对学校思想政治教育工作的领导。不管学校实行何种领导体制,校长都要对学生的德智体全面发展负责;在党委(总支、支部)的统一部署下,学校都要建立和完善校长及行政系统为主实施的德育管理体制。要把德育贯穿在教育的全过程,落实在教学、管理、后勤服务的各个环节上。学校和教育行政部门的机构改革,应注意对德育机构作出合理安排,有所加强。要建立德育工作的评估制度,并把德育工作作为评价一个地区、一所学校教育教学工作的重要内容。高等学校德育工作应列入"211工程"评估标准。

(17) 推动思想政治教育的科研和学科建设。思想政治教育是一门科学,有其自身的规律。要把思想政治教育作为人文社会科学的重点学科加强建设,把德育重大问题研究项目列入国家教育科学研究规划和国家哲学社会科学研究规划。要培养和造就一批德育专家、教授、特级教师和理论家。

(18) 加强德育队伍建设。要优化队伍结构,建设一支专兼结合、功能互补、信念坚定、业务精湛的德育队伍。各级党委以及教育行政部门和学校都要采取措施，稳定德育骨干队伍，不断补充新生力量。要积极开展各种培训工作，提高队伍素质。要创造条件组织政治理论课教员和德育工作者参加社会实践，接触实际，了解国情，研究改革开放前沿的新情况、新问题。要建立表彰制度，增强德育队伍的事业心和使命感，并使他们的工作得到社会的高度尊重。要完善德育队伍的职务系列，为他们解决好专业职务、待遇等方面的问题。要制定政策，保证德育工作骨干能够不断地得到进修提高。积极支持和发展"双肩挑"的制度。

（19）保证经费投入，改善物质条件。德育是教育事业的重要组成部分，教育行政部门和学校要合理确定德育方面的经费投入科目，列入预算，切实保证。学校要为德育工作提供必要的场所与设备，不断改善条件，优化手段。

（20）充分发挥学校党组织和工会、共青团、少先队、学生会等组织的作用。党组织应加强自身的组织建设、思想建设以及对德育工作的领导，要求党员教师在教书育人中起模范作用。通过基层党组织以及工会、共青团组织，发动广大教职工做好学校德育工作，特别是教师要发挥以身作则、为人师表的作用。共青团、少先队、学生会应根据各自的特点和任务，开展健康有益的教育活动。把广大学生吸引到自己周围，成为党联系、团结、教育青少年一代的重要纽带。党、团组织应根据青年学生的思想特点和要求，举办业余党校、团校，推动学生的马列主义学习小组的活动，积极发展符合条件的优秀学生骨干入党、入团。

（21）德育工作是一项社会性的系统工程。宣传、理论、文艺、影视广播、出版、新闻界必须以爱国主义、集体主义和社会主义为主旋律，以科学的理论武装人，以正确的舆论引导人，以高尚的情操塑造人，以优秀的作品鼓舞人。引导青少年追求高尚的道德情操、健康的审美情趣，倡导正确的消费方式和生活方式。一切从事精神产品生产的部门和作家、艺术家，都要满腔热情地为青少年提供有益的精神食粮。政府有关部门要制定必要的政策措施，对非营利性的高雅的严肃的文艺事业予以重点扶植。中宣部、国家教委、文化部、广播电影电视部要定期奖励优秀的青少年教育影视片、读物和歌曲，表彰从事青少年艺术教育作出重要贡献的艺术家。要运用行政的、法律的、经济的以及群众监督等手段加强对文化市场和娱乐场所的管理，制止只顾谋利、无视社会效益的行为。要制定法规，地方的公安、工商和文化管理等部门要依法对学校周边的文化、娱乐、商业经营活动进行监督、严格管理。

（22）运用法律武器保护青少年健康成长。各级政府要广泛宣传，认真贯彻《未成年人保护法》。公安、司法、检察、工商管理、海关、邮政等有关部门要采取严厉措施，查禁淫秽书刊、音像制品，打击教唆青少年犯罪的活动。教育部门要协助政府做好未成年人保护和防治青少年犯罪的综合治理的协调工作。贯彻执行《未成年人保护法》的情况应作为考评各地政府工作政绩的一项重要内容。

（23）地方各级政府要把优化社区育人环境列入社会主义精神文明建设的计划。每年要为青少年教育办几件实事。在城镇建设中，要注意兴建科学馆、艺术馆、博物馆、图书馆、体育馆和青少年之家等设施，对已有而被挤占的设施，要做清理。农村要结合当地的精神文明建设，对中小学生进行移风易俗，反对封建迷信的教育。历史、文化、革命传统、爱国主义教育方面的场馆、景点，是对青少年进行德育的重要课堂。各省、自治区、直辖市都要因地制宜确定并重点建设一批德育基地，对学校有组织的参观教育活动免予收费。各级党委和政府要加强领导，把学生参加生产劳动、社会实践纳入社会主义精神文明建设整体工程中加以实施。

（24）学校德育工作要有法制保障。学校德育的地位、任务和主要方针、原则要有权威性和稳定性，必须制定相应的法律法规，以保证教育者、受教育者及社会有关方面共同遵循。社会主义市场经济体制的逐步建立和教育的改革、发展使这种法制建设更为必要和迫切，要把这个问题进一步纳入到整个法制建设中加以解决。

（25）加强各地党委、政府对学校德育工作的领导。地方各级党委和政府的主要领导要抓德育，要定期研究并检查学校德育工作。要进一步发挥地方党委、教育工作部门的作用。各级政府要为学校德育工作在人、财、物等方面创造必要的条件，切实解决学校德育工作中存在的实际困难和问题。教育行政部门要把学校德育工作作为主要业务之一。要完善地方党委、政府和中央国家机关有关部委的领导同志联系学校的制度,定期到学校做形势报告、讲学、与师生座谈、交朋友。各级党委、政府要正确认识和处理好改革、发展和稳定的关系,把维护学校稳定,作为一项长期的重要任务来抓。

党的十一届三中全会以来,中央关于加强和改进学校德育工作陆续下发了《中共中央关于改革学校思想品德和政治理论课教学的通知》《中共中央关于改进和加强高等学校思想政治工作的决定》《中共中央关于改革和加强中小学德育工作的通知》,这些文件的基本精神仍要继续认真贯彻执行,情况变化了的,以本文件为准。各级党委、政府和教育部门要检查、总结贯彻落实情况,研究存在的问题,结合本地区、本部门的实际,提出贯彻落实本文件的具体实施办法。

附录二
关于加强和改进新形势下高校思想政治工作的意见

(2016年12月4日)

为深入贯彻党的十八大以来党中央关于高校工作的决定部署,牢牢把握高校发展正确方向,扎实办好中国特色社会主义大学,现就加强和改进新形势下高校思想政治工作提出如下意见。

一、重要意义和总体要求

1. 加强和改进高校思想政治工作的特殊重要性。高校肩负着人才培养、科学研究、社会服务、文化传承创新、国际交流合作的重要使命,是巩固马克思主义指导地位、发展社会主义意识形态的重要阵地。加强和改进高校思想政治工作,事关办什么样的大学、怎样办大学的根本问题,事关党对高校的领导,事关中国特色社会主义事业后继有人,是一项重大的政治任务和战略工程。我们党历来高度重视高校思想政治工作,探索形成了一系列基本方针原则和工作遵循。党的十八大以来,以习近平同志为核心的党中央把高校思想政治工作摆在突出位置,作出一系列重大决策部署,各地区各有关部门各高校采取有力有效措施,积极主动开展工作,创造了许多成功做法,积累了许多宝贵经验。大学生思想政治教育成效显著,教师思想政治素质明显提高,各类思想文化阵地建设和管理不断加强,中国特色社会主义理论体系进教材、进课堂、进头脑工作扎实有效,社会主义核心价值观建设持续推进,高校意识形态领域主流积极健康向上。广大师生对以习近平同志为核心的党中央拥护信任，对党中央治国理政新理念新思想新战略高度认同，对中国特色社会主义和中华民族伟大复兴中国梦充满信心。总体上看，高校思想政治工作持续加强和改进，呈现出良好态势，为保证高等教育改革发展、服务党和国家工作大局作出了重要贡献。

2. 加强和改进高校思想政治工作的现实紧迫性。当前国际国内形势深刻变化，不同思想文化交流交融交锋，社会思潮多元多样多变。改革开放和社会主义市场经济的深入推进，互联网等新的传播渠道的迅速发展，在有力促进社会发展进步的同时，也给社会思想文化领域带来复杂影响，高校思想政治工作面临许多新情况新任务新课题。面对新形势新挑战，有的地方和高校对思想政治工作重视不够，存在重智育轻德育、重学术轻思想政治工作、重科研轻课堂教学等现象，领导体制和工作机制有待完善；对高校思想政治工作规律的认识和把握不够，针对性、实效性需要进一步增强；哲学社会科学育人功能有待提升，学术评价导向存在一定偏差；个别教师不能很好做到教书育人、为人师表，师德师风建设和思想政治工作队伍建设亟待加强；有的高校阵地建设管理不到位，错误思想观点仍有传播空间；有的高校基层党组织软弱涣散，存在工作弱化、效应递减现象；等等。这些情况表明，加强和改进高校思想政治工作任务十分紧迫，思想政治工作只能加强不能削弱，只能前进不能停滞，只能积极作为不能被动应对。要从更好进行具有许多新的历史特点的伟大斗争、推进党的建设新的伟大工程、推进中国特色社会主义伟大事业的战略高度，进一步增强做好高校思想政治工作的责任感和使命感。

3. 加强和改进高校思想政治工作的指导思想。高举中国特色社会主义伟大旗帜，全面贯彻党的十八大和十八届三中、四中、五中、六中全会精神，以马克思列宁主义、毛泽东思想、邓小平理论、"三个代表"重要思想、科学发展观为指导，深入学习贯彻习近平总书记系列重要讲话精神和治国理政新理念新思想新战略，全面贯彻党的教育方针，坚持社会主义办学方向，扎根中国大地办大学，以立德树人为根本，以理想信念教育为核心，以社会主义核心价值观为引领，切实抓好各方面基础性建设和基础性工作,切实加强和改善党的领导,全面提升思想政治工作水平,紧密团结在以习近平同志为核心的党中央周围,牢固树立政治意识、大局意识、核心意识、看齐意识,坚定不移维护党中央权威和党中央集中统一领导,为实现"两个一百年"奋斗目标、实现中华民族伟大复兴的中国梦,培养又红又专、德才兼备、全面发展的中国特色社会主义合格建设者和可靠接班人。

4. 加强和改进高校思想政治工作的基本原则。(1)坚持党对高校的领导。坚持党的政治路线、思想路线、组织路线、群众路线,落实全面从严治党要求,把党的建设贯穿始终,着力解决突出问题,把加强和规范党内政治生活、加强党内监督各项任务落到实处,维护党中央权威、保证党的团结统一,牢牢掌握党对高校的领导权。(2)坚持社会主义办学方向。坚持马克思主义指导地位,坚持以人民为中心的发展思想,更好为改革开放和社会主义现代化建设服务、为人民服务。(3)坚持全员全过程全方位育人。把思想价值引领贯穿教育教学全过程和各环节,形成教书育人、科研育人、实践育人、管理育人、服务育人、文化育人、组织育人长效机制。(4)坚持遵循教育规律、思想政治工作规律、学生成长规律。把握师生思想特点和发展需求,注重理论教育和实践活动相结合、普遍要求和分类指导相结合,提高工作科学化精细化水平。(5)坚持改革创新。继承和发扬传统工作优势,适应时代和实践发展新变化,推进理念思路、内容形式、方法手段创新,增强工作时代感和实效性。

二、强化思想理论教育和价值引领

5. 加强理想信念教育。着眼于提升师生思想政治素质,把理想信念教育放在首位,切实抓好马克思列宁主义、毛泽东思想学习教育,广泛开展中国特色社会主义理论体系学习教育,深入学习习近平总书记系列重要讲话精神,引导师生深刻领会党中央治国理政新理念新思想新战略,坚定中国特色社会主义道路自信、理论自信、制度自信、文化自信,树立中国特色社会主义共同理想,同时使他们中的先进分子树立共产主义远大理想。有计划、分层次举办学习习近平总书记系列重要讲话精神研讨班,对高校领导班子和院(系)负责同志进行全面培训。实施大学生马克思主义自主学习行动计划,更好发挥理论学习骨干的引领作用和学生理论社团的带动作用,加强青年马克思主义者培养。深入开展"我的中国梦"等主题教育,引导大学生以实际行动实现人生理想。有针对性做好深层次思想理论问题分析引导,旗帜鲜明批判错误观点和思潮。

6. 培育和践行社会主义核心价值观。坚持贯穿结合融入、落细落小落实,把社会主义核心价值观体现到教书育人全过程,引导师生准确理解和把握社会主义核心价值观的深刻内涵和实践要求,树立正确的世界观、人生观、价值观。加强国家意识、法治意识、社会责任意识教育,加强民族团结进步教育、国家安全教育、科学精神教育,纳入日常课程体系。以诚信建设为重点,加强社会公德、职业道德、家庭美德、个人品德教育,提升师生道德素养。组织先进模范校园巡讲,开展教书育人楷模、教师和大学生年度人物等评选表彰,发挥榜样群体的示范引领作用。广泛开展文明校园创建,强化校训校歌校史育人功能,组织开展丰富多彩、积极向上的校园文化活动,提升校园文明程度,引导大学生勤学、修德、明辨、笃实。

7. 弘扬中华优秀传统文化和革命文化、社会主义先进文化。实施中华文化传承工程,推动中华优秀传统文化融入教育教学,组织大学生学习中华文化重要典籍,有条件的高校开设中华优秀传统文化必修课。在政治学、社会学、法学、历史学、新闻学、文学等专业和课程中,增加中华优秀传统文化内容。组织开展礼敬中华优秀传统文化、戏曲进校园等活动,邀请传统文化名家、非物质文化遗产传承人等进校园进课堂,推出一批中华优秀传统文化在线开放课程。加强革命文化和社会主义先进文化教育,深化中国共产党史、中华人民共和国史、改革开放史和社会主义发展史学习教育,继承革命传统,传承红色基因。充分利用我国改革发展的伟大成就、重大历史事件纪念活动、爱国主义教育基地、国家公祭仪式等组织开展主题教育,弘扬以爱国主义为核心的民族精神和以改革创新为核心的时代精神,引导广大师生深刻认识到,爱国主义是具体的、现实的,中国共产党领导和中国社会主义制度必须长期坚持,不可动摇;中国共产党领导中国人民开辟的中国特色社会主义必须长期坚持,不可动摇;中国共产党和中国人民扎根中国大地、借鉴人类文明优秀成果、独立自主实现国家发展的大政方针必须长期坚持，不可动摇。

8. 进一步办好高校思想政治理论课。充分发挥思想政治理论课的主渠道作用，深入实施高校思想政治理论课建设体系创新计划，完善教材体系，提高教师素质，创新教学方法，增强教学的吸引力、说服力、感染力。注重以问题为导向开展专题式教学，倡导集体备课和名师引领，实施教学攻关行动，组织评选优秀教案，开展公开课观摩。合理设置教学规模，严格落实课时规定。进一步规范实践教学，建立一批相对稳定的教学基地。制定思想政治理论课教师培养培训规划，定期举办骨干教师、新进教师等示范培训。建立思想政治理论课专职教师任职资格制度。推行思想政治理论课特聘教授制度，建立特聘教授资源库，鼓励有较高理论素养和丰富实践经验的党政干部、社科理论界研究人员等参与思想政治理论课教学。高校党委书记、校长和院（系）党组织书记、院长（系主任）每学期至少为学生讲一次思想政治理论课。开展心理健康教育，提升学生心理健康素质。

9. 加强高校马克思主义学院建设。以思想政治理论课教学研究机构为基础，以深化马克思主义特别是当代中国马克思主义教育教学和研究宣传为根本任务，大力加强高校马克思主义学院建设，打造马克思主义理论教学、研究、宣传和人才培养的坚强阵地。科学制定标准，遴选一批学科专业全、队伍素质优、教学科研基础好的马克思主义学院进行重点建设，发挥对思想政治理论课教学研究的引领带动作用。支持有条件的高校设置马克思主义理论专业，提升马克思主义理论学科研究生培养质量。鼓励通过辅修、双学位等多种模式，培养马克思主义复合型人才。推动部校共建马克思主义学院，加强教学科研交流，切实提高马克思主义学院建设水平。积极组织高校哲学社会科学专家队伍，深入实施马克思主义理论研究和建设工程。

三、发挥哲学社会科学育人功能

10. 加强哲学社会科学学科体系建设。坚持以马克思主义为指导，贯穿马克思主义立场观点方法，按照突出优势、拓展领域、补齐短板、完善体系的要求，积极构建中国特色、中国风格、中国气派的哲学社会科学学科体系。强化马克思主义理论学科的引领作用，优化学科布局，以马克思主义哲学、政治经济学、科学社会主义等相关学科为支撑，不断完善马克思主义学科体系。支持有条件的高校在马克思主义理论一级学科下设置党的建设二级学科。实施高校马克思主义理论人才支持培养计划，加大各学科专业中马克思主义理论类课程建设和教育教学力度。紧密结合中国特色社会主义成功实践，积极推进学术话语体系创新，加快完善具有中国特色和国际视野的哲学、历史学、经济学、政治学、法学、社会学、民族学、新闻学、人口学、宗教学、心理学等学科。在统筹推进一流大学和一流学科建设中，努力建设一批中国特色、世界一流的哲学社会科学学科。实施部校共建新闻学院、法学院计划。加强高校中国特色社会主义研究中心建设，实施中国特色新型高校智库建设推进计划，发挥社会科学基金等的重要作用，建设一批协同创新中心和重点研究基地。

11. 加强哲学社会科学教材编审工作。以提升教材思想性、科学性、民族性、时代性、系统性为重点，按照统筹为主、统分结合、分类指导的原则，建立健全高校哲学社会科学教材编审机制，加快建设一批哲学社会科学专业核心课程教材，基本覆盖哲学社会科学主要学科专业领域，为高校思想政治工作提供重要载体。设立国家教材委员会，统筹全国教材建设工作，加强高校哲学社会科学教材建设规划，研究制定哲学社会科学学科专业核心课程教学基本要求，统一编写、修订马克思主义理论研究和建设工程重点教材。实行主编负责制，按照政治立场坚定、专业造诣深厚、教学经验丰富、熟悉教材建设规律的要求，组建教材编审队伍，参加教材编审人员要经所在单位党组织审核同意。加强教材建设工作研究，不断提升教材质量。

12. 规范哲学社会科学教材选用。建立高校哲学社会科学学科专业核心课程教材目录制度，统一使用马克思主义理论研究和建设工程重点教材，其他课程教材优先在国家公布的目录中选用。建立国家优秀教材评选奖励制度，加大推广使用和表彰奖励力度。制定引进教材选用管理办法,健全选用标准和选用程序,完善引进教材选用备案制度和审读制度,加强教材进口管理。高校党委对哲学社会科学教材进行导向和质量把关,规范教材选用,加强对教材选用工作的监督检查和违规处理。

13. 完善学术评价体系和评价标准。坚持政治标准和学术标准相统一,建立科学权威、公开透明的哲学社会科学成果评价体系。加快建立健全具有中国特色的哲学社会科学各学科学术评价标准,确保正确的政治方向、价值取向、学术导向。健全科研成果评价办法,规范学术评价方法,切实解决有的学术评价中模糊正确价值取向、淡化社会主义意识形态的倾向。健全优秀成果评选推广机制,加大优秀成果推介力度。提高高校学术委员会建设水平,把政治立场和思想政治表现作为遴选成员的底线要求,在校党委领导下发挥好学术委员会的作用。

四、加强对课堂教学和各类思想文化阵地的建设管理

14. 加强对课堂教学的建设管理。实施高校课程体系和教育教学创新计划,面向全体学生开设提高思想品德、人文素养、认知能力的哲学社会科学课程,充分挖掘和运用各学科蕴含的思想政治教育资源。健全高校课堂教学管理办法,完善课程设置管理制度,建立课程标准审核和教案评价制度,落实校领导和教学督导听课制度。强化教学纪律约束机制,坚持课堂讲授守纪律、公开言论守规矩,所有教育教学活动都不得出现违背党和国家大政方针、违背宪法法律、危害国家安全、破坏民族团结等言行。

15. 加强对校园各类思想文化阵地的规范管理。按照属地管理和谁主管谁负责的原则,加强对高校哲学社会科学报告会、研讨会、讲座、论坛和读书会、学术沙龙等的引导和管理,落实"一会一报""一事一报"制度。依法管理境外非政府组织在高校的活动,防范和抵御意识形态渗透。坚持教育与宗教相分离原则,严禁在高校传播宗教、发展教徒和组织宗教活动。加强对校报、校刊、校内广播电视和学校出版社的规范管理。加强校园网络安全管理,落实校园网络使用实名登记制度和用网责任制度,加强网络舆情搜集研判,规范师生自媒体管理,做好重大活动和热点问题、突

发事件的网上舆论引导，营造风清气正的网络环境。

五、加强教师队伍和专门力量建设

16. 提升教师思想政治素质。加强教师思想政治工作，努力培养造就有理想信念、有道德情操、有扎实学识、有仁爱之心的好老师。健全教师政治理论学习制度，建立中青年教师社会实践和校外挂职制度，引导教师增强对中国特色社会主义的思想认同、理论认同、情感认同。加强师德师风建设，组织开展宣传师德典型、深化学术诚信教育等活动，引导教师成为学高为师、身正为范践行者，推动形成崇尚精品、严谨治学、注重诚信、讲求责任的学术品格和优良学风。强化青年教师理想信念教育，加强岗前培训和在职培训，注重老教师的传帮带，增强青年教师教书育人的责任担当。加强教师教育管理和纪律约束，对违反法律法规、校规校纪的，要依法依规及时处理。

17. 完善教师评聘和考核机制。把政治标准放在首位，严格教师资格和准入制度，探索教师定期注册制度。完善外籍教师和海外人才引进使用管理办法。高校党委负责对新入职教师的思想政治、品德学风进行综合考察和把关。完善教师评聘考核体系，在教师年度考核、职务（职称）评聘、评优奖励中，把思想政治表现和课堂教学质量作为首要标准。增加课堂教学权重，引导教师将更多精力投入到课堂教学上。完善教师职业道德规范，把师德规范要求融入人才引进、课题申报、职称评审、导师遴选等评聘和考核各环节，实施师德"一票否决"。

18. 配齐建强思想政治工作队伍和党务工作队伍。高校思想政治工作队伍和党务工作队伍具有教师和管理人员双重身份，要纳入高校人才队伍建设总体规划，完善选拔、培养、激励机制，形成一支专职为主、专兼结合、数量充足、素质优良的工作力量。专职思想政治工作人员和党务工作人员不低于全校师生人数的百分之一，每个院（系）至少配备一至二名专职组织员。按师生比不低于一比二百的比例设置专职辅导员岗位，师生比不低于一比三百五十的比例设置专职思想政治理论课教师岗位。青年教师晋升高一级专业技术职务（职称），须有至少一年担任辅导员或班主任工作经历并考核合格。选聘校内名师兼职担任辅导员或班主任。推动高校思想政治工作队伍和党务工作队伍专业化职业化建设，探索职务职级"双线"晋升办法和保障激励机制，实行职务（职称）评审单列计划、单设标准、单独评审。制定落实高校思想政治工作队伍和党务工作队伍培训计划。选聘党政机关和企事业单位党员领导干部、专家学者以及老干部、老战士、老专家、老教师、老模范，从事高校思想政治工作或党务工作。

六、推进高校思想政治工作改革创新

19. 注重贴近师生思想实际开展工作。围绕师生、关心师生，紧紧依靠广大师生，以改革创新精神做好高校思想政治工作，建立健全校领导、院（系）领导联系师生、谈心谈话制度，及时了解师生思想状况和具体诉求，使思想政治工作接地气、入人心。发挥学生的主体作用，多采用启发式、体验式、互动式的方法，在平等沟通、民主讨论、互动交流中进行思想引导。根据学生的不同特点，有的放矢、生动活泼地开展工作。发挥师德楷模、名师大家、学术带头人等的示范引领作用，用他们的人格修为、学养学识影响带动学生。切实尊重知识、尊重人才，加强知识分子特别是青年教师工作，注重以理服人、以情动人，多做沟通、协商、谈心的工作，多同各类代表性人物交朋友，充分信任知识分子，放手让他们把才华和能量充分释放出来。做好高校党外人士工作，加强思想引导和团结教育，促进他们对党的理论和路线方针政策的内心认同。重视做好在内地高校工作学习的港澳台侨教师和学生工作，引导他们增进国家认同和中华民族意识。

20. 加强互联网思想政治工作载体建设。树立互联网思维，推动思想政治工作传统优势与信息技术高度融合，使互联网成为开展思想政治教育的新平台。发挥全国高校校园网站联盟作用，深入实施"易班"等新应用推广行动计划和中国大学生在线引领工程。整合网上教育教学资源，加强学生互动社区、主题教育网站、专业学术网站和"两微一端"建设，创建网上党建园地、网上党校、网上论坛等思想政治工作平台，制作传播贴近大学生特点的新媒体内容产品,运用大学生喜欢的表达方式开展思想政治教育。将优秀网络文化成果纳入高校科研成果统计、职务(职称)评聘和评奖评优范围。以青年教师和学生骨干为主体,壮大网络舆论引导力量,唱响网上主旋律。

21. 强化社会实践育人。系统设计实践育人教育教学体系,分类制定实践教学标准,提高实践教学比重,组织师生参加社会实践活动,了解体验国情民情。组织学生参与科研活动中的社会调研,参与产业化科研项目,完善科教融合、校企联合等协同育人模式。加强实践教学基地建设,促进教学和科研紧密结合、学校和社会密切合作。建立健全国家机关、企事业单位、社会团体接收大学生实习实训制度。开设创新创业教育专门课程,组织创新创业实践活动,推进高校实践育人创新创业基地、实习实践基地建设,落实大学生创业优惠政策。增强军事训练实效,强化学生国防意识。建立健全学雷锋志愿服务制度,广泛开展社会公益活动,把志愿服务纳入学分。

22. 在服务引导中加强思想教育。把解决思想问题与解决实际问题结合起来,做到既讲道理又办实事。加强学业就业指导,帮助大学生顺利完成学业,引导他们自觉把国家的前途命运同解决学习成长中的困惑和问题结合起来,到国家最需要的地方建功立业。加强人文关怀和心理疏导,促进大学生身心和人格健康发展。加强对家庭经济困难学生的资助工作,进一步完善国家奖助学金、国家助学贷款、勤工助学、学费减免等多种方式的资助体系。积极帮助解决教师在户籍、住房、社会保障、子女教育等方面的合理诉求,让他们共享改革发展成果,使他们有更多获得感。有条件的高校成立党委教师工作部,统筹做好教师思想教育和管理服务工作。

23. 积极发挥共青团、学生会组织和学生社团作用。切实加强高校共青团组织建设,将思想政治引领贯穿共青团各项工作和活动,创新组织动员团员青年的载体和方式,推进服务型高校团组织建设。加强高校学生会、研究生会自身建设,增强工作活力、促进工作创新,充分发挥推动大学生思想政治教育、服务大学生全面发展的重要作用。加强对高校学生社团的管理、引导、服务和联系,支持学生社团开展主题鲜明、健康有益、丰富多彩的课外活动。实行大学生社团登记和年检制度,规范日常活动,促进有序发展。

24. 健全高校思想政治工作评价体系。研究制定内容全面、指标合理、方法科学的评价体系,坚持定性分析和定量分析相结合、工作评价和效果评估相结合,推动高校思想政治工作制度化。鼓励各地区各有关部门各高校创造性开展工作,把创新成果纳入评价内容。认真贯彻《党委(党组)意识形态工作责任制实施办法》,建立问题清单、任务清单、责任清单,推动各项工作落实。加强对高校各级党组织和领导干部贯彻执行党的路线方针政策、遵守党章党规党纪情况的监督检查。实行校、院(系)党组织书记抓思想政治工作和党的建设述职评议考核制度,考核结果和有关情况作为领导班子、领导干部目标管理和实绩考核的重要内容,纳入执行党的纪律情况监督检查范围,对履行责任不力、思想政治工作和党的建设长期薄弱的,追究党组织和党员领导干部的主体责任、监督责任、领导责任。

七、加强和改善党对高校的领导

25. 完善高校党的领导体制。坚持和完善普通高校党委领导下的校长负责制,高校党委对本校工作实行全面领导,对本校党的建设全面负责,履行管党治党、办学治校的主体责任,严格执行和维护政治纪律和政治规矩,落实党建工作责任制,切实发挥领导核心作用。坚持党管干部、党管人才,落实"三重一大"决策制度,重要干部任免、重要人才使用、重要阵地建设、重大发展规划、重大项目安排、重大资金使用、重大评价评奖活动等要经党委集体研究决定。按照社会主义政治家、教育家标准,把思想政治素质摆在首位,把教学科研和学校管理能力作为重要条件,选好配强高校领导班子特别是党委书记和校长。高校党委书记作为主要负责人,主持党委全面工作,对党委工作负主要责任,履行高校思想政治工作和党建设第一责任人的职责;校长是学校的法人代表,在党委领导下组织实施党委有关决议,行使高等教育法等规定的各项职权,全面负责教学、科研、行政管理工作。校长是中共党员的同时任党委副书记,明确一名党委副书记主要分管教师思想政治工作。其他党委班子成员履行"一岗双责",结合业务分工抓好思想政治工作和党的建设工作。纪委书记、组织部长、宣传部长、统战部长担任党委常委或不设常委会的党委委员。高校党委经批准可适当增加常委或委员职数。加强党对群团工作的领导,坚持党建带群建,把党的工作融入群团组织活动之中,引导他们发挥联系服务、团结凝聚师生的桥梁纽带作用。

26. 强化院(系)党的领导。进一步发挥院(系)党委(党总支)的政治核心作用,履行政治责任,保证监督党的路线方针政策及上级党组织决定的贯彻执行,把握好教学科研管理等重大事项中的政治原则、政治立场、政治方向,在干部队伍、教师队伍建设中发挥主导作用,把好政治关。进一步加强院(系)党委(党总支)领导班子建设,按照政治强、业务好、在师生中有威望的要求,选配院(系)党委(党总支)书记和院长(系主任)。推行党政班子成员交叉任职,党员院长(系主任)一般应同时任党委(党总支)副书记或委员,党员副院长(系副主任)一般应进入党委(党总支)领导班子。党委(党总支)书记、院长(系主任)一肩挑的,可配备专职常务副书记,院(系)规模大、党员人数多的,也可配备一名专职常务副书记。认真执行民主集中制原则,通过院(系)党政联席会讨论和决定本单位重要事项,进一步明确党委(党总支)书记、院长(系主任)工作职责,规范完善院(系)党委(党总支)会议,健全院(系)集体领导、党政分工合作、协调运行的工作机制,提升班子整体功能和议事决策水平。

27. 加强高校基层党建工作。基层党组织是党在高校全部工作的基础,要充分发挥战斗堡垒作用。建立健全高校基层党组织,做到哪里有党员哪里就有党组织,哪里有党组织哪里就有健全的组织生活和党组织作用的充分发挥。加强教师党支部、学生党支部特别是研究生党支部建设,充分发挥党支部组织教育管理党员和宣传引导凝聚师生的主体作用。优化党支部设置,在按院(系)内教学科研机构设置教师党支部、按年级或院(系)设置学生党支部的基础上,可根据实际需要,探索依托重大项目组、课题组和学生公寓、社区、社团组织等建立党组织。选优配强教师、学生党支部书记,实施教师党支部书记"双带头人"培育工程,注重从优秀辅导员、优秀大学生党员中选拔学生党支部书记。定期开展党支部书记轮训,强化党的基本知识、纪律规矩和党建工作方法学习培训。坚持党的组织生活各项制度,创新方式方法,增强党的组织生活活力。严格"三会一课"、民主生活会和组织生活会、谈心谈话、民主评议党员等制度,用好批评和自我批评这个武器。严格党员领导干部参加双重组织生活制度,健全主题党日活动制度,督促指导党支部按期换届,增强党内政治生活的政治性、时代性、原则性、战斗性。高度重视思想政治建设,把坚定理想信念作为开展党内政治生活的首要任务,坚持不懈抓好理论武装,以党委中心组学习等制度为抓手,定期开展集体学习,党员、干部每年要完成规定的学习任务。组织党员深入开展"两学一做"学习教育,增强党的意识,自觉爱党护党为党,敬业修德,奉献社会。注重政治合格、持续培养,端正师生入党动机,严把党员入口关。重视在高校优秀青年教师、海外留学归国教师中发展党员,对那些对党有感情、思想品行好、业务能力强、为人师表的优秀人才,安排专人联系,进行重点培养,条件成熟的及时吸收入党。认真做好在高校学生中发展党员工作,将"推荐优秀团员作为入党积极分子人选"作为重要渠道,重视发展少数民族学生入党。加强党员日常管理监督,定期开展党员党性分析,教育党员按时足额交纳党费,及时排查党员组织关系,做好毕业生党员组织关系管理,及时稳妥处置不合格党员。整顿软弱涣散党支部,每年进行摸底排查,对班子不强、长期不过组织生活、不发挥作用的,要限期整顿转化。

28. 健全地方党委抓高校思想政治工作制度。各地党委要把高校思想政治工作摆到重要位置,切实加强组织领导和工作指导。各省(自治区、直辖市)党委常委会每年至少研究一次高校思想政治工作,党委书记是高校思想政治工作的第一责任人,明确党委副书记或一名常委分管高校工作。坚持和完善领导干部联系高校制度,各省(自治区、直辖市)党委和政府主要负责同志每学期至少给师生讲一次思想政治理论课或作一次形势政策报告。高校比较集中的省(自治区、直辖市)设立高校党的工作部门。党组织关系在地方的部属高校,党的建设工作以地方党委为主管理,教育部等有关部委要履行好党的建设相应责任。建立部门协作常态机制,纪检机关聚焦中心任务强化监督执纪问责,推动高校党风廉洁建设和反腐败工作,党委组织部门统筹指导高校党建工作,党委宣传部门统筹指导高校意识形态工作,党委统战部门统筹指导高校统战工作,教育部门负责抓好高校思想政治工作各项任务的贯彻落实和督导检查,政法、外交、国安、民族、宗教等部门认真履职尽责,工会、共青团、妇联等群团组织积极发挥作用,形成党委统一领导、党政齐抓共管、职能部门组织协调、社会各方积极参与的工作格局。构建学校、家庭、社会"三结合"教育网络,形成学校教育、家庭教育、社会教育相互配合、协同育人的工作合力。高度重视民办高校、中外合作办学中党的建设和思想政治工作,建立健全党组织,选派党组织书记,建立党组织参与决策和监督机制,探索党组织发挥政治核心作用的有效途径。完善政策保障和经费支持,为加强和改进高校思想政治工作创造良好条件。

附录三
高校思想政治工作质量提升工程实施纲要

(2017 年 12 月 4 日)

为认真学习贯彻党的十九大精神,进一步把贯彻落实全国高校思想政治工作会议和《中共中央国务院关于加强和改进新形势下高校思想政治工作的意见》精神引向深入,大力提升高校思想政治工作质量,特制定《高校思想政治工作质量提升工程实施纲要》(以下简称《实施纲要》)。

一、目标原则

1. 总体目标。坚持以习近平新时代中国特色社会主义思想为指导,紧紧围绕统筹推进"五位一体"总体布局和协调推进"四个全面"战略布局,坚持和加强党的全面领导,充分发挥中国特色社会主义教育的育人优势,以立德树人为根本,以理想信念教育为核心,以社会主义核心价值观为引领,以全面提高人才培养能力为关键,强化基础、突出重点、建立规范、落实责任,一体化构建内容完善、标准健全、运行科学、保障有力、成效显著的高校思想政治工作质量体系,形成全员全过程全方位育人格局,切实提高工作亲和力和针对性,着力培养德智体美全面发展的社会主义建设者和接班人,着力培养担当民族复兴大任的时代新人,不断开创新时代高校思想政治工作新局面。

2. 基本原则。(1)坚持育人导向,突出价值引领。全面统筹办学治校各领域、教育教学各环节、人才培养各方面的育人资源和育人力量,推动知识传授、能力培养与理想信念、价值理念、道德观念的教育有机结合,建立健全系统化育人长效机制。(2)坚持遵循规律,勇于改革创新。遵循思想政治工作规律、教书育人规律和学生成长规律,坚持以师生为中心,把握师生思想特点和发展需求,优化内容供给、改进工作方法、创新工作载体,激活高校思想政治工作内生动力。(3)坚持问题导向,注重精准施策。聚焦重点任务、重点群体、重点领域、重点区域、薄弱环节,强化优势、补齐短板,加强分类指导、着力因材施教,着力破解高校思想政治工作领域存在的不平衡不充分问题,不断提高师生的获得感。(4)坚持协同联动,强化责任落实。加强党对高校思想政治工作的领导,落实主体责任,建立党委统一领导、部门分工负责、全员协同参与的责任体系。加强督导考核,严肃追责问责,把"软指标"变成"硬约束"。

二、基本任务

充分发挥课程、科研、实践、文化、网络、心理、管理、服务、资助、组织等方面工作的育人功能,挖掘育人要素,完善育人机制,优化评价激励,强化实施保障,切实构建"十大"育人体系。

1. 课程育人质量提升体系。大力推动以"课程思政"为目标的课堂教学改革,优化课程设置,修订专业教材,完善教学设计,加强教学管理,梳理各门专业课程所蕴含的思想政治教育元素和所承载的思想政治教育功能,融入课堂教学各环节,实现思想政治教育与知识体系教育的有机统一。

2. 科研育人质量提升体系。发挥科研育人功能,优化科研环节和程序,完善科研评价标准,改进学术评价方法,促进成果转化应用,引导师生树立正确的政治方向、价值取向、学术导向,培养师生至诚报国的理想追求、敢为人先的科学精神、开拓创新的进取意识和严谨求实的科研作风。

3. 实践育人质量提升体系。坚持理论教育与实践养成相结合,整合各类实践资源,强化项目管理,丰富实践内容,创新实践形式,拓展实践平台,完善支持机制,教育引导师生在亲身参与中增强实践能力、树立家国情怀。

4. 文化育人质量提升体系。注重以文化人以文育人，深入开展中华优秀传统文化、革命文化、社会主义先进文化教育，推动中国特色社会主义文化繁荣兴盛，牢牢掌握高校意识形态工作领导权，践行和弘扬社会主义核心价值观，优化校风学风，繁荣校园文化，培育大学精神，建设优美环境，滋养师生心灵、涵育师生品行、引领社会风尚。

5. 网络育人质量提升体系。大力推进网络教育，加强校园网络文化建设与管理，拓展网络平台，丰富网络内容，建强网络队伍，净化网络空间，优化成果评价，推动思想政治工作传统优势同信息技术高度融合，引导师生强化网络意识，树立网络思维，提升网络文明素养，创作网络文化产品，传播主旋律、弘扬正能量，守护好网络精神家园。

6. 心理育人质量提升体系。坚持育心与育德相结合，加强人文关怀和心理疏导，深入构建教育教学、实践活动、咨询服务、预防干预、平台保障"五位一体"的心理健康教育工作格局，着力培育师生理性平和、积极向上的健康心态，促进师生心理健康素质与思想道德素质、科学文化素质协调发展。

7. 管理育人质量提升体系。把规范管理的严格要求和春风化雨、润物无声的教育方式结合起来，加强教育立法，遵守大学章程，完善校规校纪，健全自律公约，加强法治教育，全面推进依法治教，促进教育治理能力和治理体系现代化，强化科学管理对道德涵育的保障功能，大力营造治理有方、管理到位、风清气正的育人环境。

8. 服务育人质量提升体系。把解决实际问题与解决思想问题结合起来，围绕师生、关照师生、服务师生，把握师生成长发展需要，提供靶向服务，增强供给能力，积极帮助解决师生工作学习中的合理诉求，在关心人、帮助人、服务人中教育人、引导人。

9. 资助育人质量提升体系。把"扶困"与"扶智"、"扶困"与"扶志"结合起来，建立国家资助、学校奖助、社会捐助、学生自助"四位一体"的发展型资助体系，构建物质帮助、道德浸润、能力拓展、精神激励有效融合的资助育人长效机制，实现无偿资助与有偿资助、显性资助与隐性资助的有机融合,形成"解困—育人—成才—回馈"的良性循环,着力培养受助学生自立自强、诚实守信、知恩感恩、勇于担当的良好品质。

10. 组织育人质量提升体系。把组织建设与教育引领结合起来,强化高校各类组织的育人职责,增强工作活力、促进工作创新、扩大工作覆盖、提高辐射能力,发挥高校党委领导核心作用、院(系)党组织政治核心作用和基层党支部战斗堡垒作用,发挥工会、共青团、学生会、学生社团等组织的联系服务、团结凝聚师生的桥梁纽带作用,把思想政治教育贯穿各项工作和活动,促进师生全面发展。

三、主要内容

1. 统筹推进课程育人。深入推动习近平新时代中国特色社会主义思想进教材、进课堂、进头脑。完善课程设置管理、课程标准和教案评价制度,实施高校课程体系和教育教学创新计划,推动面向全体学生开设提高思想品德、人文素养、认知能力的哲学社会科学课程,创新高校思想政治理论课建设体系。修订各类专业教材,加强课堂教学设计,推进马克思主义理论研究和建设工程教材、思想政治理论课统编教材编写修订,研制课程育人指导意见,充分挖掘和运用各门课程蕴含的思想政治教育元素,作为教材讲义必要章节、课堂讲授重要内容和学生考核关键知识。发挥专业教师课程育人的主体作用,健全课程育人管理、运行体制,将课程育人作为教师思想政治工作的重要环节,作为教学督导和教师绩效考核的重要方面。加强教材使用和课堂教学管理,建立哲学社会科学专业核心课程教材目录,研制引进教材选用管理办法,建立国家优秀教材评选奖励制度,制定高校课堂教学管理指导意见,明确课堂教学的纪律要求。培育选树一批"学科育人示范课程",建立一批"课程思政研究中心"。

2. 着力加强科研育人。改进科研环节和程序,把思想价值引领贯穿选题设计、科研立项、项目研究、成果运用全过程,把思想政治表现作为组建科研团队的底线要求。完善科研评价标准,改进学术评价方法,健全具有中国特色的学术评价标准和科研成果评价办法,构建集教育、预防、监督、惩治于一体的学术诚信体系,治理遏制学术研究、科研成果不良倾向,组织编写师生学术规范与学术道德读本,在本科生中开设相关专题讲座,在研究生中开设相应公选课程。健全优秀成果评选推广机制,服务国家和区域经济发展,促进全社会思想文化建设。培养师生科学精神和创新意识,实施科研创新团队培育支持计划、科教协同育人计划、产学研合作协同育人计划等项目,引导师生积极参与科技创新团队和科研创新训练,及时掌握科技前沿动态,培养集体攻关、联合攻坚的团队精神和协作意识。加大学术名家、优秀学术团队先进事迹的宣传教育力度。大力培育全国高校黄大年式教师团队,培养选树一批科研育人示范项目、示范团队。

3. 扎实推动实践育人。整合实践资源,拓展实践平台,依托高新技术开发区、大学科技园、城市社区、农村乡镇、工矿企业、爱国主义教育场所等,建立多种形式的社会实践、创业实习基地。丰富实践内容,创新实践形式,广泛开展社会调查、生产劳动、社会公益、志愿服务、科技发明、勤工助学等社会实践活动,深入开展好大学生暑期"三下乡""志愿服务西部计划"等传统经典项目,组织实施好"牢记时代使命,书写人生华章""百万师生追寻习近平总书记成长足迹""百万师生重走复兴之路""百万师生'一带一路'社会实践专项行动"等新时代社会实践精品项目,探索开展师生志愿服务评价认证。深入推进实践教学改革,分类制订实践教学标准,适度增加实践教学比重,原则上哲学社会科学类专业实践教学不少于总学分(学时)的15%,理工农医类专业不少于25%。加强创新创业教育,开发专门课程,健全课程体系,实施"大学生创新创业训练计划",支持学生成立创新创业类社团。完善支持机制,推动专业课实践教学、社会实践活动、创新创业教育、志愿服务、军事训练等载体有机融合,形成实践育人统筹推进工作格局,构建"党委统筹部署、政府扎实推动、社会广泛参与、高校着力实施"的实践育人协同体系。培育建设一批实践育人与创新创业示范基地。

4. 深入推进文化育人。推进中华优秀传统文化教育,实施"中华经典诵读工程""中国传统节日振兴工程",开展"礼敬中华优秀传统文化""戏曲进校园"等文化建设活动,展示一批体育艺术文化成果,建设一批文化传承基地,引导高雅艺术、非物质文化、民族民间优秀文化走近师生。挖掘革命文化的育人内涵,实施"革命文化教育资源库建设工程",开展"传承红色基因、担当复兴重任"主题教育活动,组织编排展演一批以革命先驱为原型的舞台剧、以革命精神为主题的歌舞音乐、以革命文化为内涵的网络作品;有效利用重大纪念日契机和重点文化基础设施开展革命文化教育。开展社会主义先进文化教育,开展高校师生社会主义核心价值观主题教育活动,推广展示一批社会主义核心价值观教育典型案例,选树宣传一批践行社会主义核心价值观先进典型。大力繁荣校园文化,创新校园文化品牌,挖掘校史校风校训校歌的教育作用,推进"一校一品"校园文化建设,引导高校建设特色校园文化;实施"高校原创文化经典推广行动计划",支持师生原创歌剧、舞蹈、音乐、影视等文艺精品扩大影响力和辐射力;广泛开展"我的中国梦"等主题教育活动,推选展示一批高校校园文化建设优秀成果。建设美丽校园,制作发布高校优秀人文景观、自然景观名录,推动实现校园山、水、园、林、路、馆建设达到使用、审美、教育功能的和谐统一。广泛开展文明校园创建,评选"全国文明校园",把高校建设成为社会主义精神文明高地。

5. 创新推动网络育人。加强工作统筹,建设高校思想政治工作网,打造信息发布、工作交流和数据分析平台,加强高校思想政治工作信息管理系统共建与资源互享。强化网络意识,提高建网用网管网能力,加强师生网络素养教育,编制《高校师生网络素养指南》,引导师生增强网络安全意识,遵守网络行为规范,养成文明网络生活方式。拓展网络平台,发挥全国高校校园网站联盟作用,推动"易班"和中国大学生在线全国共建,推选展示一批校园网络名站名栏,引领建设校园网络新媒体矩阵。丰富网络内容,开展"大学生网络文化节""高校网络育人优秀作品推选展示""网络文明进校园"等网络文化建设活动,推广展示一批"网络名篇名作"。优化成果评价,建设"高校网络文化研究评价中心",建立网络文化成果评价认证体系,推动将优秀网络文化成果纳入高校科研成果统计、列为教师职务职称评聘条件、作为师生评奖评优依据。培养网络力量,实施"网络教育名师培育支持计划""校园好网民培养选树计划",建设一支政治强、业务精、作风硬的网络工作队伍。

6. 大力促进心理育人。加强知识教育,把心理健康教育课程纳入学校整体教学计划,组织编写大学生心理健康教育示范教材,开发建设《大学生心理健康》等在线课程,实现心理健康知识教育全覆盖。开展宣传活动,举办"5·25"大学生心理健康节等品牌活动,充分利用网络、广播、微信公众号、APP等媒体,营造心理健康教育良好氛围,提高师生心理保健能力。强化咨询服务,提高心理健康教育咨询与服务中心建设水平,按照师生比不低于1∶4 000配备心理健康教育专业教师,每校至少配备2名专业教师。加强预防干预,推广应用《中国大学生心理健康筛查量表》、"中国大学生心理健康网络测评系统",提高心理健康素质测评覆盖面和科学性;建立学校、院系、班级、宿舍"四级"预警防控体系,完善心理危机干预工作预案,建立转介诊疗机制,提升工作前瞻性、针对性。完善工作保障,研制高校师生心理健康教育指导意见,保证生均经费投入和心理咨询辅导专用场地面积,建设校内外心理健康教育素质拓展培养基地,培育建设一批"高校心理健康教育示范中心"。

7. 切实强化管理育人。完善教育法律法规体系,加快制(修)订教育规章,保障师生员工合法权益。健全依法治校、管理育人制度体系,结合大学章程、校规校纪、自律公约修订完善,研究梳理高校各管理岗位的育人元素,编制岗位说明书,明确管理育人的内容和路径,丰富完善不同岗位、不同群体公约体系,引导师生培育自觉、强化自律。加强干部队伍管理,按照社会主义政治家、教育家要求和好干部标准,选好配强各级领导干部和领导班子,制定管理干部培训五年规划,提高各类管理干部育人能力。加强教师队伍管理,严把教师聘用、人才引进政治考核关,依法依规加大对各类违反师德和学术不端行为查处力度,及时纠正不良倾向和问题。加强经费使用管理,科学编制经费预算,确保教育经费投入的育人导向。强化保障功能,健全依法治校评价指标体系,深入开展依法治校创建活动。把育人功能发挥纳入管理岗位考核评价范围,作为评奖评优条件。培育一批"管理育人示范岗",引导管理干部用良好的管理模式和管理行为影响和培养学生。

8. 不断深化服务育人。强化育人要求，研究梳理各类服务岗位所承载的育人功能，并作为工作的职责要求，体现在聘用、培训、考核等各环节。明确育人职能，在后勤保障服务中，持续开展"节粮节水节电""节能宣传周"等主题教育活动，推动高校节约型校园建设建档，大力建设绿色校园，实施后勤员工素质提升计划，切实提高后勤保障水平和服务育人能力。在图书资料服务中，建设文献信息资源体系和服务体系，优化服务空间，注重用户体验，提高馆藏利用率和服务效率，开展信息素质教育，引导师生尊重和保护知识产权，维护信息安全。在医疗卫生服务中，制订健康教育教学计划，开展传染病预防、安全应急与急救等专题健康教育活动，培养师生公共卫生意识和卫生行为习惯。在安全保卫服务中，加强人防物防技防建设，全面开展安全教育，提高安保效能，培养师生安全意识和法制观念。增强供给能力，建设校园综合信息服务系统，充分满足师生学习、生活、工作中的合理需求。加强监督考核，落实服务目标责任制，把服务质量和育人效果作为评价服务岗位效能的依据和标准。选树一批服务育人先进典型模范，培育一批高校"服务育人示范岗"。

9. 全面推进资助育人。加强资助工作顶层设计，建立资助管理规范，完善勤工助学管理办法，构建资助对象、资助标准、资金分配、资金发放协调联动的精准资助工作体系。精准认定家庭经济困难学生，健全四级资助认定工作机制，采用家访、大数据分析和谈心谈话等方式，合理确定认定标准，建立家庭经济困难学生档案，实施动态管理。坚持资助育人导向，在奖学金评选发放环节，全面考察学生的学习成绩、创新发展、社会实践及道德品质等方面的综合表现，培养学生奋斗精神和感恩意识。在国家助学金申请发放环节，深入开展励志教育和感恩教育，培养学生爱党爱国爱社会主义意识。在国家助学贷款办理过程中，深入开展诚信教育和金融常识教育，培养学生法律意识、风险防范意识和契约精神。在勤工助学活动开展环节，着力培养学生自强不息、创新创业的进取精神。在基层就业、应征入伍学费补偿贷款代偿等工作环节中，培育学生树立正确的成才观和就业观。创新资助育人形式，实施"发展型资助的育人行动计划"

"家庭经济困难学生能力素养培育计划",开展"助学·筑梦·铸人""诚信校园行"等主题教育活动,组织国家奖学金获奖学生担任"学生资助宣传大使"。培育建设一批"发展型资助的育人示范项目",推选展示资助育人优秀案例和先进人物。

10. 积极优化组织育人。发挥各级党组织的育人保障功能,进一步理顺高校党委的领导体制机制,明确高校党委职责和决策机制,健全和完善高校党委领导下的校长负责制,推动学校各级党组织自觉担负起管党治党、办学治校、育人育才的主体责任。启动实施高校党建工作评估,全面推开校、院(系)党组织书记抓基层党建述职评议。实施教师党支部书记"双带头人"培育工程,分中央和地方两级开展示范培训。实施"高校基层党建对标争先计划",开展"不忘初心、牢记使命"主题教育,遴选培育全国百个院(系)党建工作标杆,培育建设一批先进基层党组织,培养选树一批优秀共产党员、优秀党务工作者,创建示范性网上党建园地,推选展示一批党的建设优秀工作案例。发挥各类群团组织的育人纽带功能,推动工会、共青团、学生会等群团组织创新组织动员、引领教育的载体与形式,更好地代表师生、团结师生、服务师生,支持各类师生社团开展主题鲜明、健康有益、丰富多彩的活动,充分发挥教研室、学术梯队、班级、宿舍在师生成长中的凝聚、引导、服务作用。培育建设一批文明社团、文明班级、文明宿舍。

四、实施保障

1. 强化改革驱动。推动"三全育人"综合改革,遴选部分工作基础较好的省(区、市)和高校作为"三全育人"综合改革试点。在省级层面,整合育人资源,统筹发挥校内外自然资源、红色资源、文化资源、体育资源、科技资源、国防资源和企事业单位资源的育人功能,带动支持在本地区打造"三全育人共同体",形成学校、家庭和社会教育有机结合的协同育人机制。在学校层面,以《实施纲要》所涵盖的"十大育人体系"为基础,系统梳理归纳各个群体、各个岗位的育人元素,并作为职责要求和考核内容融入整体制度设计和具体操作环节,推动全体教职员工把工作的重音和目标落在育人成效上,切实打通"三全育人"的最后一公里,形成可转化、可推广的一体化育人制度和模式。

2. 搭建工作平台。建设高校思想政治工作创新发展中心,依托部分省(区、市)和高校建设一批理论和实践研究中心,推动开展党的建设、思想政治教育、意识形态工作、维护安全稳定等方面的理论创新和实践探索。建设省级高校网络思想政治工作中心,支持各省(区、市)建设本地区网络思想政治工作中心,推动各地整合网络建设管理资源,深入开展网络意识形态研判分析、网络舆情研究引导、师生思想政治状况调查、网络文化产品创作生产等工作,统筹推动"易班"和中国大学生在线全国共建共享。建设高校思想政治工作队伍培训研修中心,依托部分省(区、市)教育工作部门和高校建设队伍培训研修中心,以强化理论武装、提升政治引领为重点,组织开展线上线下培训、高级访问研修、学历学位教育、课程体系研发、思政文库建设等工作,不断提高培训研修的覆盖面和受益率,推动理论研究和实践探索成果转化应用。

3. 建强工作队伍。完善教师评聘和考核机制,把政治标准放在首位,严格教师资格和准入制度。在教师教学评价、职务(职称)评聘、评优奖励中,把思想政治表现和育人功能发挥作为首要指标,引导广大教师不忘立德树人初心,牢记人才培养使命,将更多精力投入到教书育人工作上。加强专门力量建设,推动中央关于高校思想政治工作队伍和党务工作队伍建设的政策要求和量化指标落地。大力培育领军人才,在"长江学者奖励计划"中,加大对思想政治教育相关领域高层次人才倾斜支持力度。加大培养培训力度,开展高校思想政治工作队伍国家示范培训,遴选骨干队伍参加海内外访学研修、在职攻读博士学位。强化项目支持引领,实施"高校思想政治工作中青年杰出人才支持计划",支持出版理论和实践研究专著,培育一批高校思想政治工作精品项目,建设一批高校思想政治工作名师工作室。

4. 强化组织保障。成立高校思想政治工作委员会,加强工作统筹、决策咨询和评估督导。设立高校思想政治工作经费专项,保证《实施纲要》

各项目顺利实施。健全高校思想政治工作质量评价机制,研究制定高校思想政治工作评价指标体系,创新评价方式,探索引进第三方评价机构。强化高校思想政治工作督导考核,把加强和改进高校思想政治工作纳入高校巡视、"双一流"建设、教学科研评估范围,作为各级党组织和党员干部工作考核的重要内容。各地各高校结合实际,将《实施纲要》实施纳入整体发展规划和年度工作计划,明确路线图、时间表、责任人。

附录四
关于加快构建高校思想政治工作体系的意见

(2020年4月22日)

为深入贯彻落实习近平新时代中国特色社会主义思想,贯彻落实党的十九大和十九届二中、三中、四中全会精神,学习贯彻习近平总书记关于教育的重要论述,加快构建高校思想政治工作体系,努力培养担当民族复兴大任的时代新人,培养德智体美劳全面发展的社会主义建设者和接班人,现提出如下意见。

一、指导思想和目标任务

1. 指导思想。以习近平新时代中国特色社会主义思想为指导,全面贯彻党的教育方针,坚持和加强党的全面领导,坚持社会主义办学方向,以立德树人为根本,以理想信念教育为核心,以培育和践行社会主义核心价值观为主线,以建立完善全员、全程、全方位育人体制机制为关键,全面提升高校思想政治工作质量。

2. 目标任务。健全立德树人体制机制,把立德树人融入思想道德、文化知识、社会实践教育各环节,贯通学科体系、教学体系、教材体系、管理体系,加快构建目标明确、内容完善、标准健全、运行科学、保障有力、成效显著的高校思想政治工作体系。

二、理论武装体系

1. 加强政治引领。把坚持以马克思主义为指导落实到教育教学各方面，对各种错误观点和思潮旗帜鲜明予以抵制。全面推动习近平新时代中国特色社会主义思想进教材、进课堂、进师生头脑，开展理论教育培训，编写出版理论读物，打造示范课堂，运用各种载体分群体深入开展习近平新时代中国特色社会主义思想学习研究宣传工作。推动理想信念教育常态化、制度化，加强党史、新中国史、改革开放史、社会主义发展史教育，加强爱国主义、集体主义、社会主义教育，把制度自信的种子播撒进青少年心灵，引导师生不断增强"四个自信"。推动领导干部、"两院"院士等专家学者、各方面英雄模范人物进校园开展思想政治教育。

2. 厚植爱国情怀。贯彻落实《新时代爱国主义教育实施纲要》，打造推广一批富有爱国主义教育意义的文化作品，定期举行集体升国旗、唱国歌仪式，有效利用重大活动、开学典礼、毕业典礼、重大纪念日、主题党团日等契机和重点文化基础设施开展爱国主义教育。

3. 强化价值引导。研究制定体现社会主义核心价值观要求的师生行为规范，组织国家勋章和国家荣誉称号获得者、最美奋斗者、改革先锋、时代楷模等新时代先进人物走进高校，面向广大师生开展思想政治教育。开展教书育人楷模、思政课教师年度人物、高校辅导员年度人物、大学生年度人物等先进典型的宣传选树。

三、学科教学体系

1. 办好思想政治理论课。按照"八个相统一"要求，扎实推进思想政治理论课建设思路创优、师资创优、教材创优、教法创优、机制创优、环境创优。遴选名师大师参与思想政治理论课讲授。把新媒体新技术引入高校思想政治理论课教学，打造高校思想政治理论课资源平台和网络集体备课平台。

2. 强化哲学社会科学育人作用。强化马克思主义理论学科引领作用，推出一批中国特色哲学社会科学精品力作。加强哲学社会科学教材规划编审和规范选用工作。加大哲学社会科学各学科专业中的马克思主义理论类课程建设。扎实推进哲学社会科学专业课程思政建设，文学、历史学、哲学类专业课程要帮助学生掌握马克思主义世界观和方法论，从历史与现实、理论与实践等相结合的维度深刻理解习近平新时代中国特色社会主义思想。经济学、管理学、法学类专业课程要培育学生经世济民、诚信服务、德法兼修的职业素养。教育学类专业课程要注重加强师德师风教育，引导学生树立学为人师、行为世范的职业理想。

3. 全面推进所有学科课程思政建设。统筹课程思政与思政课程建设，构建全面覆盖、类型丰富、层次递进、相互支撑的课程体系。重点建设一批提高大学生思想道德修养、人文素质、科学精神和认知能力的公共基础课程。理学、工学类专业课程要注重科学思维方法的训练和科技伦理的教育，培养学生探索未知、追求真理、勇攀科学高峰的责任感和使命感，培养学生精益求精的大国工匠精神。农学类专业课程要注重培养学生的大国"三农"情怀，引导学生"懂农业、爱农村、爱农民"。医学类专业课程要注重加强医德医风教育，注重加强医者仁心教育，教育引导学生尊重患者，学会沟通，提升综合素养。艺术学类专业课程要教育引导学生树立正确的艺术观和创作观，积极弘扬中华美育精神。

4. 充分发挥科研育人功能。构建集教育、预防、监督、惩治于一体的学术诚信体系。提高研究生导师开展思想政治教育意识和能力。持续开展全国科学道德和学风建设宣讲教育、"共和国的脊梁——科学大师名校宣传工程"等系列活动。

四、日常教育体系

1. 深化实践教育。把思想政治教育融入社会实践、志愿服务、实习实训等活动中，创办形式多样的"行走课堂"。健全志愿服务体系，深入开展"青年红色筑梦之旅""'小我融入大我，青春献给祖国'主题社会实践"等活动。推动构建政府、社会、学校协同联动的"实践育人共同体",挖掘和编制"资源图谱",加强劳动教育。

2. 繁荣校园文化。坚持培育优良校风教风学风,持续开展文明校园创建活动。建设一批文化传承基地。发挥校园建筑景观、文物和校史校训校歌的文化价值。加强高校原创文化精品创作与推广。

3. 加强网络育人。提升校园新媒体网络平台的服务力、吸引力和粘合度,切实增强易班网、中国大学生在线等网络阵地的示范性、引领性和辐射度,重点建设一批高校思政类公众号,发挥新媒体平台对高校思政工作的促进作用。引导和扶持师生积极创作导向正确、内容生动、形式多样的网络文化产品。建设高校网络文化研究评价中心,推动将优秀网络文化成果纳入科研成果评价统计。各高校应按照在校生总数每生每年不低于30元的标准设立网络思政工作专项经费。

4. 促进心理健康。把心理健康教育课程纳入整体教学计划,按师生比不低于1∶4 000比例配备专业教师,每校至少配备2名。发挥心理健康教育教师、辅导员、班主任等育人主体的作用,规范发展心理健康教育与咨询服务。强化心理问题早期发现和科学干预,推广应用《中国大学生心理健康筛查量表》和"心理健康网络测评系统",提升预警预防、咨询服务、干预转介工作的科学性、前瞻性和针对性。

五、管理服务体系

1. 提高管理服务水平。健全管理服务育人制度体系,宣传推广一批管理服务育人的先进经验和典型做法,大力营造治理有方、管理到位、风清气正的制度育人环境。

2. 加强群团组织建设。增强工会、共青团、妇联等群团组织的政治性、先进性、群众性。推动学生会(研究生会)改革,强化党的领导,健全骨干遴选程序。加强学生社团建设管理,着力构建党委统一领导、团委具体管理的工作机制,配齐配强指导教师,突出分类指导,支持有序发展。

3. 推动"一站式"学生社区建设。依托书院、宿舍等学生生活园区,探索学生组织形式、管理模式、服务机制改革，推进党团组织、管理部门、服务单位等进驻园区开展工作，把校院领导力量、管理力量、服务力量、思政力量压到教育管理服务学生一线，将园区打造成为集学生思想教育、师生交流、文化活动、生活服务于一体的教育生活园地。

4. 完善精准资助育人。精准认定家庭经济困难学生，健全四级资助认定工作机制，完善档案、动态管理。建设发展型资助体系，加大家庭经济困难学生能力素养培育力度。

六、安全稳定体系

1. 强化高校政治安全。认真落实意识形态工作责任制，加强高校思想文化阵地管理，严格实行审批制度。坚决抵御境外利用宗教渗透，防范校园传教活动。

2. 加强国家安全教育。持续推动国家安全教育进学校、进教材、进头脑，把集中教育活动与日常教育活动、课堂教育教学与社会实践相结合。建立健全国家安全教育长效机制，不断充实教育内容，完善教学体系。

3. 筑牢校园安全防线。切实保护学生生命安全、财产安全、身体健康，严格落实安全防范工作规范要求，强化安全基础建设，完善校园及周边治安综合治理机制。

4. 健全安全责任体系。落实高校安全管理主体责任，完善相应协调和会商机制，落实"一岗双责"。完善预警预防、综合研判、应急处置、督查报告、责任追究等工作制度。

七、队伍建设体系

1. 建设高水平教师队伍。按照"四有"好老师要求，落实政治理论学习、培训轮训、实践锻炼等制度。完善教师评聘考核办法，把师德师风作为评价教师队伍素质第一标准。实施课程思政教师专题培训计划。充分发挥院士、国家"万人计划"哲学社会科学领军人才、文化名家暨"四个一批人才"、"长江学者"、"杰青"、国家级教学名师等示范带头作用。构建全校齐抓教师思想政治素质的工作体系,组织开展宣传师德典型、深化学术诚信教育,加强对海外归国和青年教师的思想引导。落实《新时代高校教师职业行为十项准则》,严格实行师德"一票否决制",加大对失德教师的惩戒力度,推动师德建设常态化长效化。

2. 打造高素质思想政治工作和党务工作队伍。严格落实中央关于高校思想政治工作和党务工作队伍配备的各项指标性要求。完善高校专职辅导员职业发展体系,建立职级、职称"双线"晋升办法,学校应当结合实际情况为专职辅导员专设一定比例的正高级专业技术岗位。参照校内管理岗位比例,依据国家有关规定,建立完善高校专职辅导员管理岗位(职员等级)晋升制度。对长期从事辅导员工作、表现优秀的,按照国家有关规定给予奖励。各高校要切实履行辅导员选聘工作的主体责任,按照专兼结合、以专为主的原则加强辅导员选配工作。各地有关部门要积极支持并督导各高校严格落实专职辅导员人事管理政策,按规定签订聘用合同,不得用劳务派遣、人事代理等方式聘用辅导员。鼓励选聘各级党政机关、科研院所、军队、企事业单位党员领导干部、专家学者等担任校外辅导员。完善兼职辅导员和校外辅导员培训、管理、考核制度。持续提升思想政治工作和党务工作队伍素质能力和专业水平,实施思想政治工作中青年骨干队伍建设项目,组织开展国家示范培训、海内外访学研修、在职攻读硕士博士学位等专项计划。各地要因地制宜设置思政课教师和辅导员岗位津贴,纳入绩效工资管理,相应核增学校绩效工资总量。各高校应按照在校生总数每生每年不低于20元的标准设立思想政治工作和党务工作队伍建设专项经费。

3. 加大马克思主义学者和青年马克思主义者培养力度。加强马克思主义学院和马克思主义理论学科建设,加快培养一批立场坚定、功底扎实、经验丰富的马克思主义学者,特别是培养一大批青年马克思主义者。深入实施"高校思想政治理论课教师队伍后备人才培养专项支持计划"。组织实施青年马克思主义者培养工程,加强集中教育培训和后续跟踪培养。

八、评估督导体系

1. 构建科学测评体系。建立多元多层、科学有效的高校思政工作测评指标体系，完善过程评价和结果评价相结合的实施机制，推动把高校党建和思想政治工作作为"双一流"建设成效评估、学科专业质量评价、人才项目评审、教学科研成果评比的重要指标，并纳入政治巡视、地方和高校领导班子考核、领导干部述职评议的重要内容。

2. 完善推进落实机制。明确责任分工，细化实施方案，及时研究解决重点问题。将高校思想政治工作纳入整体发展规划和年度工作计划，明确路线图、时间表、责任人。

3. 健全督导问责机制。强化高校思想政治工作督导考核，对履职尽责不力、不及时的，加大追责力度。实行校、院系、基层党组织书记抓党建和思想政治工作述职评议考核制度，纳入党纪监督检查范围。

九、组织领导和实施保障

1. 加强党的全面领导。要把高校思想政治工作摆到重要位置，切实加强组织领导和工作指导。各高校党委要全面统筹各领域、各环节、各方面的资源和力量，力戒形式主义、官僚主义，加强体制机制、项目布局、队伍建设、条件保障等方面的系统设计，定期分析高校思想政治领域情况，研究解决重大问题，协调推进重点任务落实，党委主要负责同志落实领导责任，分管领导落实直接责任。党委书记是思想政治工作第一责任人，校长和其他班子成员履行"党政同责、一岗双责"。高校领导班子成员要主动进课堂、进班级、进宿舍、进食堂、进社团、进讲座、进网络，深入一线联系学生。

2. 加强基层党的建设。强化院系党组织政治功能，加强班子建设、健全集体领导机制、提高议事决策水平。发挥党支部战斗堡垒和党员先锋模范作用，优化支部设置，实施教师党支部书记"双带头人"培育工程，建强党支部书记队伍。严格党的组织生活各项制度,着重加强教师党支部和学生党支部建设、发展党员和党员教育管理工作。加强教师党支部与学生党支部共建,鼓励校企、校地党支部共同开展组织生活。落实党建带团建制度,做好推优入党工作。

3. 强化工作协同保障。推动形成学校、家庭和社会教育协同育人机制。发挥高校思想政治工作委员会的专家咨询作用,加大高校思想政治工作创新发展中心、思想政治工作队伍培训研修中心、省级高校网络思想政治工作中心建设力度。做好高校思想政治工作专项资金使用管理,引导地方和高校增加投入,强化经费投入的育人导向。

附录五
高等学校课程思政建设指导纲要

(2020 年 5 月 28 日)

为深入贯彻落实习近平总书记关于教育的重要论述和全国教育大会精神,贯彻落实中共中央办公厅、国务院办公厅《关于深化新时代学校思想政治理论课改革创新的若干意见》,把思想政治教育贯穿人才培养体系,全面推进高校课程思政建设,发挥好每门课程的育人作用,提高高校人才培养质量,特制定本纲要。

一、全面推进课程思政建设是落实立德树人根本任务的战略举措

培养什么人、怎样培养人、为谁培养人是教育的根本问题,立德树人成效是检验高校一切工作的根本标准。落实立德树人根本任务,必须将价值塑造、知识传授和能力培养三者融为一体、不可割裂。全面推进课程思政建设,就是要寓价值观引导于知识传授和能力培养之中,帮助学生塑造正确的世界观、人生观、价值观,这是人才培养的应有之义,更是必备内容。这一战略举措,影响甚至决定着接班人问题,影响甚至决定着国家长治久安,影响甚至决定着民族复兴和国家崛起。要紧紧抓住教师队伍"主力军"、课程建设"主战场"、课堂教学"主渠道",让所有高校、所有教师、所有课程都承担好育人责任,守好一段渠、种好责任田,使各类课程与思政课程同向同行,将显性教育和隐性教育相统一,形成协同效应,构建全员全程全方位育人大格局。

二、课程思政建设是全面提高人才培养质量的重要任务

高等学校人才培养是育人和育才相统一的过程。建设高水平人才培养体系，必须将思想政治工作体系贯通其中，必须抓好课程思政建设，解决好专业教育和思政教育"两张皮"问题。要牢固确立人才培养的中心地位，围绕构建高水平人才培养体系，不断完善课程思政工作体系、教学体系和内容体系。高校主要负责同志要直接抓人才培养工作，统筹做好各学科专业、各类课程的课程思政建设。要紧紧围绕国家和区域发展需求，结合学校发展定位和人才培养目标，构建全面覆盖、类型丰富、层次递进、相互支撑的课程思政体系。要切实把教育教学作为最基础最根本的工作，深入挖掘各类课程和教学方式中蕴含的思想政治教育资源，让学生通过学习，掌握事物发展规律，通晓天下道理，丰富学识，增长见识，塑造品格，努力成为德智体美劳全面发展的社会主义建设者和接班人。

三、明确课程思政建设目标要求和内容重点

课程思政建设工作要围绕全面提高人才培养能力这个核心点，在全国所有高校、所有学科专业全面推进，促使课程思政的理念形成广泛共识，广大教师开展课程思政建设的意识和能力全面提升，协同推进课程思政建设的体制机制基本健全，高校立德树人成效进一步提高。

课程思政建设内容要紧紧围绕坚定学生理想信念，以爱党、爱国、爱社会主义、爱人民、爱集体为主线，围绕政治认同、家国情怀、文化素养、宪法法治意识、道德修养等重点优化课程思政内容供给，系统进行中国特色社会主义和中国梦教育、社会主义核心价值观教育、法治教育、劳动教育、心理健康教育、中华优秀传统文化教育。

推进习近平新时代中国特色社会主义思想进教材进课堂进头脑。坚持不懈用习近平新时代中国特色社会主义思想铸魂育人，引导学生了解世情国情党情民情，增强对党的创新理论的政治认同、思想认同、情感认

同,坚定中国特色社会主义道路自信、理论自信、制度自信、文化自信。

培育和践行社会主义核心价值观。教育引导学生把国家、社会、公民的价值要求融为一体,提高个人的爱国、敬业、诚信、友善修养,自觉把小我融入大我,不断追求国家的富强、民主、文明、和谐和社会的自由、平等、公正、法治,将社会主义核心价值观内化为精神追求、外化为自觉行动。

加强中华优秀传统文化教育。大力弘扬以爱国主义为核心的民族精神和以改革创新为核心的时代精神,教育引导学生深刻理解中华优秀传统文化中讲仁爱、重民本、守诚信、崇正义、尚和合、求大同的思想精华和时代价值,教育引导学生传承中华文脉,富有中国心、饱含中国情、充满中国味。

深入开展宪法法治教育。教育引导学生学思践悟习近平全面依法治国新理念新思想新战略,牢固树立法治观念,坚定走中国特色社会主义法治道路的理想和信念,深化对法治理念、法治原则、重要法律概念的认知,提高运用法治思维和法治方式维护自身权利、参与社会公共事务、化解矛盾纠纷的意识和能力。

深化职业理想和职业道德教育。教育引导学生深刻理解并自觉实践各行业的职业精神和职业规范,增强职业责任感,培养遵纪守法、爱岗敬业、无私奉献、诚实守信、公道办事、开拓创新的职业品格和行为习惯。

四、科学设计课程思政教学体系

高校要有针对性地修订人才培养方案,切实落实高等职业学校专业教学标准、本科专业类教学质量国家标准和一级学科、专业学位类别(领域)博士硕士学位基本要求,构建科学合理的课程思政教学体系。要坚持学生中心、产出导向、持续改进,不断提升学生的课程学习体验、学习效果,坚决防止"贴标签""两张皮"。

公共基础课程。要重点建设一批提高大学生思想道德修养、人文素质、科学精神、宪法法治意识、国家安全意识和认知能力的课程,注重在潜移默化中坚定学生理想信念、厚植爱国主义情怀、加强品德修养、增长知识见识、培养奋斗精神，提升学生综合素质。打造一批有特色的体育、美育类课程，帮助学生在体育锻炼中享受乐趣、增强体质、健全人格、锤炼意志，在美育教学中提升审美素养、陶冶情操、温润心灵、激发创造创新活力。

专业教育课程。要根据不同学科专业的特色和优势，深入研究不同专业的育人目标，深度挖掘提炼专业知识体系中所蕴含的思想价值和精神内涵，科学合理拓展专业课程的广度、深度和温度，从课程所涉专业、行业、国家、国际、文化、历史等角度，增加课程的知识性、人文性，提升引领性、时代性和开放性。

实践类课程。专业实验实践课程，要注重学思结合、知行统一，增强学生勇于探索的创新精神、善于解决问题的实践能力。创新创业教育课程，要注重让学生"敢闯会创"，在亲身参与中增强创新精神、创造意识和创业能力。社会实践类课程，要注重教育和引导学生弘扬劳动精神，将"读万卷书"与"行万里路"相结合，扎根中国大地了解国情民情，在实践中增长智慧才干，在艰苦奋斗中锤炼意志品质。

五、结合专业特点分类推进课程思政建设

专业课程是课程思政建设的基本载体。要深入梳理专业课教学内容，结合不同课程特点、思维方法和价值理念，深入挖掘课程思政元素，有机融入课程教学，达到润物无声的育人效果。

文学、历史学、哲学类专业课程。要在课程教学中帮助学生掌握马克思主义世界观和方法论，从历史与现实、理论与实践等维度深刻理解习近平新时代中国特色社会主义思想。要结合专业知识教育引导学生深刻理解社会主义核心价值观，自觉弘扬中华优秀传统文化、革命文化、社会主义先进文化。

经济学、管理学、法学类专业课程。要在课程教学中坚持以马克思主义为指导，加快构建中国特色哲学社会科学学科体系、学术体系、话语体系。要帮助学生了解相关专业和行业领域的国家战略、法律法规和相关

政策，引导学生深入社会实践、关注现实问题，培育学生经世济民、诚信服务、德法兼修的职业素养。

教育学类专业课程。要在课程教学中注重加强师德师风教育，突出课堂育德、典型树德、规则立德，引导学生树立学为人师、行为世范的职业理想，培育爱国守法、规范从教的职业操守，培养学生传道情怀、授业底蕴、解惑能力，把对家国的爱、对教育的爱、对学生的爱融为一体，自觉以德立身、以德立学、以德施教，争做有理想信念、有道德情操、有扎实学识、有仁爱之心的"四有"好老师，坚定不移走中国特色社会主义教育发展道路。体育类课程要树立健康第一的教育理念，注重爱国主义教育和传统文化教育，培养学生顽强拼搏、奋斗有我的信念，激发学生提升全民族身体素质的责任感。

理学、工学类专业课程。要在课程教学中把马克思主义立场观点方法的教育与科学精神的培养结合起来，提高学生正确认识问题、分析问题和解决问题的能力。理学类专业课程，要注重科学思维方法的训练和科学伦理的教育，培养学生探索未知、追求真理、勇攀科学高峰的责任感和使命感。工学类专业课程，要注重强化学生工程伦理教育，培养学生精益求精的大国工匠精神，激发学生科技报国的家国情怀和使命担当。

农学类专业课程。要在课程教学中加强生态文明教育，引导学生树立和践行绿水青山就是金山银山的理念。要注重培养学生的"大国三农"情怀，引导学生以强农兴农为己任，"懂农业、爱农村、爱农民"，树立把论文写在祖国大地上的意识和信念，增强学生服务农业农村现代化、服务乡村全面振兴的使命感和责任感，培养知农爱农创新人才。

医学类专业课程。要在课程教学中注重加强医德医风教育，着力培养学生"敬佑生命、救死扶伤、甘于奉献、大爱无疆"的医者精神，注重加强医者仁心教育，在培养精湛医术的同时，教育引导学生始终把人民群众生命安全和身体健康放在首位，尊重患者，善于沟通，提升综合素养和人文修养，提升依法应对重大突发公共卫生事件能力，做党和人民信赖的好医生。

艺术学类专业课程。要在课程教学中教育引导学生立足时代、扎根人民、深入生活，树立正确的艺术观和创作观。要坚持以美育人、以美化人，积极弘扬中华美育精神，引导学生自觉传承和弘扬中华优秀传统文化，全面提高学生的审美和人文素养，增强文化自信。

高等职业学校要结合高职专业分类和课程设置情况，落实好分类推进相关要求。

六、将课程思政融入课堂教学建设全过程

高校课程思政要融入课堂教学建设，作为课程设置、教学大纲核准和教案评价的重要内容，落实到课程目标设计、教学大纲修订、教材编审选用、教案课件编写各方面，贯穿于课堂授课、教学研讨、实验实训、作业论文各环节。要讲好用好马工程重点教材，推进教材内容进人才培养方案、进教案课件、进考试。要创新课堂教学模式，推进现代信息技术在课程思政教学中的应用，激发学生学习兴趣，引导学生深入思考。要健全高校课堂教学管理体系，改进课堂教学过程管理，提高课程思政内涵融入课堂教学的水平。要综合运用第一课堂和第二课堂，组织开展"中国政法实务大讲堂""新闻实务大讲堂"等系列讲堂，深入开展"青年红色筑梦之旅""百万师生大实践"等社会实践、志愿服务、实习实训活动，不断拓展课程思政建设方法和途径。

七、提升教师课程思政建设的意识和能力

全面推进课程思政建设，教师是关键。要推动广大教师进一步强化育人意识，找准育人角度，提升育人能力，确保课程思政建设落地落实、见功见效。要加强教师课程思政能力建设，建立健全优质资源共享机制，支持各地各高校搭建课程思政建设交流平台，分区域、分学科专业领域开展经常性的典型经验交流、现场教学观摩、教师教学培训等活动，充分利用现代信息技术手段，促进优质资源在各区域、层次、类型的高校间共享共用。依托高校教师网络培训中心、教师教学发展中心等，深入开展马克思

主义政治经济学、马克思主义新闻观、中国特色社会主义法治理论、法律职业伦理、工程伦理、医学人文教育等专题培训。支持高校将课程思政纳入教师岗前培训、在岗培训和师德师风、教学能力专题培训等。充分发挥教研室、教学团队、课程组等基层教学组织作用,建立课程思政集体教研制度。鼓励支持思政课教师与专业课教师合作教学教研,鼓励支持院士、"长江学者""杰青"、国家级教学名师等带头开展课程思政建设。

加强课程思政建设重点、难点、前瞻性问题的研究,在教育部哲学社会科学研究项目中积极支持课程思政类研究选题。充分发挥高校课程思政教学研究中心、思想政治工作创新发展中心、马克思主义学院和相关学科专业教学组织的作用,构建多层次课程思政建设研究体系。

八、建立健全课程思政建设质量评价体系和激励机制

人才培养效果是课程思政建设评价的首要标准。建立健全多维度的课程思政建设成效考核评价体系和监督检查机制,在各类考核评估评价工作和深化高校教育教学改革中落细落实。充分发挥各级各类教学指导委员会、学科评议组、专业学位教育指导委员会、行业职业教育教学指导委员会等专家组织作用,研究制订科学多元的课程思政评价标准。把课程思政建设成效作为"双一流"建设监测与成效评价、学科评估、本科教学评估、一流专业和一流课程建设、专业认证、"双高计划"评价、高校或院系教学绩效考核等的重要内容。把教师参与课程思政建设情况和教学效果作为教师考核评价、岗位聘用、评优奖励、选拔培训的重要内容。在教学成果奖、教材奖等各类成果的表彰奖励工作中,突出课程思政要求,加大对课程思政建设优秀成果的支持力度。

九、加强课程思政建设组织实施和条件保障

课程思政建设是一项系统工程,各地各高校要高度重视,加强顶层设计,全面规划,循序渐进,以点带面,不断提高教学效果。要尊重教育教学

规律和人才培养规律,适应不同高校、不同专业、不同课程的特点,强化分类指导,确定统一性和差异性要求。要充分发挥教师的主体作用,切实提高每一位教师参与课程思政建设的积极性和主动性。

加强组织领导。教育部成立课程思政建设工作协调小组,统筹研究重大政策,指导地方、高校开展工作;组建高校课程思政建设专家咨询委员会,提供专家咨询意见。各地教育部门和高校要切实加强对课程思政建设的领导,结合实际研究制定各地、各校课程思政建设工作方案,健全工作机制,强化督查检查。各高校要建立党委统一领导、党政齐抓共管、教务部门牵头抓总、相关部门联动、院系落实推进、自身特色鲜明的课程思政建设工作格局。

加强支持保障。各地教育部门要加强政策协调配套,统筹地方财政高等教育资金和中央支持地方高校改革发展资金,支持高校推进课程思政建设。中央部门所属高校要统筹利用中央高校教育教学改革专项等中央高校预算拨款和其他各类资源,结合学校实际,支持课程思政建设工作。地方高校要根据自身建设计划,统筹各类资源,加大对课程思政建设的投入力度。

加强示范引领。面向不同层次高校、不同学科专业、不同类型课程,持续深入抓典型、树标杆、推经验,形成规模、形成范式、形成体系。教育部选树一批课程思政建设先行校、一批课程思政教学名师和团队,推出一批课程思政示范课程、建设一批课程思政教学研究示范中心,设立一批课程思政建设研究项目,推动建设国家、省级、高校多层次示范体系,大力推广课程思政建设先进经验和做法,全面形成广泛开展课程思政建设的良好氛围,全面提高人才培养质量。

附录六
全面推进"大思政课"建设的工作方案

(2022年7月25日)

为深入贯彻落实习近平总书记关于"大思政课"的重要指示批示和在中国人民大学考察时的重要讲话精神,贯彻落实中共中央、国务院《关于新时代加强和改进思想政治工作的意见》,中共中央办公厅、国务院办公厅印发的《关于深化新时代学校思想政治理论课改革创新的若干意见》和中共中央办公厅《关于加强新时代马克思主义学院建设的意见》精神,坚持不懈用习近平新时代中国特色社会主义思想铸魂育人,制定本工作方案。

一、总体要求

党的十八大以来,特别是习近平总书记亲自主持召开学校思想政治理论课教师座谈会以来,思政课在党中央治国理政战略全局中的地位日益凸显,发展环境和整体生态发生根本性转变,习近平新时代中国特色社会主义思想铸魂育人成效明显,思政课建设、日常思想政治工作、课程思政全面推进。同时,一些地方和学校对"大思政课"建设的重视程度不够,开门办思政课、调动各种社会资源的意识和能力还不够强,课程教材体系还需要进一步完善,有的学校教师数量不足、质量不高,对实践教学重视不够,有的课堂教学与现实结合不紧密,大中小学思政课一体化建设亟需深化,有的学校第二课堂重活动轻引领,课程思政存在"硬融入""表面化"等现象。

全面推进"大思政课"建设，要坚持以习近平新时代中国特色社会主义思想为指导，聚焦立德树人根本任务，推动用党的创新理论铸魂育人，不断增强针对性、提高有效性，实现入脑入心。坚持开门办思政课，强化问题意识、突出实践导向，充分调动全社会力量和资源，建设"大课堂"、搭建"大平台"、建好"大师资"，建设全国高校思政课教研系统，设立一批实践教学基地，推出一批优质教学资源，做优一批品牌示范活动，支持建设综合改革试验区，推动思政小课堂与社会大课堂相结合，推动各类课程与思政课同向同行，教育引导学生坚定"四个自信"，成为堪当民族复兴重任的时代新人。

二、改革创新主渠道教学

1. 建构党的创新理论研究阐释和教育教学的自主知识体系。各高校全面开设"习近平新时代中国特色社会主义思想概论"课。中央宣传部、教育部编写习近平新时代中国特色社会主义思想概论课教材。教育部实施习近平新时代中国特色社会主义思想研究重大专项，加强习近平新时代中国特色社会主义思想系统化学理化和分领域分专题研究，将习近平新时代中国特色社会主义思想有机融入全面贯穿哲学社会科学各学科知识体系。

2. 建强思政课课程群。各地各校加强以习近平新时代中国特色社会主义思想为核心内容的课程群建设，形成必修课加选修课的课程体系。高校要统筹全校力量，结合自身实际，重点围绕习近平经济思想、习近平法治思想、习近平生态文明思想、习近平强军思想、习近平外交思想以及"四史"、宪法法律、中华优秀传统文化等设定课程模块，开设选择性必修课程。

3. 优化思政课教材体系。落实系列重大主题教育指南和纲要，深入推进习近平总书记在地方工作期间的重大实践、视察地方和学校重要论述进课程教材。及时修订思政课统编教材，将党的创新理论最新成果有机融入各门思政课。编写马克思、恩格斯、列宁关于哲学社会科学及各学科重要论述摘编。持续推进新时代马克思主义理论研究和建设工程重点教材建设。

4. 拓展课堂教学内容。教育部组织制作"思政课导学"课件、讲义、专题片等,帮助教师讲深讲透讲活学好思政课的重要意义。各地各校围绕新时代的伟大实践,充分挖掘地方红色文化、校史资源,将伟大建党精神和抗疫精神、科学家精神、载人航天精神等伟大精神,生动鲜活的实践成就,以及英雄模范的先进事迹等引入课堂,推动党的创新理论和历史融入各学段各门思政课。

5. 创新课堂教学方法。各校加强对学生思想、心理及关心的热点难点问题研究,制定针对性的教学方案。善于采用多样化的教学方法,注重发挥学生主体性作用,积极运用小组研学、情景展示、课题研讨、课堂辩论等方式组织课堂实践。有条件的高校要为思政课配备助教,协助开展教学组织、课后答疑等工作。

6. 优化教学评价体系。高校要建立校领导、教学督导、马克思主义学院班子成员、思政课教师和学生参加的多维度综合教学评价工作体系,重视教学过程评价,增加教学研究和教学成果在评价体系中的权重。用好思政课教学评价结果,作为马克思主义学院和班子成员考核的重要指标,作为思政课教师绩效考核、职称晋升、评奖评优等的基本依据。充分发挥教学指导委员会等专家组织作用,开展教学调研指导。鼓励有条件的高校聘请思政课退休教师担任教学督导员、青年教师的成长导师。

三、善用社会大课堂

1. 构建实践教学工作体系。高校要普遍建立党委统一领导,马克思主义学院积极协调,教务处、宣传部、学工部、团委等职能部门密切配合的思政课实践教学工作体系,在马克思主义学院指定专人负责,建立健全安全保障机制,积极整合思政课教师和辅导员队伍,共同参与组织指导思政课实践教学。将思政课教师、辅导员指导学生开展实践活动、指导学生理论社团等纳入教学工作量。参照学生专业实训(实习)标准设立思政课实践教学专项经费。

2. 落实思政课实践教学学时学分。高校要严格落实本科2个学分、专科1个学分用于思政课实践教学的要求,中小学校要安排一定比例的课时用于学生社会实践体验活动。精心设计实践教学大纲,坚决避免实践教学娱乐化、形式化、表面化。鼓励有条件的高校开设专门的实践教学课。

3. 组织开展多样化的实践教学。教育部持续组织开展中国国际"互联网+"大学生创新创业大赛青年红色筑梦之旅、习近平新时代中国特色社会主义思想大学习领航计划、"小我融入大我,青春献给祖国"主题社会实践、"技能成才,强国有我"主题教育等活动。高校要紧扣思政课实践教学目标和要求,利用志愿服务、理论宣讲、社会调研等实践活动,开展实践教学。注重总结实践教学成果,把优秀成果作为课堂教学的有效补充,支持出版高校思政课实践教学成果,推动实践教学规范化。

4. 建好用好实践教学基地。教育部会同有关部门,利用现有基地(场馆),分专题设立一批"大思政课"实践教学基地。发挥好教育部高校思政课教师研学基地的实践教学功能。各地教育部门要结合实际,积极建设"大思政课"实践教学基地。大中小学要主动对接各级各类实践教学基地,开发现场教学专题,开展实践教学。有条件的学校可与有关基地建立长效合作机制,加强研究和资源开发。各基地要积极创造条件,与各地教育部门、学校建立有效工作机制,协同完成好实践教学任务。

专栏   **建好用好"大思政课"实践教学基地**

1. 教育部、科技部联合设立科学精神专题实践教学基地。
2. 教育部、工业和信息化部联合设立工业文化专题实践教学基地。
3. 教育部、生态环境部联合设立美丽中国专题实践教学基地。
4. 教育部、国家卫生健康委联合设立抗击疫情专题实践教学基地。

5. 教育部、国家文物局联合设立中华优秀传统文化、革命文化、社会主义先进文化专题实践教学基地。

6. 教育部、国家乡村振兴局联合设立脱贫攻坚、乡村振兴专题实践教学基地。

7. 教育部、中国关心下一代工作委员会联合设立党史新中国史教育专题实践教学基地。

四、搭建大资源平台

1. 建设全国高校思政课教研系统。教育部建设"全国高校思政课教师网络集体备课平台"网络支持系统、"青梨派"大学生自主学习系统、高校思政课教学创新中心资源开发系统、高校思政课教学指导委员会指导审核评估系统、高校思政课教师基础数据系统、高校思政课教师研修培训系统等为一体,共建共享、系统集成、全面覆盖的全国高校思政课教研系统。

2. 推进国家智慧教育平台建设使用。教育部把"大思政课"摆在教育信息化的突出位置,加强国家智慧教育平台思政教育资源建设。通过项目支持的方式,推动教学资源建设常态化机制化。组织开发和推荐一批科学权威实用的课件、讲义,推动一线教师统一使用。加强思政课教学资源库建设,实施中小学思政课精品课程建设计划,推出一批思政"金课"。加大优质资源推广使用力度,指导各地各校用好国家智慧教育平台。

 专栏　　　　思政课教学资源库

1. 建设教学案例库。组织征集和开发高质量、多形式的教学案例,特别是聚焦习近平新时代中国特色社会主义思想在中华大地的生动实践,开发一批党的创新理论主题案例。

2. 打造教学重难点问题库。建立思政课教学重难点问题征集机制,动态收集学生关注的问题和思想理论困惑,统一组织研究回答,形成教学问题库。

3. 建设教学素材库。建立完善采集、审核、共享机制,充分调动一线思政课教师积极性创造性,持续推出一大批优秀思政课课件、讲义、重难点解析、重要参考文献、教学配图、微视频、融媒体公开课等优质教学素材。

4. 开发在线示范课程库。以国家统编教材为基本遵循,整合全国优秀思政课教师和哲学社会科学专家力量,组织开发高水平在线示范课程。

3. 打造网络教育宣传云平台。教育部会同中央网信办等,组织开展"大思政课"网络主题宣传活动,鼓励师生围绕思政课教学内容创作微电影、动漫、音乐、短视频等,建设资源共享、在线互动、网络宣传等为一体的"云上大思政课"平台。加强高校思想政治工作网、大学生在线、易班等网络平台建设。积极研发成本适宜的虚拟仿真教学资源。组织开展"同上一堂思政大课"活动。各地各校用好"学习强国"等平台,鼓励思政课教师积极参加中央和地方主流媒体的政论、时政节目,广泛传播党的创新理论。

五、构建大师资体系

1. 建设专兼结合的师资队伍。各地各校严格按照要求配备建强高校专职思政课教师、辅导员队伍,提高中小学专职思政课教师比例,实行思政课特聘教授、兼职教师制度,积极聘请党政领导、科学家、老同志、先进模范等担任思政课兼职教师。深入实施马克思主义学院院长(书记)培养工程,通过集中培养培训、委托重大项目、加强实践锻炼、开展国际国内访学等方式,培养一批青年马克思主义理论家。

专栏　　建立思政课特聘教授、兼职教师制度

高校要通过建立健全思政课特聘教授制度,选聘优秀地方党政领导干部、企事业单位管理专家、社科理论界专家、各行业先进模范以及高校党委书记校长、院(系)党政负责人、名师大家和专业课骨干教师、日常思想政治教育骨干等加入思政课教师队伍,讲授思政课;通过建立健全兼职教师制度,形成英雄人物、劳动模范、大国工匠等先进代表,以及革命博物馆、纪念馆、党史馆、烈士陵园等红色基地讲解员、志愿者经常性进高校参与思政课教学的长效机制。

2. 搭建队伍研究平台。充分发挥国家社科基金规划项目、教育部人文社科研究项目思政课教师研究专项作用,设立马克思主义理论研究和建设工程后期资助项目,组织教师加强马克思主义理论和思政课教学研究。重点支持开展"大思政课"建设规律、思政课教学难点及对策、大中小学思政课一体化、课程思政等研究。举办习近平新时代中国特色社会主义思想进教材进课堂进头脑系列研讨会。建设辅导员工作室、资助开展课题研究、推广优秀工作案例。

3. 提升队伍综合能力。完善国家、地方、学校三级培训体系,实现思政课教师培训全覆盖。教育部完善"手拉手"集体备课机制,定期组织开展教学研讨活动。开展中小学思政课教师示范培训、教学基本功展示交流活动。建设辅导员网上资源库、开发虚拟仿真实训平台,组织支持开展国情考察。各地教育部门要建立中小学思政课教师轮训制度,依托各级党校和高校马克思主义学院每3年对中小学思政课教师至少进行一次不少于5日的集中脱产培训。中小学校新进专职思政课教师须取得思政课教师资格。小学兼职思政课教师在上岗前应完成一定学时的专业培训,并考核合格。各地各高校建立专门制度,常态化支持思政课骨干教师到各级宣传、教育等党政机关或基层挂职锻炼、蹲点调研,相关经历纳入评奖评优、干部选聘体系,相关成果作为职称评聘参考。严格落实生均经费用于思政课教师的学术交流、实践研修等,并逐步加大支持力度。

 专栏　　　加强思政课教师培养培训

1. 加强"高校思政课教师信息库"建设。
2. 打造"全国高校思政课教师网络集体备课平台"升级版。
3. 实施"高校思政课教师队伍后备人才培养专项支持计划"。
4. 实施"高校思政课教师在职攻读马克思主义理论博士学位专项支持计划"。
5. 举办"高校思政课骨干教师研修班"和"高校哲学社会科学骨干研修班"。
6. 举办"周末理论大讲堂"。
7. 依托全国高校思政课教师研修(学)基地,组织思政课教师开展分课程、分专题研修活动。
8. "高校思想政治理论课'手拉手'集体备课中心"和"高校思想政治理论课名师工作室",举办跨地区、跨学段、跨学校等多形式的集体备课、教学研讨活动。
9. 举办"全国高校思政课教学展示活动"。
10. 开展"高校优秀思政课教师和马克思主义理论学科学生奖励基金"遴选。
11. 开展中小学思政课教师示范培训。
12. 开展中小学思政课教师基本功展示交流活动。

六、拓展工作格局

1. 分层分类开展"大思政课"综合改革试点。教育部围绕实践教学、教师队伍建设、大中小学思政课一体化、问题式专题化团队教学和均衡发展等思政课改革创新重大问题,在北京、天津、上海、江西、陕西等地设立综合改革试验区。地方党政负责同志坚持联系高校并讲思政课。坚持教材编写、师资培养、理论阐释、教学研究相结合，统筹推进习近平新时代中国特色社会主义思想研究中心（院）、国家教材建设重点研究基地、人文社科重点研究基地、师资培训中心、马克思主义学院等建设，开展"联学联讲联研"综合改革试点。深入推进"三全育人"综合改革，持续扩大高校"一站式"学生社区综合管理模式建设试点。

2. 深入推进大中小学思政课一体化建设。教育部加强大中小学思政课一体化建设指导委员会建设，支持各地建设一批一体化基地，鼓励高校积极开展与中小学思政课共建。各地教育部门加强引导和协调，建立大中小学师资培育、听课评课、教研交流、集体备课等常态化工作机制。

3. 全面推进课程思政高质量建设。教育部组建高等学校课程思政教学指导委员会，研制普通本科专业类课程思政教学指南，组织开展高校教师课程思政教学能力培训，建设一批课程思政系列共享资源库。建成一批课程思政示范高校，推出一批课程思政示范课程，选树一批课程思政教学名师和团队，建设一批高校课程思政教学研究示范中心。加强中小学学科德育建设。

4. 扎实开展日常思政教育活动。学校党委书记、校长要在开学、毕业典礼等重要场合，讲授"思政大课"。学校要以重大纪念日、重大历史事件为契机，通过"学习新思想，做好接班人"主题教育、职教学生读党报、新时代先进人物进校园、论坛讲坛、讲座报告会等，组织专题"思政大课"。教育部打造并集中展示一批校园文化原创精品，建设一批文化传承基地。办好"全国大学生网络文化节"和"全国高校网络教育优秀作品推选展示活动"。

七、加强组织领导

1. 强化统筹协调。教育部、中央宣传部做好"大思政课"建设的总体谋划。中央网信办指导做好"大思政课"全媒体宣传。科技部、工业和信息化部、生态环境部、国家卫生健康委、国家文物局、国家乡村振兴局、中国关心下一代工作委员会等部门,加强对基地的指导和建设,切实发挥好基地的育人功能。

2. 积极推进落实。各地要把"大思政课"建设作为"十四五"时期推动思政课高质量发展的重要抓手,在基地资源、经费投入、队伍建设、条件保障等方面采取有效措施。将中外合作办学院校纳入"大思政课"建设整体布局。各地各校要及时总结宣传"大思政课"建设的好经验好做法,营造良好舆论氛围。

附录七
中小学德育工作指南

(2017年8月17日)

为深入贯彻落实立德树人根本任务,加强对中小学德育工作的指导,切实将党和国家关于中小学德育工作的要求落细落小落实,着力构建方向正确、内容完善、学段衔接、载体丰富、常态开展的德育工作体系,大力促进德育工作专业化、规范化、实效化,努力形成全员育人、全程育人、全方位育人的德育工作格局,特制定本指南。

一、指导思想

全面贯彻党的十八大和十八届三中、四中、五中、六中全会精神,深入贯彻习近平总书记系列重要讲话精神和治国理政新理念新思想新战略,始终坚持育人为本、德育为先,大力培育和践行社会主义核心价值观,以培养学生良好思想品德和健全人格为根本,以促进学生形成良好行为习惯为重点,以落实《中小学生守则(2015年修订)》为抓手,坚持教育与生产劳动、社会实践相结合,坚持学校教育与家庭教育、社会教育相结合,不断完善中小学德育工作长效机制,全面提高中小学德育工作水平,为中国特色社会主义事业培养合格建设者和可靠接班人。

二、基本原则

1. 坚持正确方向。加强党对中小学校的领导,全面贯彻党的教育方针,坚持社会主义办学方向,牢牢把握中小学思想政治和德育工作主导权,保证中小学校成为坚持党的领导的坚强阵地。

2. 坚持遵循规律。符合中小学生年龄特点、认知规律和教育规律,注重学段衔接和知行统一,强化道德实践、情感培育和行为习惯养成,努力增强德育工作的吸引力、感染力和针对性、实效性。

3. 坚持协同配合。发挥学校主导作用,引导家庭、社会增强育人责任意识,提高对学生道德发展、成长成人的重视程度和参与度,形成学校、家庭、社会协调一致的育人合力。

4. 坚持常态开展。推进德育工作制度化常态化,创新途径和载体,将中小学德育工作要求贯穿融入到学校各项日常工作中,努力形成一以贯之、久久为功的德育工作长效机制。

三、德育目标

(一) 总体目标

培养学生爱党爱国爱人民,增强国家意识和社会责任意识,教育学生理解、认同和拥护国家政治制度,了解中华优秀传统文化和革命文化、社会主义先进文化,增强中国特色社会主义道路自信、理论自信、制度自信、文化自信,引导学生准确理解和把握社会主义核心价值观的深刻内涵和实践要求,养成良好政治素质、道德品质、法治意识和行为习惯,形成积极健康的人格和良好心理品质,促进学生核心素养提升和全面发展,为学生一生成长奠定坚实的思想基础。

(二) 学段目标

1. 小学低年级。教育和引导学生热爱中国共产党、热爱祖国、热爱人民,爱亲敬长、爱集体、爱家乡,初步了解生活中的自然、社会常识和有关祖国的知识,保护环境,爱惜资源,养成基本的文明行为习惯,形成自信向上、诚实勇敢、有责任心等良好品质。

2. 小学中高年级。教育和引导学生热爱中国共产党、热爱祖国、热爱人民，了解家乡发展变化和国家历史常识，了解中华优秀传统文化和党的光荣革命传统，理解日常生活的道德规范和文明礼貌，初步形成规则意识和民主法治观念，养成良好生活和行为习惯，具备保护生态环境的意识，形成诚实守信、友爱宽容、自尊自律、乐观向上等良好品质。

3. 初中学段。教育和引导学生热爱中国共产党、热爱祖国、热爱人民，认同中华文化，继承革命传统，弘扬民族精神，理解基本的社会规范和道德规范，树立规则意识、法治观念，培养公民意识，掌握促进身心健康发展的途径和方法，养成热爱劳动、自主自立、意志坚强的生活态度，形成尊重他人、乐于助人、善于合作、勇于创新等良好品质。

4. 高中学段。教育和引导学生热爱中国共产党、热爱祖国、热爱人民，拥护中国特色社会主义道路，弘扬民族精神，增强民族自尊心、自信心和自豪感，增强公民意识、社会责任感和民主法治观念，学习运用马克思主义基本观点和方法观察问题、分析问题和解决问题，学会正确选择人生发展道路的相关知识，具备自主、自立、自强的态度和能力，初步形成正确的世界观、人生观和价值观。

四、德育内容

1. 理想信念教育。开展马列主义、毛泽东思想学习教育，加强中国特色社会主义理论体系学习教育，引导学生深入学习习近平总书记系列重要讲话精神，领会党中央治国理政新理念新思想新战略。加强中国历史特别是近现代史教育、革命文化教育、中国特色社会主义宣传教育、中国梦主题宣传教育、时事政策教育，引导学生深入了解中国革命史、中国共产党史、改革开放史和社会主义发展史，继承革命传统，传承红色基因，深刻领会实现中华民族伟大复兴是中华民族近代以来最伟大的梦想，培养学生对党的政治认同、情感认同、价值认同，不断树立为共产主义远大理想和中国特色社会主义共同理想而奋斗的信念和信心。

2. 社会主义核心价值观教育。把社会主义核心价值观融入国民教育全过程,落实到中小学教育教学和管理服务各环节,深入开展爱国主义教育、国情教育、国家安全教育、民族团结教育、法治教育、诚信教育、文明礼仪教育等,引导学生牢牢把握富强、民主、文明、和谐作为国家层面的价值目标,深刻理解自由、平等、公正、法治作为社会层面的价值取向,自觉遵守爱国、敬业、诚信、友善作为公民层面的价值准则,将社会主义核心价值观内化于心、外化于行。

3. 中华优秀传统文化教育。开展家国情怀教育、社会关爱教育和人格修养教育,传承发展中华优秀传统文化,大力弘扬核心思想理念、中华传统美德、中华人文精神,引导学生了解中华优秀传统文化的历史渊源、发展脉络、精神内涵,增强文化自觉和文化自信。

4. 生态文明教育。加强节约教育和环境保护教育,开展大气、土地、水、粮食等资源的基本国情教育,帮助学生了解祖国的大好河山和地理地貌,开展节粮节水节电教育活动,推动实行垃圾分类,倡导绿色消费,引导学生树立尊重自然、顺应自然、保护自然的发展理念,养成勤俭节约、低碳环保、自觉劳动的生活习惯,形成健康文明的生活方式。

5. 心理健康教育。开展认识自我、尊重生命、学会学习、人际交往、情绪调适、升学择业、人生规划以及适应社会生活等方面教育,引导学生增强调控心理、自主自助、应对挫折、适应环境的能力,培养学生健全的人格、积极的心态和良好的个性心理品质。

五、实施途径和要求

(一) 课程育人

充分发挥课堂教学的主渠道作用,将中小学德育内容细化落实到各学科课程的教学目标之中,融入渗透到教育教学全过程。

严格落实德育课程。按照义务教育、普通高中课程方案和标准,上好道德与法治、思想政治课,落实课时,不得减少课时或挪作他用。

要围绕课程目标联系学生生活实际,挖掘课程思想内涵,充分利用时政媒体资源,精心设计教学内容,优化教学方法,发展学生道德认知,注重学生的情感体验和道德实践。

发挥其他课程德育功能。要根据不同年级和不同课程特点,充分挖掘各门课程蕴含的德育资源,将德育内容有机融入到各门课程教学中。

语文、历史、地理等课要利用课程中语言文字、传统文化、历史地理常识等丰富的思想道德教育因素,潜移默化地对学生进行世界观、人生观和价值观的引导。

数学、科学、物理、化学、生物等课要加强对学生科学精神、科学方法、科学态度、科学探究能力和逻辑思维能力的培养,促进学生树立勇于创新、求真求实的思想品质。

音乐、体育、美术、艺术等课要加强对学生审美情趣、健康体魄、意志品质、人文素养和生活方式的培养。

外语课要加强对学生国际视野、国际理解和综合人文素养的培养。

综合实践活动课要加强对学生生活技能、劳动习惯、动手实践和合作交流能力的培养。

用好地方和学校课程。要结合地方自然地理特点、民族特色、传统文化以及重大历史事件、历史名人等,因地制宜开发地方和学校德育课程,引导学生了解家乡的历史文化、自然环境、人口状况和发展成就,培养学生爱家乡、爱祖国的感情,树立维护祖国统一、加强民族团结的意识。

统筹安排地方和学校课程,开展法治教育、廉洁教育、反邪教教育、文明礼仪教育、环境教育、心理健康教育、劳动教育、毒品预防教育、影视教育等专题教育。

(二) 文化育人

要依据学校办学理念,结合文明校园创建活动,因地制宜开展校园文化建设,使校园秩序良好、环境优美,校园文化积极向上、格调高雅,提高校园文明水平,让校园处处成为育人场所。

优化校园环境。学校校园建筑、设施、布置、景色要安全健康、温馨舒适,使校园内一草一木、一砖一石都体现教育的引导和熏陶。

学校要有升国旗的旗台和旗杆。建好共青团、少先队活动室。积极建设校史陈列室、图书馆(室)、广播室、学校标志性景观。

学校、教室要在明显位置张贴社会主义核心价值观24字、《中小学生守则(2015年修订)》。教室正前上方有国旗标识。

要充分利用板报、橱窗、走廊、墙壁、地面等进行文化建设,可悬挂革命领袖、科学家、英雄模范等杰出人物的画像和格言,展示学生自己创作的作品或进行主题创作。

营造文化氛围。凝练学校办学理念,加强校风教风学风建设,形成引导全校师生共同进步的精神力量。

鼓励设计符合教育规律、体现学校特点和办学理念的校徽、校训、校规、校歌、校旗等并进行教育展示。

创建校报、校刊进行宣传教育。可设计体现学校文化特色的校服。

建设班级文化,鼓励学生自主设计班名、班训、班歌、班徽、班级口号等,增强班级凝聚力。

推进书香班级、书香校园建设,向学生推荐阅读书目,调动学生阅读积极性。提倡小学生每天课外阅读至少半小时、中学生每天课外阅读至少1小时。

建设网络文化。积极建设校园绿色网络,开发网络德育资源,搭建校园网站、论坛、信箱、博客、微信群、QQ群等网上宣传交流平台,通过网络开展主题班(队)会、冬(夏)令营、家校互动等活动,引导学生合理使用网络,避免沉溺网络游戏,远离有害信息,防止网络沉迷和伤害,提升网络素养,打造清朗的校园网络文化。

(三) 活动育人

要精心设计、组织开展主题明确、内容丰富、形式多样、吸引力强的教育活动,以鲜明正确的价值导向引导学生,以积极向上的力量激励学生,促进学生形成良好的思想品德和行为习惯。

开展节日纪念日活动。利用春节、元宵、清明、端午、中秋、重阳等中华传统节日以及二十四节气,开展介绍节日历史渊源、精神内涵、文化习俗等校园文化活动,增强传统节日的体验感和文化感。

利用植树节、劳动节、青年节、儿童节、教师节、国庆节等重大节庆日集中开展爱党爱国、民族团结、热爱劳动、尊师重教、爱护环境等主题教育活动。

利用学雷锋纪念日、中国共产党建党纪念日、中国人民解放军建军纪念日、七七抗战纪念日、九三抗战胜利纪念日、九一八纪念日、烈士纪念日、国家公祭日等重要纪念日,以及地球日、环境日、健康日、国家安全教育日、禁毒日、航天日、航海日等主题日,设计开展相关主题教育活动。

开展仪式教育活动。仪式教育活动要体现庄严神圣,发挥思想政治引领和道德价值引领作用,创新方式方法,与学校特色和学生个性展示相结合。

严格中小学升挂国旗制度。除寒暑假和双休日外,应当每日升挂国旗。除假期外,每周一及重大节会活动要举行升旗仪式,奏唱国歌,开展向国旗敬礼、国旗下宣誓、国旗下讲话等活动。

入团、入队要举行仪式活动。

举办入学仪式、毕业仪式、成人仪式等有特殊意义的仪式活动。

开展校园节(会)活动。举办丰富多彩、寓教于乐的校园节(会)活动,培养学生兴趣爱好,充实学生校园生活,磨练学生意志品质,促进学生身心健康发展。

学校每学年至少举办一次科技节、艺术节、运动会、读书会。可结合学校办学特色和学生实际,自主开发校园节(会)活动,做好活动方案和应急预案。

开展团、队活动。加强学校团委对学生会组织、学生社团的指导管理。明确中学团委对初中少先队工作的领导职责,健全初中团队衔接机制。确保少先队活动时间,小学1年级至初中2年级每周安排1课时。

发挥学生会作用,完善学生社团工作管理制度,建立体育、艺术、科普、环保、志愿服务等各类学生社团。学校要创造条件为学生社团提供经费、场地、活动时间等方面保障。

要结合各学科课程教学内容及办学特色,充分利用课后时间组织学生开展丰富多彩的科技、文娱、体育等社团活动,创新学生课后服务途径。

（四）实践育人

要与综合实践活动课紧密结合，广泛开展社会实践，每学年至少安排一周时间，开展有益于学生身心发展的实践活动，不断增强学生的社会责任感、创新精神和实践能力。

开展各类主题实践。利用爱国主义教育基地、公益性文化设施、公共机构、企事业单位、各类校外活动场所、专题教育社会实践基地等资源，开展不同主题的实践活动。

利用历史博物馆、文物展览馆、物质和非物质文化遗产地等开展中华优秀传统文化教育。

利用革命纪念地、烈士陵园（墓）等开展革命传统教育。

利用法院、检察院、公安机关等开展法治教育。

利用展览馆、美术馆、音乐厅等开展文化艺术教育。

利用科技类馆室、科研机构、高新技术企业设施等开展科普教育。

利用军事博物馆、国防设施等开展国防教育。

利用环境保护和节约能源展览馆、污水处理企业等开展环境保护教育。

利用交通队、消防队、地震台等开展安全教育。

利用养老院、儿童福利机构、残疾人康复机构等社区机构等开展关爱老人、孤儿、残疾人教育。

利用体育科研院所、心理服务机构、儿童保健机构等开展健康教育。

加强劳动实践。在学校日常运行中渗透劳动教育，积极组织学生参与校园卫生保洁、绿化美化，普及校园种植。

将校外劳动纳入学校的教育教学计划，小学、初中、高中每个学段都要安排一定时间的农业生产、工业体验、商业和服务业实习等劳动实践。

教育引导学生参与洗衣服、倒垃圾、做饭、洗碗、拖地、整理房间等力所能及的家务劳动。

组织研学旅行。把研学旅行纳入学校教育教学计划，促进研学旅行与学校课程、德育体验、实践锻炼有机融合，利用好研学实践基地，有针对性地开展自然类、历史类、地理类、科技类、人文类、体验类等多种类型的研学旅行活动。

要考虑小学、初中、高中不同学段学生的身心发展特点和能力,安排适合学生年龄特征的研学旅行。

要规范研学旅行组织管理,制定研学旅行工作规程,做到"活动有方案,行前有备案,应急有预案",明确学校、家长、学生的责任和权利。

开展学雷锋志愿服务。要广泛开展与学生年龄、智力相适应的志愿服务活动。

发挥本校团组织、少先队组织的作用,抓好学生志愿服务的具体组织、实施、考核评估等工作。

做好学生志愿服务认定记录,建立学生志愿服务记录档案,加强学生志愿服务先进典型宣传。

(五)管理育人

要积极推进学校治理现代化,提高学校管理水平,将中小学德育工作的要求贯穿于学校管理制度的每一个细节之中。

完善管理制度。制定校规校纪,健全学校管理制度,规范学校治理行为,形成全体师生广泛认同和自觉遵守的制度规范。

制定班级民主管理制度,形成学生自我教育、民主管理的班级管理模式。

制定防治学生欺凌和暴力工作制度,健全应急处置预案,建立早期预警、事中处理及事后干预等机制。

会同相关部门建立学校周边综合治理机制,对社会上损害学生身心健康的不法行为依法严肃惩处。

明确岗位责任。建立实现全员育人的具体制度,明确学校各个岗位教职员工的育人责任,规范教职工言行,提高全员育人的自觉性。

班主任要全面了解学生,加强班集体管理,强化集体教育,建设良好班风,通过多种形式加强与学生家长的沟通联系。各学科教师要主动配合班主任,共同做好班级德育工作。

加强师德师风建设。培育、宣传师德标兵、教学骨干和优秀班主任、德育工作者等先进典型,引导教师争做"四有"好教师。

实行师德"一票否决制",把师德表现作为教师资格注册、年度考核、职务(职称)评审、岗位聘用、评优奖励的首要标准。

细化学生行为规范。落实《中小学生守则(2015年修订)》,鼓励结合实际制订小学生日常行为规范、中学生日常行为规范,教育引导学生熟知学习生活中的基本行为规范,践行每一项要求。

关爱特殊群体。要加强对经济困难家庭子女、单亲家庭子女、学习困难学生、进城务工人员随迁子女、农村留守儿童等群体的教育关爱,完善学校联系关爱机制,及时关注其心理健康状况,积极开展心理辅导,提供情感关怀,引导学生心理、人格积极健康发展。

(六)协同育人

要积极争取家庭、社会共同参与和支持学校德育工作,引导家长注重家庭、注重家教、注重家风,营造积极向上的良好社会氛围。

加强家庭教育指导。要建立健全家庭教育工作机制,统筹家长委员会、家长学校、家长会、家访、家长开放日、家长接待日等各种家校沟通渠道,丰富学校指导服务内容,及时了解、沟通和反馈学生思想状况和行为表现,认真听取家长对学校的意见和建议,促进家长了解学校办学理念、教育教学改进措施,帮助家长提高家教水平。

构建社会共育机制。要主动联系本地宣传、综治、公安、司法、民政、文化、共青团、妇联、关工委、卫计委等部门、组织,注重发挥党政机关和企事业单位领导干部、专家学者以及老干部、老战士、老专家、老教师、老模范的作用,建立多方联动机制,搭建社会育人平台,实现社会资源共享共建,净化学生成长环境,助力广大中小学生健康成长。

六、组织实施

加强组织领导。各级教育行政部门要把中小学德育工作作为教育系统党的建设的重要内容,摆上重要议事日程,加强指导和管理。学校要建立党组织主导、校长负责、群团组织参与、家庭社会联动的德育工作机制。学校党组织要充分发挥政治核心作用,切实加强对学校德育工作的领导,把握正确方向,推动解决重要问题。校长要亲自抓德育工作,规划、部署、推动学校德育工作落到实处。学校要完善党建带团建机制,加强共青团、少先队建设,在学校德育工作中发挥共青团、少先队的思想性、先进性、自主性、实践性优势。

加强条件保障。各级教育行政部门和学校要进一步改善学校办学条件,将德育工作经费纳入经费年度预算,完善优化教育手段,提供德育工作必需的场所、设施,订阅必备的参考书、报刊杂志,配齐相应的教学仪器设备等。

加强队伍建设。各级教育行政部门和学校要重视德育队伍人员培养选拔,优化德育队伍结构,建立激励和保障机制,调动工作积极性和创造性。要有计划地培训学校党组织书记、校长、德育干部、班主任、各科教师和少先队辅导员、中学团干部,组织他们学习党的教育方针、德育理论,提高德育工作专业化水平。

加强督导评价。各级教育行政部门要将学校德育工作开展情况纳入对学校督导的重要内容,建立区域、学校德育工作评价体系,适时开展专项督导评估工作。学校要认真开展学生的品德评价,纳入综合素质评价体系,建立学生综合素质档案,做好学生成长记录,反映学生成长实际状况。

加强科学研究。各级教育行政部门、教育科研机构和学校要组织力量开展中小学德育工作研究,探索新时期德育工作特点和规律,创新德育工作的途径和方法,定期总结交流研究成果,学习借鉴先进经验和做法,增强德育工作的科学性、系统性和实效性。

附录八
关于适应新形势进一步加强和改进中小学德育工作的意见

(2000年12月14日印发)

为认真贯彻落实江泽民同志今年2月1日《关于教育问题的谈话》和在中央思想政治工作会议上的重要讲话精神,进一步加强和改进中小学(含中等职业学校,下同)德育工作,正确引导和帮助青少年学生健康成长,使他们能够德、智、体、美全面发展,根据新的形势和全面推进素质教育的要求,经党中央、国务院同意,现提出以下意见:

一、认清形势,统一认识,进一步增强搞好中小学德育工作的紧迫感和责任感

1. 加强和改进中小学德育工作是教育工作的一项紧迫任务。改革开放以来,我国教育改革和发展取得巨大成就,中小学德育工作进一步加强,广大教师爱岗敬业、教书育人、为人师表,广大青少年学生热爱祖国、积极上进、刻苦学习、朝气蓬勃、乐于接受新知识和新事物。世纪之交,中央确定了深化教育改革、全面推进素质教育的战略任务,对中小学德育工作提出了新的要求。同时,当前我国正处在改革的攻坚阶段和发展的关键时期,社会情况发生了复杂而深刻的变化,影响着青少年学生的价值取向;国际国内意识形态领域的矛盾和斗争更加复杂,尤其是国际敌对势力加紧对我国青少年一代进行思想文化渗透;个人主义拜金主义、享乐主义等消极腐朽思想给青少年学生带来了消极影响。

面对国内外形势的新变化、教育改革与发展的新任务和青少年思想教育工作的新情况,中小学德育工作还很不适应。突出表现在:重智育轻德育、一手硬一手软的现象依然在一些地方和学校严重存在;德育工作不适应青少年学生身心发展的特点,不适应社会生活的新变化,不适应全面推进素质教育的要求,方法与手段滞后,针对性和实效性不强;重课堂教学轻社会实践,重校内教育轻校外教育的倾向比较严重;全社会关心和支持教育的风气尚未全面形成,一些地区的社会环境不利于青少年学生健康成长;一些教师的思想道德素质与教书育人、为人师表的要求存在较大差距,教师职业道德建设亟待加强;德育工作的保障措施不够有力,体制、机制、队伍建设和经费投入等政策措施不到位。

2. 中小学校德育工作要坚持正确的指导思想。必须坚持以马列主义、毛泽东思想,特别是邓小平理论为指导,以江泽民同志《关于教育问题的谈话》和在中央思想政治工作会议上讲话精神为思想武器和行动指南,坚持社会主义教育方向,全面贯彻党的教育方针,以培养学生的创新精神和实践能力为重点,培养有理想、有道德、有文化、有纪律的德智体美等全面发展的社会主义事业建设者和接班人。必须坚持把学校德育工作摆在素质教育的首要位置,树立育人为本的思想,将"思想政治素质是最重要的素质"的要求落实到教育工作中的各个环节。必须坚持解放思想、实事求是的思想路线,遵循中小学生的身心发展规律,从中小学生的实际情况出发,提高德育工作的针对性和实效性,切忌形式主义、教条主义。必须坚持教育与社会实践相结合,理论与实际相结合,促进学生认知和行为的统一。必须坚持教育与管理相结合,依法加强对学校工作的管理,严格校风校纪,使自律与他律、内在约束与外在约束有机地结合起来。必须正确处理继承和创新的关系,在继承和发扬优良传统的基础上,认真研究、积极探索新形势下中小学德育工作的特点和规律,探求新办法,总结新经验。必须坚持在党的领导下,充分调动社会各方面的积极性,形成职责明确、齐抓共管、覆盖全社会的工作机制,共同做好青少年学生思想教育工作。

各级党委和政府,各有关部门和社会各界,各级教育行政部门和广大教师都要从战略的高度,充分认识加强和改进中小学德育工作的重要意义,深刻认识当前做好青少年思想教育工作的必要性和紧迫性,千方百计把这项工作抓紧、抓实、抓出成效。

二、切实提高中小学德育工作的针对性和实效性

1. 要把思想政治教育、品德教育、纪律教育、法制教育作为中小学德育工作长期坚持的重点,遵循由浅入深、循序渐进的原则,确定不同教育阶段的内容和要求。小学德育工作主要通过生动活泼的校内外教育教学活动,对学生进行以"爱祖国、爱人民、爱劳动、爱科学、爱社会主义"为基本内容的社会主义公德教育、社会常识教育和文明行为习惯的养成教育。中学德育工作的基本任务是把学生培养成为热爱社会主义祖国的具有社会公德、法制意识、文明行为习惯的遵纪守法的公民,引导他们逐步树立正确的世界观、人生观和价值观,不断提高爱国主义、集体主义和社会主义思想觉悟,为他们中的优秀分子将来能够成长为共产主义者奠定基础。中学特别是高中阶段,要注重有针对性地对学生进行马列主义、毛泽东思想和邓小平理论基本观点教育,辩证唯物主义和历史唯物主义基本观点教育。要加强国情教育,帮助学生了解我国改革开放以来取得的巨大成就,正确认识当前存在的矛盾和困难,以及党和政府努力解决这些问题的决心和措施,进一步坚定社会主义信念。职业学校还要加强职业道德教育、职业理想教育和创业教育,帮助学生树立正确的择业观、创业观,培养良好的职业道德素养。中小学校都要加强心理健康教育,培养学生良好的心理品质。通过加强法制教育,不断增强学生的法制意识和法制观念,使他们从小就养成遵纪守法的良好习惯。

2. 加强中小学德育课程建设。中小学思想品德、思想政治课和职业学校德育课的教育教学活动是学校德育工作的主导渠道。要从实际出发,深入研究当前学生思想品德特点,修订小学思想品德课和中学思想政治课课程标准,调整职业学校德育课程设置,进一步改革和完善教育教学内容,努力构建适应二十一世纪发展需要的中小学德育课程体系。要加

强中学生时事政策教育,保证每周安排一课时对学生进行时事政策和相关的专题教育。

中小学思想品德课、思想政治课和职业学校德育课要紧密联系学生生活和社会实际,增加实践教学和学生参加社会实践的课时。积极改进教学方法和形式,采用启发式、讨论式和研究性学习等生动活泼的方式进行教学。作为高中阶段学校招生必考科目的思想政治课,要积极进行考试内容和形式的改革。同时要建立健全学生思想道德行为的综合考核制度。

3. 德育要寓于各学科教学之中,贯穿于教育教学的各个环节。中小学语文、历史、地理、数学、物理、化学、生物、自然等学科要根据各自的特点,结合教学内容对学生进行爱国主义、社会主义、中国近现代史、基本国情、民族团结和辩证唯物主义世界观教育,以及科学精神、科学方法、科学态度的教育。体育、音乐、美术等学科也要结合学科特点,陶冶学生情操,激发爱国主义情感,培养团结协作和坚韧不拔的精神。职业学校专业课教学要结合行业特点和专业技术发展需求,对学生进行职业道德、职业理想与创业精神教育。学校的教学、管理等各项工作都要充分体现教书育人、管理育人、服务育人、环境育人的特点。各级教育行政部门要提出相关学科有机渗透德育内容的指导意见。

4. 把丰富多彩的教育活动作为德育工作的重要载体,努力培养学生的社会责任感和奉献精神。在继续减轻中小学生过重课业负担的同时,要根据青少年学生身心发展规律,寓德育于教育活动之中,积极开展有益于青少年学生健康成长的科技、文艺和体育等校园文化活动。要有计划地组织学生观看爱国主义和革命传统教育影视作品,参观爱国主义、法制教育基地。深入开展"中国少年雏鹰行动"、"手拉手互助活动"、18岁成人仪式教育活动、"学雷锋为民服务周活动"和"青年志愿者行动"等教育活动。结合各地、各校和班级的实际情况,努力开展和组织学生喜闻乐见并积极参与的各种有益活动。积极创造条件,充分运用现代教育技术手段,开展生动活泼的教育教学活动。继续办好中等学校学生业余党校和团校,加强积极分子队伍建设。

5. 校内教育与校外教育相结合,切实加强社会实践活动。中小学校要认真组织好学生的校外活动,积极建立中学生参加社区服务制度,把组织学生参加社会实践等校外教育活动作为加强德育工作的重要途径。社会实践活动包括社会调查、生产实习、军事训练、公益劳动、社区服务、科技文化活动、志愿者活动、勤工俭学等多种形式。要把学生的社会实践活动作为必修内容,列入教育教学计划,切实予以保障,学校要制订学生参加社区服务和社会实践活动的措施。社会实践活动总时间,初中学生一般每学年不少于 20 天,普通高中学生一般每学年不少于 30 天。职业学校要加强生产实习阶段对学生的思想政治教育、品德教育、纪律教育和法制教育。大中城市要统筹规划,通过多种形式,建立中小学生社会实践活动基地。工厂、农村、企事业单位和社区都要积极支持学生的社会实践活动。农村中小学要从实际出发,引导学生积极参加社会实践活动和生产劳动。要将参加社会实践活动的表现作为评价学生的一项重要内容,除特殊情况外,不能按要求完成规定的社会实践活动的中学生,不允许毕业。

三、大力加强教师职业道德建设

1. 教师职业道德建设是加强中小学德育工作和全面推进素质教育的关键环节,必须切实抓紧抓实。各级党委、政府和教育行政部门、中小学要将教师职业道德建设放在教师队伍建设的突出地位,采取切实措施,大力提高中小学教师职业道德素质。中小学教师职业道德建设要以马列主义、毛泽东思想,特别是邓小平理论为指导,认真贯彻落实江泽民同志《关于教育问题的谈话》精神,按照《中华人民共和国教师法》以及《中小学教师职业道德规范》、《中等职业学校教师职业道德规范(试行)》的规定,主动适应新形势下中小学教师队伍建设的需要,主动适应全面推进素质教育的需要,主动适应社会主义精神文明建设的需要,充分调动广大教师实施素质教育的积极性和创造性,发挥广大教师在全面推进素质教育进程中的主力军作用,使广大教师坚定社会主义信念,拥护党的基本路线,热爱教育事业，热爱学生，教书育人，为人师表。

2. 采取多种有效方式，大力加强教师职业道德教育。职业道德教育是教师队伍建设和教师继续教育的重要任务。在实施"中小学教师继续教育工程"中，要将职业道德教育作为必修课程，2002年以前完成新一轮教育培训任务；要建立教师职业道德教育培训制度，每年寒暑假期间学校组织教师集中学习时，要有针对性地进行职业道德专题教育；要大力宣传教师职业道德建设取得显著成绩的单位和职业道德高尚的教师的先进事迹和经验，组织报告会和巡回演讲，开展向先进典型学习的活动；要把职业道德教育与组织教师参加社会实践活动结合起来。师范院校要设立教师职业道德教育必修课，并在相关课程中渗透教师职业道德教育，教育学院、教师进修学校和职业教育师资培训基地等教师培训机构要积极承担教师职业道德教育任务。

3. 建立健全中小学教师职业道德建设的保障机制。各级教育行政部门和中小学校要把教师职业道德建设纳入重要议事日程，将职业道德建设与加强教师队伍建设统一部署，统一规划，做到制度落实、组织落实、内容落实。各级教育行政部门的主要领导和中小学校长要亲自抓教师职业道德建设工作，并要率先垂范、以身作则，加强自身职业道德修养，杜绝巧立名目乱收费。教师职业道德建设情况应当作为考核各级教育行政部门领导和学校校长的重要内容。中小学校的党组织和党员教师要充分发挥政治核心和先锋模范作用，做好教师的思想政治工作，带领和引导广大教师切实提高职业道德素质。要充分发挥教育工会、共青团和学校教职工代表大会在中小学教师职业道德建设中的作用，支持他们根据各自的职能开展群众性的教师职业道德建设活动。

建立和完善中小学教师职业道德考核奖惩制度。各级教育行政部门要根据有关规定建立定期表彰制度，对职业道德高尚的教师和职业道德建设成绩卓著的单位要进行表彰奖励，并大力宣传他们的先进事迹。要切实把好教师入口关，依法管理教师队伍，对"品行不良、侮辱学生、影响恶劣"的教师，要坚决取消其教师资格，保证教师队伍的基本素质。

建立有效的教师职业道德监督机制。教育督导部门要将教师职业道德建设作为教育督导评估的一项重要内容,加强对中小学教师职业道德建设的检查评估工作。积极鼓励学生、家长和社会有关方面对中小学教师职业道德状况进行监督和评议,教育行政部门、学校和教师要认真听取各方面的意见和建议,积极改进工作。

四、全社会共同努力,各部门通力协作,保障青少年健康成长

1. 切实加强青少年学生校外教育工作。各级党委、政府和有关部门要认真贯彻落实《中共中央办公厅、国务院办公厅关于加强青少年学生活动场所建设和管理工作的通知》精神,切实加强对青少年学生校外教育工作的领导,动员全社会积极支持青少年学生校外教育工作,加强青少年学生校外活动场所的管理,做好校外活动场所的规划和建设。图书馆、博物馆、科技馆、体育馆(场)、文化馆等社会公共文化体育设施以及历史文化古迹和革命纪念馆要坚持公益性原则,为中小学生开展教育活动提供必要的支持和帮助;收费参观的场馆,对中小学生有组织的参观活动要实行免费或优惠。要加强社区教育工作,充分发挥社区教育委员会的作用,形成政府统筹协调、各有关部门密切配合,齐抓共管的社区教育工作机制,充分发挥社区在青少年学生思想教育和校外教育中的重要作用。

2. 新闻宣传、文化、广播影视和出版等部门要大力宣传党的教育方针,大力宣传江泽民同志《关于教育问题的谈话》精神,大力宣传正确的人才观、成才观和教育思想,大力宣传爱国主义、集体主义和社会主义思想,积极创作、出版和播放更多更好的、有益于青少年学生健康成长的文学艺术和影视作品。要建立评价、奖励、推荐优秀青少年文学艺术、影视作品的机制。严禁出版、销售、播放渲染凶杀、暴力和不健康内容的文化作品,坚决清除各种危害青少年健康成长的文化垃圾。

文化、公安、工商行政管理等部门要加强对娱乐场所、电子游戏经营场所、录像放映等场所的管理,深入持久地开展"扫黄"、"打非"斗争,防止不良文化对中小学生的侵蚀。信息管理等部门和学校要加强对电子信息产品和计算机网络的监管,及时清除通过计算机网络传播的反动、色情和

不利于青少年学生健康成长的电子信息。

综合治理、公安、司法等部门要按照《中华人民共和国未成年人保护法》和《中华人民共和国预防未成年人犯罪法》等有关法律法规,保护青少年学生合法权益,严厉打击侵害青少年学生权益和教唆青少年学生犯罪的行为。加强校园及周边地区治安综合治理,加强青少年学生校外活动场所的治安管理。主动配合教育行政部门和学校共同做好对学生的法制教育,办好工读学校,积极开展警校共建活动和创建安全文明校园活动,切实保证学生有一个良好的学习环境。

工会、共青团、妇联等群众团体要充分发挥各自的优势,与教育行政部门和学校密切配合,积极开展有利于青少年健康成长的活动。

3. 切实加强和改善对家庭教育的指导和管理。各级党委和政府要关心支持家庭教育,各级教育行政部门要承担组织和指导家庭教育的责任。各级工会、共青团、妇联等群众团体要开展丰富多彩的家庭教育活动。广播、电视台(站)要积极创造条件,开办家庭教育节目。要通过多种教育方式,普及家庭教育知识,帮助家长树立正确的人才观、成才观和教育思想,掌握科学的教育方法。学校要通过家长委员会、家长学校、家长接待日、家访等形式同学生家长建立经常性联系,及时交流情况,认真听取家长对学校管理和教育教学的意见、建议。学校要对班主任、任课教师的学生家访提出具体要求。

五、切实加强对中小学德育工作的领导

1. 做好青少年的思想教育工作,直接关系到实施科教兴国战略的成败,关系到我国社会主义事业的前途和命运。各级党委和政府要把中小学德育工作作为一项事关全局的战略任务,纳入精神文明建设的总体规划,协调有关部门和社会各界,通力合作,齐抓共管,建立健全校内外共同关心青少年学生健康成长的良好运行机制。省、地、县、乡党委和政府领导要深入学校开展调研工作,加强与学校的联系,向师生作形势报告,向党员和要求入党的师生讲党课,指导并检查学校德育工作。

中小学德育工作实行校长负责的管理体制。中小学校长必须全面贯彻党的教育方针,采取切实措施保障国家规定的德育目标、内容和要求在学校教育教学中落实。中小学党组织要充分发挥政治核心作用,加强自身的组织建设和思想建设,要求党员教师在德育工作中起模范带头作用,团结带领广大教职工做好德育工作;充分发挥学校工会、共青团、少先队组织的作用,发动广大教职工做好德育工作。

2. 各级党委、政府和教育行政部门要采取切实措施加强中小学德育工作,及时研究解决中小学德育工作中存在的问题和困难。加强德育工作队伍的建设,注重对德育工作者的教育和培养,要在教育硕士学历教育中增设中学德育研究方向,招收符合条件的中学德育骨干教师深造。要从教育经费中安排一定额度用于中小学德育工作,为中小学德育工作提供必要保障。重视中小学德育的科学研究工作。

3. 强化中小学德育工作的表彰奖励和督导评估机制。各省、自治区、直辖市可在高中阶段评选优秀学生,省级优秀学生可获得普通高等学校保送生资格。对德育工作实绩突出的教师要进行表彰奖励。

各级政府和教育行政部门要建立中小学德育工作督导检查制度,对加强和改进中小学德育工作情况进行专项督导检查。

各级党委和政府,各有关部门和团体,各级教育行政部门和中小学校要根据本文件精神,结合实际,制定贯彻落实的具体措施,并创造性地开展工作,努力开创中小学德育工作的新局面。

附录九
关于进一步加强新时代中小学思政课建设的意见

(教基〔2022〕5号)

各省、自治区、直辖市教育厅(教委),新疆生产建设兵团教育局:

　　思政课是落实立德树人根本任务的关键课程,事关社会主义办学方向,事关亿万学生健康成长。近年来,各地各校认真推进中小学思政课改革创新,思政课质量不断提高,广大中小学生精神面貌积极向上,育人作用得到有效发挥。但是,当前中小学思政课建设还存在一些亟待解决的问题,有的地方和学校对思政课重要性认识还不够到位,中小学思政课教学资源还不够丰富鲜活,教师队伍整体素质需要进一步提升,课堂教学和实践育人效果有待增强。为认真贯彻落实党的二十大精神,按照党中央、国务院关于新时代加强和改进思想政治工作的重要部署,现就进一步加强新时代中小学思政课建设,提出如下意见。

一、总体要求

　　1. 指导思想。以习近平新时代中国特色社会主义思想为指导,深入贯彻落实习近平总书记在学校思想政治理论课教师座谈会上的重要讲话精神和关于思政课建设的重要指示批示精神,加强党对中小学思政课建设的全面领导,全面贯彻党的教育方针,落实立德树人根本任务,积极培育和践行社会主义核心价值观,推进大中小学思想政治教育一体化建设,充分发挥思政课关键课程作用。紧密联系中小学实际,深化中小学思政课改革创新,切实加强思政课教师队伍建设,统筹用好各类教育资源,大力提升思政课育人质量,教育引导广大中小学生扣好人生第一粒扣子,从小听党话、永远跟党走,着力培养担当民族复兴大任的时代新人。

2. 工作原则

突出关键地位。育人的根本在于立德,坚定不移用新时代党的创新理论铸魂育人,把思政课建设作为构建高质量教育体系和学校意识形态工作重要内容,融入学校人才培养全过程、各方面,充分彰显思政课政治引领和价值引领功能。

强化统筹实施。注重学段衔接,完善大中小学思想政治教育体系;注重相互配合,充分发挥思政课和各类课程的育人功能;注重内外协调,推进学校"小课堂"、社会"大课堂"和网络"云课堂"协同育人。

坚持问题导向。加强思政课教学管理与教研工作,完善教学内容,丰富教学资源,强化实践育人,着力提高思政课教师专职化专业化水平,深入推进思政课内涵发展,持续提升思政课吸引力感染力。

深化改革创新。遵循思想政治工作规律、教育教学规律和学生成长规律,坚持守正创新,完善体制机制,创新方法途径,切实增强思政课时代性、针对性、实效性,大力促进思政课改革发展。

3. 工作目标。到2025年,中小学思政课关键地位进一步强化、建设水平全面提高。课堂活力充分激发,优质课程资源更加丰富,实践教学深入开展。思政课教师队伍专职化专业化水平明显提升,小学专职教师配备比例达到70%以上,初高中配齐专职教师,绝大多数教师具有比较扎实的思政教育相关专业知识。"大思政课"体系更加完善,评价机制基本健全。思政课整体质量显著提高,有效发挥沟通心灵、启智润心、激扬斗志的重要育人作用。

二、深化教学管理创新

1. 开齐开足课时。严格落实《义务教育课程方案(2022年版)》和道德与法治课程标准,各地按照确保课时占比达到6%—8%的要求,明确思政课周课时量;在地方课程、校本课程中思政类课程应占一定比例课时。

严格落实普通高中思想政治课程标准必修课程学分要求,积极创造条件开好思政课选择性必修、选修课程。要把开齐开足思政课作为严肃的政治纪律、教学纪律,在省级课程实施办法中明确要求,在学校课程实施方案中优先保障,班级课表中明确标示,教学实施中严格执行,不得占用、挪用或者变相压减课时。

2. 落实课程内容。扎实推进习近平新时代中国特色社会主义思想进教材进课堂进学生头脑,依据道德与法治(思想政治)课程标准,统筹编好用好国家中小学思政课统编教材、《习近平新时代中国特色社会主义思想学生读本》等,切实增强思政课教材教辅和读本对不同学段学生的适应性,有针对性地进行中国特色社会主义和中国梦教育、社会主义核心价值观教育、法治教育、铸牢中华民族共同体意识教育、劳动教育、生态文明教育、心理健康教育等;常态化制度化开展理想信念教育,持续抓好党史学习教育,加强爱国主义、集体主义、社会主义教育,持续深化党的领导、社会主义先进文化、革命文化、中华优秀传统文化等各类主题教育;充分利用新时代的伟大实践成就和时政要闻、重大活动、乡村振兴、抗击疫情、奥运精神等方面形成的教育资源,丰富思政课教育内容,有机融入课堂教学。

3. 创新教学方法。思政课要把讲好道理作为本质要求,坚持主导性和主体性相统一,注重针对不同学段学生认知规律,创新教师教与学生学的方式方法。要充分运用案例式、议题式、体验式、项目式等多种教学方法,融合应用现代信息技术,推进基于真实情境的教学;积极采用小组学习、问题解析、学生讲述等课堂形式,注重用好学生身边可知可感的生动事例和典型人物,充分调动学生参与思政课的积极性主动性。教师要以鲜活的语言、真挚的感情,善于用讲故事的方式,把道理讲深、讲透、讲活,着力增强课堂教学实效,打动心灵、感动学生、入脑入心,让思政课真正成为一门教师用心教、学生用心悟的课程。

三、丰富课程教学资源

1. 汇聚优质课程资源。实施国家中小学思政课精品课程建设计划,通过国家级基础教育优秀教学成果评审、全国中小学思政课教师教学基本功展示交流、全国中小学思政课优秀教学案例征集等途径,针对不同学段特点遴选推出一批导向鲜明、思想深刻、内容丰富、形式活泼的思政"精品课",引导带动各地各校和广大思政课教师不断提高思政课质量水平。加强优质教学辅助资源包建设,围绕课程内容分单元、分专题开发建设丰富多样、分门别类的教学案例库、教学素材库等,通过活页、专册、讲义等多种方式及时充实富有中国特色、时代特征的鲜活教育资源,为思政课教师备好课、上好课提供资源支撑。

2. 丰富社会实践资源。完善思政课实践教学机制,中小学校要制定社会实践大课堂教学计划,安排一定课时用于学生社会实践体验教学活动,推动思政课教学与学生社会实践、志愿服务等活动有机结合,增强学生直接体验和切身感悟。各地各校要统筹爱国主义教育基地、红色教育基地、研学教育基地、综合实践基地、法治教育实践基地、文化场馆、科技场馆、博物馆等校外教育资源,以及地方特色教育资源,建立一批思政课实践教学基地,共同开发建设各具特色的教学资源。

3. 用好数字化资源平台。不断拓展国家中小学智慧教育平台及地方教育资源平台服务功能,广泛汇聚各类优质思政课数字化教学资源,促进优质资源共建共享,并健全资源迭代更新与应用激励机制。建立若干思政课名师网络工作室,开发思政课教师网络集体备课系统,强化专家引领、名师带动、示范培训、在线交流研学。积极推进社会实践大课堂活动实现线上预约、自主选择、过程记录。支持各地通过同步课堂、专递课堂、双师课堂等模式,帮助农村地区薄弱学校开齐开好思政课。

四、加强教师队伍建设

1. 强化专职教师配备。各地要统筹使用中小学教职工编制,有效保障思政课专职教师配备,并制定具体补充计划。各地要研究制定中小学思政课教师周标准工作量课时,原则上按所需的相应思政课教师数配齐思政课专职教师,对于跨年级任教的思政课教师可适当减少课时。小学不满一个标准工作量的可由班主任或语文教师兼任;小学党组织书记、校长、德育主任、少先队大队辅导员等可在培训合格后兼任小学思政课教师。乡村小规模学校确实难以配备专职思政课教师的,可由所属乡镇中心校通过思政课教师"走教""送教"等方式上好思政课。积极落实中小学思政课特聘教师制度,鼓励支持地方优秀党政干部、专家学者、先进模范、英雄人物、法治副校长、校外辅导员等,定期到中小学讲课或作专题报告。

2. 提升教师专业水平。师范院校和其他高校要加强思政教育相关专业建设,大力培养符合新时代中小学思政课教学要求的高素质专业化师资。严格新任思政课教师招聘条件,必须具备国家规定的相应教师资格。建立中小学思政课教师轮训制度,聚焦教育教学能力提升和教学方式方法创新,有针对性开展培训,每3年至少进行一次不少于5日的集中脱产培训;对目前不适应思政课教学要求的教师,应通过开展专门培训等方式,帮助他们提高教学能力,或进行必要的工作岗位调整。健全中小学思政课教师校外实践教育制度,确保每位教师每年参加校外实践教育活动不少于2次。支持思政课教师进修思政教育专业第二学历,在职攻读思政教育相关专业硕士、博士学位。鼓励中小学思政课教师积极申报有关专项研究课题,深入开展中小学思政课教学重点难点问题和教学方法改革创新等研究。

3. 优化教师激励机制。在全国模范教师、优秀教师、教学名师、国家级教学成果奖等评选工作中向中小学思政课教师适当倾斜,大力选树中小学思政课教师年度影响力人物等先进典型,培育遴选一大批国家级中小学思政课名师、骨干教师和优秀青年教师,增强教师职业认同感、光荣感、责任感。在教师专业技术岗位等级设置、职称评聘等方面向思政课教师倾斜,中、高级岗位比例不低于教师队伍平均水平,并实行思政课教师职称评审单列,突出专业水平、教学质量和育人实效导向。各地要认真落实中央有关文件要求,因地制宜设立中小学思政课教师岗位津贴。各地各校要密切关心中小学思政课教师思想和生活状况,努力帮助解决实际困难,不断增强思政课教师的幸福感、获得感。

五、完善教研工作机制

1. 强化教研队伍建设。分学段配齐配强专职思政课教研员，并加大从中小学优秀思政课教师中遴选的力度。要将思政课教研员培训纳入教师"国培计划"，教育部组织实施骨干思政课教研员示范培训，各地制定并实施全员培训计划，每位教研员每年接受不少于72课时的专项培训。中小学校要设置思政课教研组，教研组长应由思政课骨干教师担任。

2. 创新教研方式方法。充分发挥教育部基础教育思政课教学专家指导委员会作用，强化专业指导与引领。各地各校要建立思政课教师教研共同体、集体备课制度等，指导思政课教师认真备课教研。健全思政课教研员到中小学校定期任教、示范授课、巡回评课制度，广泛开展网络教研、远程教研和跨区域教研。鼓励有条件的教研机构、中小学校与各级党校、高校马克思主义学院、干部培训学院建立思政课教研共同体，深入开展中小学思政课教研工作。逐步遴选建设一批国家级中小学思政课研修基地和区域研修中心，发挥示范引领作用。

六、构建大思政课体系

1. 提高课程思政水平。省级教育行政部门要研究制定中小学学科德育指南，充分发挥道德与法治（思想政治）课主阵地作用，深入挖掘语文、历史和其他学科蕴含的思政资源，强化体育、美育、劳动教育的德育功能，准确把握各门学科育人目标，将课程思政有机融入各类课程教学，深入实施跨学科综合育人。要结合地方自然地理特点、民族特色、传统文化以及重大历史事件、历史名人等，因地制宜开发富有教育意义的地方和校本思政课程。

2. 创新德育工作途径。各地各校要深入落实《中小学德育工作指南》，"一校一案"研究制定德育工作实施方案，扎实推进全员、全过程、全方位育人。认真开展"学习新思想，做好接班人""从小学党史，永远跟党走""学雷锋学模范""开学第一课"等主题教育活动,促进学生牢记教导、崇尚英雄、争做先锋;要充分利用重大节庆日、重要纪念日等开展主题鲜明、内容丰富、形式多样、感染力强的教育活动,加强升旗、入团、入队等仪式教育,不断创新德育活动载体。健全学校家庭社会育人机制,引导家长弘扬中华传统美德,更加重视学生品德教育和良好习惯养成,培养亲密和谐亲子关系;统筹利用社会资源,强化实践育人;深入开展学生心理健康教育,培养学生健全人格和积极向上的心理品质。

3. 加强校园文化建设。学校要努力创建积极向上、格调高雅、团结友爱、严肃活泼的校园文化,加强校风教风学风建设,严格校规校纪管理,引导教师关爱学生,构建和谐的师生关系。统筹推动文明培育、文明实践、文明创建,大力培育时代新风新貌,努力提高学校精神文明建设水平;深入挖掘、有效彰显校史校训校歌中思政教育内涵,充分发挥校园广播、校刊、板报等阵地宣传引导作用,突出学校党组织、共青团、少先队标识标志。优化校园环境,要使校园内秩序良好、温馨舒适,"一草一木、一砖一石"都体现教育引导和熏陶。积极创建富有特色的班级育人文化,将思政课教学与班级管理、班(团、队)会、社团活动等有机结合。打造清朗文明的校园网络文化,高度重视做好网络环境下学生德育工作,引导学生正确识网用网,提升网络素养,规范网络言行;不盲目"追星",自觉抵御"饭圈"、极端"粉圈"等不良网络文化影响。

七、组织实施

1. 加强党的全面领导。各地各校要把提高中小学思政课质量作为重大政治任务,主动谋划、大力推进,切实把好思政课建设政治方向,及时解决突出问题,优先保障思政课建设所需经费,进一步加强教师队伍、教学资源、场所设备等条件建设,认真落实将中小学思政课建设情况纳入各级党委领导班子考核和政治巡视巡察的规定要求。要深入实施中小学校党组织领导的校长负责制,建立健全学校党组织抓思政课工作机制,每学期至少专题研究1次思政课教育教学工作;学校党组织书记、校长作为思政课建设第一责任人,每学期都要走进课堂听课讲课;优先发展中小学思政课骨干教师入党,不断提升中小学思政课教师党员比例;完善党建带团建、队建机制,充分发挥共青团、少先队组织优势和独特作用。

2. 强化督导考核评价。认真落实《义务教育质量评价指南》《普通高中学校办学质量评价指南》等要求,把思政课建设情况作为区域教育质量、学校办学质量和学生发展质量评价的重要内容。教育督导部门和责任督学要定期对中小学思政课建设情况和教学质量进行督导评估,对发现的问题要督促整改到位。深化考试评价改革,强化中考、高考对中小学生学习思政课的指挥棒作用;重视教学过程评价,把教学效果作为重要标准;注重表现性评价,将思政课学习实践情况纳入学生综合素质评价。在教学成果奖的评选上,坚持鲜明导向,注重思政教育内涵,充分发挥思政教育专家和优秀思政课教师在评选中的重要作用。

3. 营造良好工作氛围。各地各校要积极探索、不断总结中小学思政课建设的有效模式,大力推广一批典型经验做法、优秀教学案例和优秀思政课教师先进事迹。各地教育部门要积极会同有关部门切实加强社会环境、网络空间等治理,有效净化中小学生成长环境,与学校思政教育形成合力。充分利用主流媒体和新媒体,加大中小学思政课正面宣传和舆论引导力度,努力形成全社会各方面关心支持办好思政课、教师认真讲好思政课、学生积极学好思政课的良好氛围。

图书在版编目(CIP)数据

全国课程思政建设实施报告.2020—2023年/孙小金著.--上海：复旦大学出版社,2025.3.--(马克思主义理论研究与教育文库).-- ISBN 978-7-309-17774-9

Ⅰ.D64

中国国家版本馆CIP数据核字第20253XU730号

全国课程思政建设实施报告(2020—2023年)
QUANGUO KECHENG SIZHENG JIANSHE SHISHI BAOGAO(2020-2023)
孙小金　著
责任编辑/谢同君

复旦大学出版社有限公司出版发行
上海市国权路579号　邮编：200433
网址：fupnet@fudanpress.com　　http://www.fudanpress.com
门市零售：86-21-65102580　　团体订购：86-21-65104505
出版部电话：86-21-65642845
常熟市华顺印刷有限公司

开本787毫米×960毫米　1/16　印张16　字数230千字
2025年3月第1版
2025年3月第1版第1次印刷

ISBN 978-7-309-17774-9/D·1209
定价：98.00元

如有印装质量问题,请向复旦大学出版社有限公司出版部调换。
版权所有　　侵权必究